JOHANNES STÖCKLE *Du warst mir fremd, jetzt bist du mein Bruder*

JOHANNES STÖCKLE

Du warst mir fremd
jetzt bist du mein Bruder

Als Missionar in Afrika

Ernst Franz Verlag Metzingen/Württ.

CIP-Titelaufnahme der Deutschen Bibliothek

Stöckle, Johannes:
Du warst mir fremd, jetzt bist du mein Bruder:
Als Missionar in Afrika/Johannes Stöckle
Metzingen/Württ.: Franz, 1997

ISBN 3-7722-0239-X

Copyright Ernst Franz Verlag, 1997
Alle Rechte vorbehalten
Umschlaggestaltung: Grafisches Atelier Arnold, Dettingen
Herstellung: Heinzelmann Druck-Service, Metzingen
Printed in Germany

ZUM GELEIT

Es sind die kleinen Dinge, die Johannes Stöckle zu sehen gewohnt ist und in denen er die Schöpfung in ihrer Weite entdeckt. In seinem ersten Beruf als Gärtner hat er gelernt, die winzigen Samenkörner zu bestimmen und Aussaatzeit, Bodenbeschaffenheit, Wuchs und Blüte daraus zu schließen.
Dies hat ihn gelehrt, in ganz anderen Kulturen auf die Einzelheiten zu achten, nach den Wurzeln und Ursprüngen von Bräuchen, Traditionen und Geschichte zu suchen und zu forschen.
»Der große Fluß entsteht aus den kleinen Bächen«, dieses Sprichwort der Bali in Kamerun kennzeichnet Johannes Stöckles Leben und Arbeiten. Um als Europäer Afrika zu verstehen, braucht es Zeit, Einfühlungsvermögen, geduldiges Hören und lange Wege. Johannes Stöckle mag manches Mal in seinem Missionarsleben an ein anderes Sprichwort der Bali gedacht haben, wenn er zu Fuß oder auf dem Pferd unterwegs war im Grasland Kameruns: »Das Kind, das man trägt, kennt die Länge des Weges nicht.«
Ihm war kein Weg zu lang. Und als Basler Missionar wurde er so zu einer Brücke zwischen den Kontinenten, zwischen Schwarz und Weiß, zwischen afrikanischer und europäischer Kirche. Er hat verstanden, daß beide zusammengehören, sich ergänzen, als Glieder der weltweiten Kirche Jesu Christi sich gegenseitig helfen und ermutigen. »Eine Hand kann kein Bündel schnüren«, das gilt ganz besonders unter Christen. Johannes Stöckles Lebenserinnerungen sind ein eindrückliches Beispiel dafür.

Landesbischof Eberhardt Renz

INHALT

Zum Geleit (Landesbischof Eberhardt Renz)   5

Jugend in Stuttgart   9
Im Elternhaus – Meine Mutter – Lehrjahre

Auf dem Weg zum Missionar   18
Theologiestudium in Basel – Sprachstudium und Ordination – Jungfernfahrt nach Kamerun

Kamerun: Erste Erfahrungen   26
Bafut – Im Galopp zum Abendmahl – Die Macht der Angst – Die Kirche wird zu klein – Willst du mir mein Kind rauben? – Bali: Allerlei Sitten – Erste Reise in den Busch – Drum prüfe, wer sich ewig bindet – Die Heuschrecken kommen – Bezirkskirchentag in Bali

Mbengwi   46
Gummibäume und Kakerlaken – In der Schule – Rasenmähen mit Bügelfalte – Erster Advent – Briefe aus der Heimat – Seltsame Gäste – Das Grasdach deckt viel Elend zu – Kröte und Chamäleon – Die Ahnen hören alles mit – Ferien – Fulani-Geschichten – Zweiter Weltkrieg

Krieg und Internierung   72
Die Braut kommt nicht – Jetzt wird nicht gestorben – Der lange Marsch in die Internierung – Nach Jamaika – Nr. 624 – Der Tod in den Bergen – Kulturelles – Welcher Gott?

Neubeginn   90
Zurück nach Hause – Ist das Bein noch dran? – Frisch getraut – Ökumenische Impressionen – Die Goldküste schickt Studenten – Ein Denkmal für die Moskitos – Ich möchte Papa mal umarmen

Ghana   *110*
> Einmal Salaga – Wieviel Frauen hat ein Christ? – Brot mit Ameisen – Dschato Konkomba – Dorf-Evangelisation – Bringt dein Christus Frieden? – Herr über den Regen – Erntedank für die Ahnen? – Taufprobleme – Sputnik und Ramadan – Die Mullahs wollen mich hören – Am Voltastrom – Christus die neue Tür – Der Imam war vor dir da – Heimflug

Hessisches   *156*
> Umzug nach Wiesbaden – Nur Märchen? – Unterwegs in Südnassau – Missionsabend in Wiesbaden – Wer ist der Wilde?

Neues altes Afrika   *162*
> Zurück nach Kamerun – Wieder in Mbengwi – Im Office – Der Schulinspektor kommt – Wegen Zauberei geschlossen – Nwuchebon – Schutz-Zauber – Welche Kultur? – Ich bin auch ein Mensch! – Wer ist ein Dieb? – Kulinarische Tabus – Die Geister und die Wissenschaft – Glauben Sie an Geister?

Dein Reich komme   *196*
> Rückblick

Stuttgart – Afrika (Dr. Gerhard Raff)   *198*

Biographische Hinweise   *200*

JUGEND IN STUTTGART

Im Elternhaus

Eigentlich wollte ich nicht Missionar werden. Es war nicht mein persönlicher Wunsch. Auch erlebte ich keine Bekehrung im pietistischen Sinne. Mir fielen nicht plötzlich die Schuppen von den Augen. Auch geschah nichts Spektakuläres in meinem jungen Leben. Ich wuchs in einem christlichen Elternhaus in Botnang bei Stuttgart auf. Wir waren zehn Geschwister, fünf Buben und fünf Mädchen. Mein Vater war Gartenbaumeister und hatte Obstgüter und eine große Gärtnerei. Daneben bewirtschafteten wir einen langen, steilen Weinberg im Stuttgarter Westen und hatten ein Pferd, zwei Kühe, Schweine, Ziegen, Kaninchen und Hühner. So wuchs ich als Kind in eine sehr interessante Welt hinein und lernte viele lebenserhaltende und schöpferische Arbeiten kennen.

An die Sonntage erinnere ich mich heute, fast achtzig Jahre später, noch genau. Der Sonntag war der Tag, an dem uns die Mutter immer mit frischer Wäsche versorgte. Zum Frühstück gab es einen Hefezopf. Den geflochtenen Teig hatten wir Kinder am Samstag zum Bäcker gebracht und den fertigen Zopf wieder geholt – natürlich nicht, ohne unterwegs ein paar Mandeln wegzupicken. Wenn dann am Sonntagmorgen der frisch gebackene Zopf in Scheiben geschnitten auf einem schönen großen Teller auf dem Tisch lag, hoffte jeder, daß in seinem Stück möglichst viele »Zibeben« (Sultaninen) waren. Schon wenn wir aus den Schlafzimmern kamen, duftete der Kaffee so ganz anders als an den Wochentagen. Das Aroma der frisch gemahlenen braunen Bohnen, auch wenn es nur wenig waren, gab der Gemeinschaft am Frühstück eine feierliche Atmosphäre. In der Regel sangen wir nach dem Essen ein Loblied. Unsere Mutter hatte eine fröhliche, ansteckende Frömmigkeit und unser Vater einen stillen, aber sehr eindrücklichen Glauben. Ohne viel Worte wußte jeder, der es mit ihm zu tun hatte, woran er glaubte.

Nach dem Frühstück war es Zeit für den Gottesdienst. Wir gingen miteinander zur Kirche. Mutter und Schwestern saßen unten und die Männer und Buben oben auf der Empore. Die Liturgie fand ich etwas armselig und die Predigt viel zu lang. Im Anschluß an den Gottesdienst besuchte unser Vater Kranke. Auch zu Schwerkranken wurde er gerufen.

Das waren meistens Leute, die wenig oder gar nicht zur Kirche gingen, aber zu unserem Vater großes Vertrauen hatten.
Oft gingen unsere Eltern am Sonntagnachmittag mit uns in den Schwarz- und Rotwildpark. Der Vater erklärte uns die verschiedenen Bäume: die Rotfichten und Weißtannen, die Buchen und die mächtigen knorrigen Eichen und Eschen, Roßkastanien und Eßkastanien und noch manchen exotischen Baum, wie zum Beispiel die Hemlocktanne. Wir wanderten gerne zum Bärensee und kletterten auf den Bären und blickten zum schillernden See hinunter. Unser beliebtestes Ausflugsziel war das weiße Rokokoschloß Solitude, das Herzog Karl Eugen gebaut hatte. Unser Vater kannte sich in der Geschichte gut aus. Er erzählte uns, daß Schillers Vater, der Gärtnermeister des Herzogs, viele fremdländische

Die Eltern

Bäume gepflanzt hatte, die heute noch zu sehen sind. Natürlich erzählte er uns auch von Johann Kaspar Schillers Sohn Friedrich, der in der Hohen Karlsschule »Die Räuber« schrieb und deswegen bei Nacht und Nebel fliehen mußte. Wir hörten begeistert zu, wenn er uns Schillers Gedichte vortrug oder wenn seine Schwester, die Dote Pauline, uns beim

Schnittlauch- und Petersilie-Schneiden alle Verse von Schillers Glocke hersagte. Was hatte diese Generation für wertvolle Schätze bewahrt! Weder mein Vater noch meine Mutter übten einen religiösen Zwang auf uns aus. Der Tag begann mit der Herrnhuter Losung und einem Gebet. Abends hielt Vater mit uns Andacht. Wir saßen um den sauber gescheuerten Wohnzimmertisch herum. Jeder hatte, sobald er lesen konnte, eine Bibel. Reihum lasen wir den Abschnitt der Bibellese und beendeten die Andacht mit dem Vaterunser und dem Segen.

Mein Vater besaß wertvolle biblisch-theologische Bücher und kannte nicht nur die wesentlichen Aussagen der Bibel, sondern sie bestimmten auch seinen Alltag. Wir wußten und spürten, daß unsere Eltern aus dem Glauben an den auferstandenen Jesus Christus *lebten*. Sie bekamen nicht nur guten Kontakt zu den vielen Kunden, die bei uns einkauften, sondern viele Leute suchten auch ein seelsorgerliches Gespräch, weil sie Vertrauen zu unseren Eltern hatten. Immer wieder kamen auch Mitglieder der Zeugen Jehovas zu meinem Vater. Eigentlich waren sie zuerst beim Pfarrer, der sie aber zu uns schickte. Mein Vater verließ dann die Arbeit und setzte sich mit dem Bibelforscher an den Tisch. Sie schlugen die Bibel auf und führten ein intensives Gespräch.

Meine Mutter

Mutter stammte aus Albershausen im Kreis Göppingen. Das sie prägende Ereignis ihrer Jugendzeit war die Evangelisationsveranstaltung eines Missionars gewesen: Es war der bekannte Elias Schrenk, der viele Jahre an der damaligen Goldküste in Westafrika tätig war und als Vater der Volksmission gilt. Seine Verkündigung in ihrem Heimatdorf hatte meine Mutter tief beeindruckt und zu einem lebendigen, befreienden Glauben an Jesus Christus geführt. Dieser Glaube mußte durch viele Nöte, aber er hielt stand. Für geheimnisvolle Dinge hatte Mutter ein besonderes Gespür.

Immer wieder wurde sie von einer Nachbarin belästigt, einer Frau mit seltsamen Gewohnheiten. Sie legte Karten, ging mit dämonischen Mächten um und versuchte diese gegen meine Mutter zu hetzen. Die beiden Häuser trennte nur eine schmale Wasserrinne. Ich weiß noch, wie meine Mutter eines Abends spät aus dem Bett sprang und rief: »Du kannst mir nichts anhaben. Jesus ist Sieger!« Dieser Glaube beruhigte

sie, obgleich sie immer wieder die Macht der Dämonen zu spüren bekam, da diese Nachbarin mit ihrem merkwürdigen Gesichtsausdruck von ihrem bösen Wesen nicht abließ. Eines Tages aber ließ sie, als sie todkrank auf ihrem Bett lag, meine Mutter rufen. Als sie vor der leidenden Frau stand, streckte diese ihre Hand aus und sagte zu meiner Mutter: »Ich habe Ihnen viel Böses angetan und die bösen Mächte auf Sie gehetzt. Jetzt plagen die Dämonen mich. Ich kann nicht sterben. Bitte, verzeihen Sie mir.« Meine Mutter antwortete: »Ich weiß und spürte, was Sie mir antun wollten, aber es war Einer bei mir, vor dem diese Mächte zurückweichen. Er hat mich bewahrt. Ich verzeihe Ihnen. Möge Gott Ihnen vergeben um Jesu Christi willen.« Die Nachbarin beruhigte sich und starb bald darauf.
Zu den geheimnisvollen Dingen gehörten auch die regelmäßigen Besuche einer Zigeunerin. Sie war eine schöne, schlanke Gestalt mit schwarzen Haaren und großen, dunklen Augen. Wir Kinder waren immer gespannt, wie unsere Mutter mit ihr redete. Sie gab ihr dann einen Korb Gemüse mit. Die Zigeunerin, wie wir sie damals nannten, wollte immer unserer Mutter aus der Hand lesen und die Zukunft voraussagen. Doch meine Mutter lehnte ab und wies sie auf Jesus Christus, dem wir unser Leben ohne Sorge anvertrauen dürfen. Andrerseits waren wir auch froh, wenn die Zigeuner kamen und unsere Töpfe und Kessel flickten.

Lehrjahre

Ich besuchte die Bürgerschule in Stuttgart, eine ausgezeichnete Realschule, bis zur Mittleren Reife, dem sogenannten »Einjährigen«. Doch was sollte ich dann tun? Es war 1925, mitten in der Weimarer Republik, und die wirtschaftlichen Verhältnisse waren schwierig, die politische Lage unsicher. Da stand ich mit meinen 16 Jahren. Mein Zeichenprofessor wollte, da ich zu seiner Elite gehörte, daß ich die Technische Hochschule besuche und mich für eine Tätigkeit in der Luftschiffwerft in Friedrichshafen vorbereite; er hatte Beziehungen und wollte mich empfehlen. Der Klassenlehrer schlug einige Berufe vor – groß war die Auswahl nicht – und fragte uns schließlich der Reihe nach, welchen Beruf wir wählen wollten. Als ich »Gärtner« sagte, lachte die ganze Klasse. Schließlich war ich der Klassenbeste, und jeder dachte, ich würde in die Verwaltung gehen oder auch im Gymnasium das Abitur machen. Glücklicherweise bestärkte der Klassenlehrer mich in meiner Entscheidung. Es zeigte sich eben, daß meine Mitschüler keine Ahnung hatten, was der vielseitige Beruf des Gärtners erfordert.

Durch einen Meister der Stadtgärtnerei in Stuttgart wurde meinem Vater der Gartenarchitekt Löffler in Korntal empfohlen. Dieser nahm mich auch sofort an. Meine Mutter bereitete alles vor. Wir packten Wäsche, Kleider und Bettzeug in eine stabile, sehr schöne Truhe. Herr Löffler schickte einen Pritschenwagen mit Pferd. Wir packten Truhe und Bettlade auf den Wagen. Ich verabschiedete mich von Eltern und Geschwistern und setzte mich auf den Bock neben den Kutscher, und fort ging's mit Peitschenknall. Wir fuhren durchs schöne Wiesental über Feuerbach und Weilimdorf nach Korntal.

Frau Löffler, eine stramme Nürnbergerin, ließ mir nicht viel Zeit zum Auspacken. Ohne viel Federlesens ging es sofort an die Arbeit. Der Vater von Herrn Löffler, der Gründer der Blumen- und Landschaftsgärtnerei, wies mir gleich eine heikle Arbeit zu. Ich mußte ein junges Schnittlauchbeet vom Spitzgras befreien. Er sah mir eine Weile zu und ging wortlos weiter, als er merkte, daß ich den Schnittlauch sehr wohl vom Spitzgras unterscheiden konnte.

Bald lernte ich eine Menge verschiedener Stauden und Sträucher kennen. Eine pausbackige Gärtnerin meinte, ich bräuchte mindestens ein Jahr oder länger, bis ich die botanischen Namen der Stauden auswendig wisse. Aber da täuschte sie sich und spornte meinen Ehrgeiz nur noch mehr an. Schon nach einem halben Jahr beherrschte ich die Namen. Bald erwarb ich mir auch mein erstes Fachbuch »Winterharte Blütenstauden und Sträucher der Neuzeit« von Karl Förster.

In Korntal gab es eine Abendschule für Lehrlinge. Dorthin schickte mich Herr Löffler. Als aber der Lehrer anfing, aus einem Buch über die Stuttgarter Feuerwehr vorzulesen, unterbrach ich ihn und sagte, ich könnte ihm darüber aus eigener Beobachtung freiweg erzählen. Dann fragte er nach meiner Schulbildung. Als er hörte, daß ich neun Jahre die Realschule besucht hatte, sagte er, ich müsse auf die Fachschule. Als ich dies meinem Chef mitteilte, war er mürrisch und wollte nicht, zumal ja dann ein Arbeitstag pro Woche ausfallen würde. Ich ging darum zu meinem Vater, der als Gartenbaumeister ja nichts anderes erwartete, als daß man mich in die dafür vorgesehene Fachschule schickte. Ich erklärte, daß ich meine Koffer packen werde, wenn ich nicht die Fachschule besuchen dürfe. Diese Drohung nützte.

Herr Löffler wollte mich nicht verlieren. Ich bedeutete für ihn eine gute Einnahmequelle, da er in der Landschaftsgärtnerei in seinen Rechnungen für meine Arbeit denselben Lohn einsetzte wie für den ersten Gehilfen. Mein Vater meldete mich in der Hoppenlau-Gewerbeschule in Stuttgart an, und so besuchte ich jeden Montag die Fachschule. Ich mußte mich selbst versorgen. Der Unterricht faszinierte mich, vor allem Botanik und Chemie, Bodenkunde, Morphologie, Anatomie und Gartenplanung. Alle Fächer waren speziell auf Topfpflanzen, Stauden, Sträucher und Baumkultur ausgerichtet. Wir hatten einen ausgezeichneten Lehrer, einen Waldenser, der mein Zeichentalent bald entdeckte und mich oft bat, viele graphische Darstellungen zu kopieren. In der Gärtnerei wurde ich dem ersten Gehilfen zur Seite gestellt und war an der Ausführung von Gartenplänen beteiligt. Schon bald schickte mich mein Chef mit einem Theodoliten, dem Winkelmeßgerät, und einem Arbeiter auf einen Bauplatz. Ich sollte den Platz ausmessen, einen Plan entwerfen und Blumenbeete und Sträucher entsprechend einzeichnen. Es machte mir Spaß, meinen ersten Ziergarten zu gestalten. Der Chef war zufrieden, und mein Plan wurde tatsächlich ausgeführt.
Drei Jahre arbeitete ich in der Gärtnerei Löffler, bis zur Gesellenprüfung, die in Stuttgart-Feuerbach stattfand. Es kamen Lehrlinge aus ganz Württemberg. Jeder mußte zuerst eine praktische Arbeit durchführen, und dann wurden wir einzeln in einen großen Raum gerufen, wo die Herren vom Landwirtschaftsministerium saßen, Kaffee tranken und dicke Zigarren rauchten. Unser Lehrer hatte uns den Rat gegeben, die Prüfer als Krautköpfe zu betrachten und uns von ihnen in keiner Weise einschüchtern zu lassen. Außerdem sollten wir die Antwort, wenn wir sie schon wüßten, nicht sofort geben, sondern umschweifend dazu hinführen, denn die Herren hätten nicht zuviel Zeit für jeden einzelnen. Im Raum stand ein langer Tisch, auf dem viele Samenschälchen aufgestellt waren. Darin lagen mindestens fünfzig Samensorten, einige so winzig, daß man sie kaum voneinander unterscheiden konnte. Jeder mußte mehrere Sorten erkennen und die Kultur der einzelnen Sorte beschreiben, also: Aussaatzeit, Bodenbeschaffenheit, Pflege, Luftfeuchtigkeit, Wuchs, Blütezeit und Blütenfarbe, einjährig oder mehrjährig, Standort der Pflanze. Ich bestand die Prüfung und erhielt bei einer besonderen Feier in der Stuttgarter Volksbühne vom Wirtschaftsminister den ersten Preis von Württemberg.
Nach der Lehrzeit blieb ich noch ein halbes Jahr bei meinem Chef. Er wollte mich unbedingt behalten, aber da war nichts zu machen, denn ich

wollte an der Gartenbauhochschule in Berlin-Dahlem studieren und selber Gartenarchitekt werden.

In diese letzte Zeit im Betrieb von Herrn Löffler fällt ein Erlebnis, das mir bis in die Einzelheiten heute noch gegenwärtig ist. Ganz unvermittelt sagte eines Tages die Schwester des Chefs zu mir: »Du solltest Missionar werden!« Das wollte ich durchaus nicht, obwohl mein älterer Bruder Wilhelm schon bei der Basler Mission war und ich persönlich mit großem Interesse Biographien von Missionaren las, so etwa von Lars Olsen Skrefsrut, Samuel Hebich, Pandita Ramabai und vor allem von Albert Schweitzer. Jedoch gab mir diese Aufforderung einen Stachel ins Herz, der mich immer gegen meinen Willen quälte und den ich nicht mehr los wurde.

Das Jahr 1929 machte meinen Plänen einen Strich durch die Rechnung. Die Weltwirtschaftskrise kam und in ihrem Gefolge Arbeitslosigkeit und Massenarmut – keine guten Zeiten für einen Gartenarchitekten. Ich arbeitete im Betrieb der Eltern und half meinem Vater in der Gärtnerei und in den Obstgütern. Wir hatten eine gute Zusammenarbeit, natürlich auch mit meiner Mutter und den Geschwistern.

In Botnang gab es einige große Gärtnereien. Wir hatten auf dem Johannismarkt in Stuttgart unweit der Johanneskirche zwischen zwei Kastanienbäumen unseren Stand. Vom späten Frühjahr bis zum Herbst fand der Markt statt. Tags zuvor wurde das Gemüse vorbereitet: Rettiche und gelbe Rüben mußten sauber gewaschen werden. Am Markttag in aller Frühe wurde der Leiterwagen geladen. Kraut- und Kohlköpfe kamen nach unten, und auf die Latten setzte man die Körbe mit den weiß blitzenden Rettichen, gelbe und rote Rüben, ebenso die Eiszapfen und Radieschen in flachen, aus Weiden geflochtenen Körbchen. Natürlich mußte das Ganze kunstvoll, fast wie ein Gemälde aussehen. Dann kamen aus verschiedenen Richtungen die Gärtner mit ihren Gemüse- und Blumenwagen zur Straßenbahn und luden sie auf den flachen Anhänger. Die Bahn fuhr dann mit dieser Gemüse- und Blumenpracht über den Botnanger Sattel mit seinen herrlichen Ausblicken hinunter in die Stadt. An der Haltestelle Johannesstraße holte jeder seinen Leiterwagen herunter und fuhr zum Marktplatz am Feuersee. Jeder Gärtner hatte seine Stammkunden. Bei meinem Vater kaufte in aller Frühe mein früherer Französisch-Professor seinen Rettich, ehe er zur Bürgerschule ging. So war es, so schön und so mühsam, als das Auto noch nicht die Straße beherrschte und die giftigen Abgase Mensch und Natur noch nicht belästigten und schädigten.

Da ich in der Schule nur Französisch als Pflichtsprache hatte, besuchte ich nun abends die Handelsschule, um Englisch zu lernen. Ich wollte so bald wie möglich die englischen Parks und Königlichen Botanischen Gärten kennenlernen, ebenso die klassischen französischen Parkanlagen.
In unserer Kirche in Botnang fand jedes Jahr eine Evangelisation statt. Oft kam ein besonders begabter Evangelist namens Petri. Bei ihm füllte sich die Kirche, und manche mußten sogar stehen. Auffallend war, daß viele Kommunisten auf der Empore in der vordersten Reihe saßen, interessiert zuhörten und sich Notizen machten. Einst waren sie ja alle auch in dieser Kirche getauft und konfirmiert worden. Viele von ihnen kannte mein Vater, auch den Ortsvorsitzenden. Dieser war sogar schon zu Vater gekommen, und die beiden diskutierten, die Bibel vor sich, über politische Fragen. Dabei schlugen sie den Propheten Amos auf. Dieser spricht ja von Freveln, die von den Machthabern und Reichen den Armen, den hart arbeitenden Knechten, angetan wurden: »Sie treten den Kopf der Armen in den Staub und drängen die Elenden vom Wege. Sie tun den Geringen Gewalt an und schinden die Armen. Sie verkehren das Recht in Wermut und stoßen die Gerechtigkeit zu Boden.« Mein Vater aber warnte den KPD-Vorsitzenden davor, Gott den Rücken zu kehren beim Kampf um Recht und Gerechtigkeit. Im Propheten Amos stehe ganz deutlich, welcher Weg einzuschlagen ist: »Suchet den Herrn, so werdet ihr leben!« Diese Aufforderung galt besonders den Unterdrückern, die wohl zum Tempel rannten, aber keine Konsequenzen für das gesellschaftliche Leben zogen. Sollten sie sich nicht ändern, würde Gott »daherfahren wie ein verzehrendes Feuer, das niemand löschen kann«.
Ich selber hatte keinen geringen Respekt vor den führenden Kommunisten unseres Ortes. Tief bewegt mußte ich 1933 zusehen, wie die SA kam und etwa zwanzig Kommunisten mitnahm auf den Heuberg, von wo sie nach Monaten mit geschorenen Köpfen zurückkamen. Von da an schwiegen sie. Als der Krieg zu Ende war, zogen manche von ihnen in öffentliche Ämter ein, und jener Vorsitzende wurde Bürgermeister. Erschütternd auch, wie in diesem Jahr die SA bei besonderem Anlaß mit den Hakenkreuzfahnen in die Kirche hineinmarschierte, sich vor dem Altar, auf dem das Kruzifix stand, aufstellte und der Pfarrer einen entsprechenden »Gottesdienst« hielt.
In den täglichen Vesperpausen bei trockenem Brot und Käse oder einer Knackwurst las ich im Neuen Testament. Ich wollte noch genauer wissen, wer dieser Jesus von Nazareth eigentlich ist. Bald merkte ich, daß

das bloße Wissen über ihn nicht genügte, sondern daß er mich ansprach und forderte und daß ich an ihm nicht einfach so vorbei konnte. Ich mußte mich entscheiden, einerlei ob ich Gartenarchitekt oder Missionar werden wollte.
Eines Tages, als ich bei naßkaltem Wetter mit meinem Vater Lauchbeete leerte, um den Lauch in ausgehobenen Frühbeetkästen einzuwintern, faßte ich Mut und sagte ihm, was mich bewegte. Zu meiner großen Überraschung meinte er: »Wenn dies Gottes Wille ist, dann solltest du dich bei der Basler Mission anmelden.« Ich zögerte noch lange, aber dann wagte ich diesen Schritt in der Hoffnung, eine Absage zu bekommen, denn ich gab nur ungern mein Berufsziel auf.
Die Basler Mission bat mich zu einem Gespräch nach Heidelberg. Pfarrer Liebendörfer interviewte mich. Zuletzt fragte er mich, was ich denn täte, wenn ich nicht angenommen würde. Ich gab ihm, ohne zu zögern, zur Antwort: »Dann mache ich in meinem Beruf weiter!« Diese Antwort machte er mir später einmal zum Vorwurf, denn offenbar hatte er erwartet, daß ich dann bei anderen Missionen anfragen würde. Aber das wollte ich nicht.

AUF DEM WEG ZUM MISSIONAR

Theologiestudium in Basel

21 Jahre war ich alt, als die Basler Mission meine Bewerbung annahm. Zunächst mußte ich im Seminar in Basel in zwei Jahren das Abitur nachholen; die Fächer waren Latein, Griechisch, Hebräisch, Mathematik und Philosophie. Dann, ab 1934, folgte das eigentliche Theologiestudium genau wie an einer Universität.
Professor Dr. Walther Eichrodt hielt hin und wieder Vorlesungen über das Alte Testament und Professor Adolf Köberle über das Neue Testament. Vor allem aber waren verschiedene Dozenten da für die tägliche Seminararbeit. Das machte mir viel Freude und keine große Mühe. Nur manchmal sehnte ich mich zurück zu meinem alten Beruf.
Die Geschichte der Philosophie sowie auch die Dogmengeschichte verlangte von jedem von uns ein Mitdenken und ein kritisches Unterscheiden. Da jeder eine bestimmte geistige und geistliche Prägung mitbrachte, war es nicht einfach, sich innerlich zu öffnen und einen Zugang zu den Werken der großen Denker aller Zeiten zu finden. Das Studium der Werke der bedeutenden Theologen stellte manch hergebrachte Auffassung in Frage. Dazu kamen die verschiedenen Zeitströmungen, die manchen verunsicherten.
Zwei Bewegungen waren es vor allem, die unter uns Studenten große Bedeutung gewannen: die von Möttlingen ausgehende Erweckungsbewegung um Vater Stanger und die Oxford-Bewegung. Das Buch ihres Gründers, des Pfarrers Frank Buchman, »For Sinners Only« (Nur für Sünder), fand reißenden Absatz und wurde auch im Seminar von vielen gelesen. Die Oxford-Bewegung faßte vornehmlich unter den Intellektuellen Fuß. In Zürich traten ihr führende Universitätslehrer bei. Außer Hausversammlungen wurde vor allem eine tägliche »Stille Zeit« gepflegt, in der jeder auf das horchte, worauf der Geist Gottes aufmerksam machen wollte, etwa auf eine bestimmte Sünde oder auf die Ursache eines gestörten Verhältnisses zur Ehefrau oder zu einem Freund oder auf Ungerechtigkeiten im Geschäftsleben. Mit der Zeit entwickelte sich daraus die Bewegung der Moralischen Aufrüstung. Ich selbst hatte zwar das Buch von Buchman gelesen, ging aber nicht zu den Hauskreisen, obgleich fast alle Missionsstudenten dort teilnahmen. Ein Klassenbru-

der, der begeistert alles mitmachte, fragte mich, wer ich denn eigentlich sei, daß ich mich fern hielte, wo doch sogar bedeutende Theologieprofessoren dabei seien.
Eines Abends hatten sich alle Studenten im Lesesaal versammelt, um sich über diese Bewegungen auszusprechen, besonders über die Möttlinger. Die Kritik der Anwesenden richtete sich vor allem gegen einen der Dozenten, der in seinen Vorlesungen immer wieder auf die Gefahr hinwies, die von einer Einengung der biblischen Botschaft auf eine bestimmte Methode und einen bestimmten Frömmigkeitsstil ausgehe. Zweifellos war es notwendig, sich über die theologischen Richtungen auszusprechen, aber die oft aburteilende Art über Andersdenkende hatte mich abgestoßen. Ich erinnerte mich an ein Wort aus dem Hebräerbrief, das uns bei der Ankunft im Seminar der Präsident der Basler Mission, Pfarrer Wilhelm Burckhardt, zugerufen hatte und das ich für sehr wichtig hielt: »Lasset euch nicht durch mancherlei und fremde Lehren umtreiben, denn es ist ein köstlich Ding, daß das Herz fest werde, welches geschieht durch Gnade.« Daran erinnerte ich mich nun – und verließ den Saal.
Erst Jahre später, als ich zum Sprachstudium in England war, gewann ich ein positives Bild der Oxford-Bewegung. Eine Missionarin aus Gambia, Miss Netta Spence, wollte mich ins Gespräch bringen mit sogenannten »Oxfordlern«. Doch hielt ich mich zurück. Sie lud mich zu ihren Geschwistern nach Irland ein. Ihr Bruder war Farmer und hatte ein schönes Herrenhaus. Durch Miss Spence lernte ich ein Ehepaar in Dublin kennen. Bereits bei der Begrüßung bekannte der Mann mir: »Sie würden heute nicht über diese Schwelle gehen und unser Gast sein, wenn ich nicht durch die Oxfordgruppe zu Christus gefunden hätte.« Vom Leben dieses Ehepaares wurde ich tief beeindruckt. Es begann jeden Tag mit der »Stillen Zeit« vor Gott. Die Ehefrau führte viele seelsorgerliche Telefongespräche mit verzagten und verzweifelten Menschen und durfte vielen eine große Hilfe sein. Christus war zur Mitte ihres Lebens geworden. Von da an lernte ich den Wert der Oxfordgruppe kennen und schätzen.

Eines Tages, es war Ende 1936, wollte ich aus verschiedenen Gründen das Theologiestudium abbrechen und Philosophie studieren. Oft war ich in der Universitätsbibliothek und studierte die Werke verschiedener Philosophen Europas. Dabei hatte ich es mir nicht leicht gemacht. Nach langer Überlegung ging ich zum Rektor des Missionsseminars. Da kam er plötzlich aus seinem Studierzimmer auf mich zu und sagte, er müsse mich sprechen. In seinem Zimmer erwähnte er, ich sei für die Schularbeit in Kamerun bestimmt und müsse zur pädagogischen Ausbildung ans Kantonale Lehrerseminar in Basel. Ich könne dafür einige Fächer am Seminar fallenlassen, vor allem Englisch. Dies nahm ich als einen Wink Gottes und sagte mit Freuden zu. Nun mußte ich also zusätzlich Pädagogik und Methodik studieren und viele Lehrproben in verschiedenen Fächern an der Übungsschule am Münsterplatz in Basel unter Aufsicht des Klassen- und Methodiklehrers halten, was mich ganz schön forderte, aber mir viel Freude machte. Das Komitee der Basler Mission wollte zwar zunächst nicht, daß ich Vorlesungen über Psychologie an der Universität besuchte, angeblich weil dies meinen Glauben gefährden könnte. Ich bat das Komitee, diesen Beschluß zu revidieren, andernfalls würde ich lieber auf alles verzichten. Zum Glück lenkten die Herren ein. Die Vorlesungen über Psychologie von Professor Häberlen gehörten gewiß zum Wertvollsten der Lehrerausbildung.

Die Seminare der Deutschen Missionen, z. B. der Bremer, der Berliner, der Leipziger, der Erlanger und der Barmer Mission, waren im sogenannten Bruderbund vereint. Dieser plante eine jährliche Tagung, die abwechslungsweise im Zentrum einer der Missionen stattfand und die der jeweilige Bruderbundpräsident vorzubereiten hatte. Trotz der Verfolgungen und Schikanen, denen die Kirche im nationalsozialistischen Deutschland ausgesetzt war, konnten diese Tagungen auch nach 1933 fortgesetzt werden.

Im Jahr 1937 wurde ich zum Präsidenten bestimmt und bekam die jährliche Tagung in Leipzig übertragen. Als ich dem Direktor der Leipziger Mission, Professor Carl Ihmels, den geplanten Tagungsverlauf vorlegte und um seine Mitarbeit bat, teilte er mir mit, daß er leider verhindert sei. Seinem Schreiben fügte er den nicht gerade ermutigenden Satz hinzu: »Wir bleiben, wer wir sind!« Damit wollte er sagen: Wir sind Lutheraner und pflegen mit den reformierten Missionen keine Abendmahlsgemeinschaft. Im übrigen hieß er uns herzlich willkommen und wünschte uns ein gutes Gelingen. Ich wurde gebeten, den Eröffnungsgottesdienst zu halten. Er fand in der durch die friedliche Revolution von 1989 bekannt gewordenen Nikolaikirche statt. Als ich in die Sakristei kam, verlangten die verantwortlichen Brüder der Leipziger Mission von mir, den Lutherrock anzuziehen; doch dies lehnte ich ab mit der Bemerkung, dann müsse eben ein anderer predigen. Schließlich ließ man mich gewähren, zumal der Bruderbund ja kein theologisch gleichgeschalteter Zusammenschluß war. Als ich zur Kanzel ging, warnte mich noch ein

Bruder und sagte: »Sei vorsichtig, in der letzten Reihe sitzen zwei Herren von der Gestapo.« Doch als ich auf der Kanzel war und die große Gemeinde vor mir sah und in der ersten Reihe den berühmten Missionsprofessor Dr. Dr. Julius Richter und einige theologische Lehrer entdeckte, schwand die Angst aus meinem Herzen. Ich spürte sehr deutlich, daß der Geist Gottes am Werk war und es auf mein rhetorisches Können nicht ankam. Nach dem Gottesdienst kam Professor Richter auf mich zu und dankte mir sehr herzlich.

Die Tagung war für alle Teilnehmer sehr wichtig und wertvoll und schloß uns Seminaristen der verschiedenen Missionen enger zusammen. Doch leider konnten wir nicht gemeinsam zum Tisch des Herrn gehen, obgleich wir bei den Mahlzeiten fröhlich miteinander aßen und tranken. Das Heilige und Profane klaffte weit auseinander. Für die Missionsarbeit in der Völkerwelt hatte dies schwerwiegende Folgen.

Sprachstudium und Ordination

Im Frühjahr 1938 wurde ich im Beisein von zwei Theologieprofessoren der Basler Universität geprüft, was ohne Schwierigkeiten verlief. Den Professoren wurden auch meine größeren Studienarbeiten vorgelegt, eine Dogmatikstudie über »Luthers Lehre von der Kirche« und eine Ethikstudie über »Hölderlins philosophische Sinngebung des Leides und der Freude«.

Dann mußte ich eilends nach England zum Sprachstudium, denn die englische Mandatsregierung in Kamerun verlangte von jedem europäischen Lehrer ein anerkanntes englisches Sprachexamen. Im Kingsmead College von Selly Oak bei Birmingham studierte ich zwei Trimester englische Sprache und Literatur und schloß mit dem Cambridge Examen ab. Die schriftlichen Arbeiten zogen sich eine Woche hin, und die mündliche Prüfung fand an einem gemütlichen Abend im »Heaven Room« statt; während dieses Beisammenseins der Professoren und ihrer Frauen unterhielten sich die Herren ungezwungen mit mir über alle möglichen literarischen und tagespolitischen Themen. Das Examen hatte ich problemlos bestanden.

Zu meinem Vergnügen konnte ich damals auch am Hebräischunterricht teilnehmen. Zusammen mit vier englischen Theologiestudenten lasen wir im Alten Testament. Beim Examen mußten wir Abschnitte übersetzen und analysieren, auch aus dem Englischen ins Hebräische übertragen. Dazu kam noch ein Aufsatz über ein alttestamentliches Thema. Ich arbeitete ohne Lexikon, während die anderen eines bei sich hatten und zu meinem Erstaunen benutzen durften. Ich hatte nicht erwartet, daß ich das Examen schaffen würde, aber leider war ich der einzige, der es erfolgreich bestand. Voller Freude schrieb ich meinem Basler Hebräisch-Lehrer La Roche und bedankte mich für seinen ausgezeichneten Unterricht. Nun war ich also vorbereitet für Kamerun.

Am 30. Juni 1938 wurde ich während eines Festgottesdienstes im Basler Münster von Pfarrer Dr. Gelzer eingesegnet unter dem Wort aus dem Johannesevangelium Kapitel 15, Vers 16: »Ihr habt mich nicht erwählt, sondern ich habe euch erwählt, daß ihr hingehet und Frucht bringet und eure Frucht bleibe.«

Am 18. September wurde ich in meiner Heimatgemeinde in Botnang durch den Württembergischen Evangelischen Oberkirchenrat in Anwesenheit meiner Eltern und Geschwister ordiniert.

Einige Zeit vor meiner Abreise nach Basel und meiner Ausreise hatte ich ein Zusammentreffen mit Lore Heinzelmann aus Kirchheim/Teck, die Ärztin im nahe gelegenen Oberboihingen war. Wir kannten uns schon viele Jahre durch meine Freundschaft mit ihrem Bruder Karl, allerdings immer nur im Vorbeigehen. Ich hatte sie liebgewonnen und teilte ihr dies nun mit. Sie war erstaunt, aber sie gab mir nicht einfach einen Korb, sondern wir verabredeten ein weiteres Treffen. Sie holte mich mit ihrem Auto ab. Wir fuhren zum Aichelberg, wo wir uns oben am Abhang niederließen mit dem Blick auf die gerade im Bau befindliche Autobahn. Lore war sehr interessiert an meiner zukünftigen Arbeit in Kamerun und zeigte keinerlei Abneigung. Nur solle ich ihr Zeit lassen, was ich natürlich tat. Der Abschied bewegte uns beide. Sie mußte zurück in ihre Praxis und ich nach Botnang, um die letzten Vorbereitungen zu treffen. Noch vor meiner Abreise aus Botnang schrieb mir Lore einige Zeilen: »Sagen möcht ich Dir, daß mich der gestrige Tag immer noch freut. Ich hoffe, daß er seinen kleinen Glanz nicht verliert.« Leider habe ich sie in diesem Leben nie mehr wiedergesehen.

Jungfernfahrt nach Kamerun

Ende September 1938 verabschiedete ich mich von meiner lieben Familie, was uns allen nicht leicht fiel. Dennoch reiste ich frohen Mutes nach Basel. Hier hatte die Missionsleitung für den 6. Oktober noch einen

Abschiedsgottesdienst im Ökolampad vorbereitet, der Gemeinde von Pfarrer Lüthi, dessen ergreifende Predigten mir heute noch im Ohr sind. Ich durfte auf seine Kanzel. Zu diesem Anlaß hatte ich einen bekannten Sänger eingeladen, der aus Deutschland geflohen war. Er hatte mir gegen Ende meines Studiums Sprech- und Rhetorikunterricht gegeben. Nach dem Gottesdienst meinte er: »Es war recht gut. Sie müssen nur noch mutiger werden.«

Dann kam der Tag der Abreise. Pfarrer Erich Schick begleitete meinen Landsmann Adolf Kölle und mich zum Basler Bahnhof, von dem aus neunzig Jahre lang Missionare nach Afrika und Asien unter Gesang verabschiedet worden waren. Kölle und ich waren die letzten deutschen Missionare, die noch vor dem Zweiten Weltkrieg ausgesandt wurden. Bei uns hatte niemand mehr gesungen.

Reisen in andere Erdteile war damals noch umständlicher als heute. Die einzige Möglichkeit, nach Kamerun zu kommen, war das Schiff, und so führte unsere Reise zuerst nach Antwerpen in Belgien. Neugierig suchten wir unser Schiff, die »Togo«, ein deutsches Frachtschiff, das zum ersten Mal in See stach und, wie wir bald erfuhren, ein verkapptes Kriegsschiff war. Diese Jungfernfahrt auf hoher See brachte für uns so viel Neues und Interessantes, daß wir aus dem Staunen nicht herauskamen. Zunächst hatten wir eine angenehme, sehr ruhige Fahrt entlang der belgischen und französischen Küste. Als sich aber das Schiff der Biskaya näherte, wurde der Wellengang plötzlich sehr heftig. Die mit voller Kraft laufenden Motoren dröhnten, und der Steuermann hatte gewiß keine geringe Mühe, das Schiff auf Kurs zu halten. Hin und wieder brausten die Wellen schäumend über das Deck. Bei den Mahlzeiten fehlten auf einmal einige Passagiere, auch mein Kollege. Ich spürte überhaupt nichts. Mein Magen war ruhig und freute sich auf jedes Mahl.

Nach zwei Tagen hatten wir die Biskaya glücklich hinter uns, und es dauerte nicht lange, bis die Kanarischen Inseln auftauchten. Die erste Insel, bei der wir Anker warfen, war Teneriffa, unweit vom afrikanischen Kontinent. Der Frachter lag einige Stunden im Hafen, um Güter zu löschen und andere zu laden. Wir hatten gute drei Stunden Zeit und nutzten die Chance, an Land zu gehen. Kölle und ich durcheilten die Straßen in Richtung des Blue Mountain. Lachsfarbene und weinrote Bougainvillien und üppig blühende Hibiscussträucher schmückten die Vorgärten, farbenprächtige Oleander säumten die Straßen. Wahrlich eine herrliche Blütenpracht, die uns einen Vorgeschmack der subtropischen und tropischen Pflanzenwelt gab. Am Hang des Blue Mountain hörte das Blühen auf, dafür aber breiteten sich Blätterkakteen aus: verschiedene Feigenkakteen, vor allem aber der Cochenillenkaktus mit seinen eiförmigen, saftigen roten Beeren. Cochenillenläuse bedeckten über und über die Kakteenblätter und saugten den Saft. Interessant und lustig fanden wir, daß diese Laus ihren roten Saft zur Herstellung von Lippenstiften hergeben mußte. Während wir dieses Phänomen bestaunten, spürten wir, wie die Sonnenstrahlen intensiver wurden. Noch hatten wir die vorgeschriebenen Tropenhelme im Koffer. Außerdem wurde es langsam Zeit, wieder an Bord zu gehen. So entschieden wir uns, umzukehren. Doch mein Kollege wollte noch auf die Bergspitze, die nicht mehr weit war, um zu sehen, wie die Landschaft auf der anderen Seite des Berges aussieht; ich solle auf ihn warten, er käme gleich zurück. Ich wartete und wartete, aber er kam nicht. Schließlich ging ich den Hang hinunter und dachte, ihn unten zu treffen. Hin und wieder fragte ich Passanten, ob sie meinen Kollegen, den ich kurz beschrieb, gesehen hätten. Einer meinte, der sei längst hier vorbeigegangen. Ich eilte, so schnell ich konnte, als ich jedoch den Hafen erreichte, war es zu spät. Der Dampfer war bereits auf hoher See. Ein Seemann sagte mir: »Da draußen fährt dein Schiff!« Ich fragte, ob es denn kein Flugzeug nach Las Palmas gäbe; er meinte: »Doch, aber erst in zwei Tagen«. Ich fragte, wie ich denn den Dampfer erreichen könnte. Zu meiner Erleichterung sagte er mir: »Geh ans Ende der Mole, dort ist ein Bootsmann mit einem Motorboot!« Ich rannte die Mole entlang und bat den Bootsbesitzer, mich zu dem deutschen Frachter hinauszufahren. Er willigte gerne ein, und im Nu brummte der Motor auf Hochtouren. Der Bootsmann schwang seine Fahne. Die »Togo«, die mich inzwischen vermißt hatte, hielt an und ließ die Brücke herunter. Oben stand mein Kollege. Ich stieg verärgert hinauf und bat ihn, hinunterzugehen und den Besitzer des Bootes zu bezahlen. Der Zahlmeister schimpfte mit mir und sagte, er habe meinetwegen eine dicke Zigarre vom Kapitän verpaßt bekommen, ich solle mich sofort bei ihm melden und mich entschuldigen, was ich auch gleich tat. Der Kapitän sagte: »Wenn wir heute abend in Las Palmas zu spät eintreffen, müssen Sie bezahlen!« Ich erwiderte: »Herr Kapitän, ich glaube, Sie können es schon schaffen, wenn Sie ein paar Knoten zulegen.« Es klappte gut, und ich war doch sehr erleichtert.

Dieses Erlebnis erinnerte mich an die Zeit im College, wo ich drei Monate lang mit Kölle ein Zimmer teilte. Als er eines Morgens das Zimmer verließ, kam fast gleichzeitig die Putzfrau, Mrs. Davis, herein. Nachdem ich ihr einen guten Morgen gewünscht hatte, sagte sie: »He is a black horse!« (Er ist ein schwarzes Pferd.) Überrascht fragte ich sie, was dies bedeute. Sie sagte: »Du weißt nie, wohin es plötzlich springt oder ausschlägt.« Ich staunte über den Spürsinn dieser einfachen Frau, die den Nagel auf den Kopf getroffen hatte.

Wir erreichten Las Palmas beizeiten und hatten keine weiteren Probleme mehr. Insgesamt waren wir zwölf Passagiere und hatten eine gute Gemeinschaft. Eigentlich war es üblich, daß Missionare auf den Schiffen sonntags einen Gottesdienst feierten, was auch manche Mitreisende begrüßten. Leider erlaubte dies der Kapitän aufgrund der damals herrschenden Ideologie nicht, obgleich er sonst sehr umgänglich war.

Doch bald gab es eine glückliche Überraschung. Als wir in Monrovia, der Hauptstadt von Liberia, vor Anker lagen, wurde die deutsche Mannschaft von schwarzafrikanischen Seeleuten abgelöst, die im tropischen Klima widerstandsfähiger waren. Sie waren in einem großen Zelt auf dem Achterdeck untergebracht. Als es Nacht wurde und die schwarzen Seeleute sich zum Schlafen zurückgezogen hatten, versuchte ich, mit ihnen in Kontakt zu kommen. Kurz vor dem Zelt begegnete ich einem von ihnen und kam mit ihm ins Gespräch. Dabei erfuhr ich zu meiner Freude, daß sie alle Christen waren, sehr wahrscheinlich Nachkommen der befreiten Sklaven, die zwischen 1820 und 1850 aus Jamaika und den Vereinigten Staaten nach Liberia gebracht worden waren.

Mein schwarzer Gesprächspartner lud mich zu ihrer Abendandacht ein. Kölle und ich holten unsere englische Bibel und gingen heimlich in das Zelt. (Eigentlich war es den Passagieren nicht erlaubt, mit den Matrosen auf Achterdeck zu sprechen.) Im Schein einer Lampe lasen wir Psalmen, beteten und sangen Lieder und hatten so auf hoher See unsere erste Gemeinschaft im Glauben mit Menschen anderer Hautfarbe und anderer Mentalität.

Das Meer war leicht bewegt. Fliegende Fische flitzten über die Wellenkämme. Langsam näherten wir uns der Küste Kameruns. Die Morgensonne zerriß den Nebel, und ein leichter Wind vertrieb die Schwaden um das Gebirge vor uns. Plötzlich tauchte der Kamerunberg, der über 4000 Meter in den tropischen Himmel ragt, aus den Wolken auf. Unsere »Togo« ankerte in einiger Entfernung vor der Küste. In Brandungsbooten erreichten wir schnell das Land und setzten unsere Füße mit Begeisterung auf afrikanischen Boden.

KAMERUN: ERSTE ERFAHRUNGEN

Bafut

Wir wurden abgeholt und durch Ölpalmplantagen hinauf nach Buea gebracht, der Hauptstadt des damaligen englischen Mandatsgebiets Westkamerun und Sitz des Präses der Basler Mission. Dort fand gerade ein Treffen der Missionare statt. Es war schon Zeit für das Abendbrot, als wir ankamen. Als afrikanischer roter Pfeffer herumgereicht wurde, schauten die erfahrenen Missionare mit Neugier auf uns Neuankömmlinge und wollten sehen, wieviel wir davon wohl nähmen und ob wir überhaupt eine Ahnung hätten von der beißenden Schärfe dieses Gewürzes. Ich genoß zu ihrem Erstaunen die neuartige, leckere Speise, ohne mit der Wimper zu zucken, denn sie schmeckte herrlich. Missionar Kölle blieb zurück und hatte zunächst mit der Buchhaltung zu tun. Missionar Tischhauser, der an dem Treffen teilgenommen hatte, mußte ins Grasland zurück. Er hatte den Auftrag, mich mitzunehmen. So luden wir eines Morgens in der Frühe mein Gepäck auf einen Ford-Pritschenwagen und fuhren durch den damals noch dichten Urwald mit seinen in den Himmel ragenden Bäumen und seiner stark duftenden, üppigen Flora zunächst nach Nkongsamba, wo wir übernachteten. Am nächsten Tag ging die Fahrt weiter. Einmal mußten wir auf dem Floß einen breiten Fluß überqueren. Schließlich öffnete sich die Landschaft, und die Fahrt ging weiter hinauf in großen Serpentinen auf erhabene Höhen, die eine herrliche Aussicht auf die grasbedeckten Berge boten.
In Bafut, einer fruchtbaren Palmenstadt, wurden wir herzlich aufgenommen. Während meines Aufenthalts dort führte mich Tischhauser mit viel Geschick in die Sprache der Bali-Nyonga, das sogenannte Mungaka, ein. Auch nahm er mich manchmal einige Tage auf eine Missionsreise nach Bali-Kumbat mit. Dort hatte er sich ein schönes Buschhaus aus Lehm und den Rippen der Raffiapalme gebaut und das Dach mit besonders geeignetem Gras gedeckt. Von hier aus konnte er viele Orte im Umkreis besuchen. In der ersten Nacht erlebten wir ein heftiges Gewitter. Das Grasdach hielt dem prasselnden Regen nicht stand. Ich

legte meinen Regenmantel über das Moskitonetz und konnte so einigermaßen ruhig schlafen.
Der Sprachunterricht wurde eine Sache des Feierabends. Tagsüber besuchten wir Gemeinden, und ich begann zu erkennen, wie wichtig es ist, daß Missionare nicht nur die Sprache des Volkes beherrschen, sondern auch ihre Mentalität und Weltanschauung kennenlernen, denn die Verkündigung geschieht ja nicht in einen leeren Raum hinein.

Im Galopp zum Abendmahl

In Bafut gab es eine kleine Klinik, in der Else Bleher, eine Diakonisse aus Schwäbisch Hall, täglich viele Kranke behandelte. Sie ging auch als Hebamme zu werdenden Müttern in die Lehmhäuser. Außerdem gab es eine Mädchenschule, die erste im Grasland, die von der genialen und sehr engagierten Lehrerin Elisabeth Bühler aus Stuttgart geleitet wurde. Beide Projekte waren eine Pionierarbeit ersten Ranges. Der Großhäuptling des Bafutstammes durchbrach die Vorurteile der einheimischen Bauern, daß Mädchen nur für Haus- und Feldarbeit bestimmt seien.
Die gesamte Missionsstation lag damals in den Händen von Missionar Hans Uloth. Er war ein vielseitig begabter Pionier und hatte einen großen Bezirk mit vielen Dörfern zu bereisen, natürlich immer zu Pferd. Bald nach meiner Ankunft übertrug er mir die anglikanische Gemeinde in Bamenda, der Hauptstadt des Graslandes von Nordwestkamerun. Schon bald mußte ich dort den ersten Gottesdienst halten. Herr Uloth lieh mir sein Pferd, einen rassigen Rappen. Er sagte mir allerdings, daß das Tier nicht traben, sondern nur im Schritt gehen oder galoppieren könne. Außerdem würde es über keine Brücke gehen, sondern immer zum Sprung über sie ansetzen. Zum Glück war ich nicht ganz unerfahren, denn ich hatte mich während meines Studiums in Basel gelegentlich bei einem Bauern in der Schweiz im Reiten geübt.
Von Bafut nach Bamenda sind es etwa 25 Kilometer. Der Gottesdienst begann um 10 Uhr. Also brach ich um 6 Uhr auf, als es gerade Tag wurde. Vorsichtig ritt ich erst im Schritt, bis ich mich an das Pferd gewöhnt hatte. Dann ging es im Galopp auf schmalen Pfaden durchs hohe, tautriefende Gras. Einige Male huschten kleine, gehörnte Antilopen über den Pfad. In den Niederungen lag der Nebel noch dicht und schwer. Plötzlich tauchte die erste Brücke auf, die aus Prügeln mit zwei Bohlen darauf bestand. Das Pferd setzte zum Sprung an und schaffte es,

ohne mich zu verlieren. Es ging besser, als ich befürchtete. Der andauernde Galopp war für einen Anfänger ganz schön anstrengend. Doch schließlich erreichte ich mein Ziel: die anglikanische Kirche auf dem Felsplateau, wo bis heute das alte deutsche Fort, die soliden Ziegelbauten und Mauern an die koloniale Vergangenheit des Kaiserreiches erinnern.

Zu meiner Überraschung war in der Kirche eine große Gemeinde aus englischen und afrikanischen Gemeindegliedern versammelt, meistens Beamte, Angestellte, Kaufleute und Lehrer. Viele von ihnen stammten aus Volksstämmen in Ostnigerien, die der einheimischen Bevölkerung eine bessere Schulbildung voraus hatten. Die Männer waren europäisch gekleidet, während die Frauen bunte Gewänder und elegant gewundenen, prächtigen Kopfschmuck trugen.

Die Liturgie entfaltete sich nach dem *Common Prayer Book* (dem Gebetsbuch der Anglikanischen Kirche) und war ziemlich umfassend. Gesungen und gepredigt wurde in englischer Sprache. Obwohl damals das einheimische liturgische Element und die afrikanisch geprägte Spiritualität noch nicht so zum Ausdruck kamen, spürte ich tief die Gemeinschaft im Glauben an den einen und selben Herrn, die durch die spontane Freude der Afrikaner eine besondere Wärme und ansteckende Kraft erhielt. Besonders beeindruckt hat mich die Feier des Heiligen Abendmahls.

Nach dem Gottesdienst besuchte ich mit dem afrikanischen Evangelisten noch einige Gemeindeglieder, darunter einen mit drei legalen Frauen, die offenbar gut miteinander auskamen. Ich sah es nicht als meine Aufgabe an, an dieser uralten sozialen Struktur Kritik zu üben, zumal wir es nicht mit wilden Ehen zu tun hatten, sondern mit streng gesetzlichen Ordnungen. Wie verheerend und lieblos eine gewaltsame Änderung dieser Sitte sich auswirken kann, zeigt folgendes Beispiel, das mir Herr Uloth erzählte: Ein Prinz hatte neun Frauen, was nach einheimischer Sitte legitim war. Nun wollte er Christ werden. Der Missionar aber durfte ihn nicht taufen, es sei denn, daß er sich nach der Ordnung der Kirche von acht der Frauen trennte. Was tat der Prinz? Er trennte sich von acht Frauen und hielt sich nur noch zu einer. Nun ging er zum Missionar und sagte ihm, er könne ihn jetzt taufen. »Was hast du denn mit den übrigen acht Frauen gemacht?« fragte ihn Herr Uloth. »Ich habe sie bei meinen Freunden untergebracht«, war die Antwort.

Dieses Beispiel zeigt, wie lieblos und verwirrend ein Eingriff in eine bestehende Ordnung sein kann, ob wir sie nun vom christlich-abendländischen Standpunkt aus anerkennen oder nicht.

Vor meiner Rückkehr nach Bafut schaute ich mich noch ein wenig um und besuchte den Residenten des Graslandes, den englischen Gouverneur Dr. Jeffrey, der mich sofort zum Lunch einlud. Es dauerte nicht lange, bis wir religiöse Fragen anschnitten. Doch ehe wir uns darin vertieften, bat er mich, ihm in sein Studierzimmer zu folgen. Dort zeigte er mir seine reiche Bibliothek, besonders aber seine Bücher über die Religionen der Völker, wobei jene der alten Ägypter ihn besonders faszinierte. Mit überlegenem Lächeln erklärte er mir: »Wenn Sie mit mir über Religion sprechen wollen, sollten Sie diese meine Bücher, in denen ich lebe, vor Augen haben!« Ich fand dies eine originelle Herausforderung, die mich keineswegs einschüchterte. Im Gegenteil: die Unterhaltung konnte beginnen und nahm einen hochinteressanten Verlauf. Wir lernten uns gegenseitig kennen und schätzen und sahen uns später noch öfter. Ich verabschiedete mich von Dr. Jeffrey und schwang mich in den Sattel. Langsam ging es den steilen Felspfad hinunter in die Ebene, und ohne ein Zeichen setzte mein Pferd zum Galopp an. Nur mit großer Mühe gelang es mir, es an einem Flüßchen zum Stehen zu bringen. Doch kaum saß ich wieder im Sattel, galoppierte es schon wieder davon und setzte nacheinander über Brücken hinweg. Bei einer Brücke flogen die Querprügel auf die Seite. So ging es nonstop weiter bis zur Missionsstation, dann waren Reiter und Pferd erschöpft.
Der rasante Rappe hatte seinem Reiter viel Energie abverlangt. Der Resident forderte meinen Verstand und mein Herz. Der erste anglikanische Gottesdienst auf afrikanischem Boden stärkte meinen Glauben, schenkte mir Gemeinschaft mit erst fremden Menschen, erfüllte mein Herz mit Freude und gab mir Mut für meinen Dienst. Die Freude war groß, als ich mein eigenes Pferd bekam, einen jungen, schön gewachsenen Fuchs mit einer weißen Blesse, der alle Gangarten beherrschte. Nach einigen kleinen Abenteuern wurden wir unzertrennliche Freunde, bis wir uns zwei Jahre später am Tag der Internierung trennen mußten.

Die Macht der Angst

In Bafut bereiteten Herr Tischhauser und seine Frau sich auf die Heimreise in die Schweiz vor. Soweit noch Zeit übrig blieb, gab er mir noch weitere Einblicke in die Mungakasprache. Er nahm mich auch noch ein paar Tage mit auf seine Außenstation in Bamessing. In einem alten Ford fuhren wir auf »deutschen« Straßen und Pisten dorthin. Bamessing liegt auf einer Hochebene, in der kaum mehr Ölpalmen wachsen. Auch sieht man nur selten Bananenhaine, dafür aber gedeihen auf den Feldern Mais und Knollenfrüchte, Baummelonen und Flaschenkürbisse, alles sehr wertvolle Früchte.

In dieser Gegend, besonders in den Bergen, leben die Fulanihirten mit ihren Zeburindern. An Pferden fehlt es auch nicht. Die Fulani oder Fulbe sind Angehörige eines hamitischen Volksstammes, der hauptsächlich im westlichen und mittleren Sudan verbreitet ist. Es gibt die Stadtfulani und die Hirten, die Bororo genannt werden und mit ihren Herden in den Bergen leben. Wenn man unterwegs in die Dörfer ist, hört man schon in der Frühe den dumpfen Klang vom Mais- oder Hirsestampfen. Kommt man näher und erhält einen Blick in die umfriedeten Gehöfte, sieht man zwei oder drei Mädchen oder auch Frauen mit kleinen Kindern auf dem Rücken, wie sie mit großem Geschick mit den Stößeln im Takt Mais im Mörser stampfen und klangvolle Lieder singen.

Wir besuchten verschiedene Dörfer, in denen es bereits christliche Gemeinden gab, die von Katecheten oder Evangelisten betreut wurden. Dabei lernten wir viele Frauen und Männer kennen und auch viele Jugendliche. Tischhauser führte intensive Gespräche, hielt Gottesdienste, feierte das Abendmahl. Ich nahm am Taufunterricht teil und gewann Einblicke in Palaver oder andere Vorkommnisse, die meistens vor dem Abendmahl vor der ganzen Gemeinde ausgebreitet und zu schlichten versucht wurden. Die Hintergründe und Zusammenhänge konnte im Grunde nur ein afrikanischer Mitarbeiter richtig beurteilen. Das Erfreuliche war, daß alles versucht wurde, einander zu helfen und im Geist Jesu Christi einander beizustehen. Das Glück des Menschen ist ja keine abstrakte Größe, sondern es wächst im gemeinsamen Ringen und Überwinden der seelischen und körperlichen Nöte.

Und doch ist in bestimmten Fällen die Tradition so tief verwurzelt und mächtig, daß kaum jemand wagt, sie anzuzweifeln oder zu brechen.

Eines Morgens hörten wir, daß auf dem Felsplateau, wo der Mfon, der Häuptling, seinen Sitz hat, Zwillinge geboren wurden und deswegen große Angst und Unruhe ausgebrochen sei. Der Mfon und der Priester, ja das ganze Volk fürchtete, daß böse Mächte in das Leben der Zwillingsmutter eingebrochen waren. Schon bei der Zeugung mußte ein böser Geist übel mitgespielt haben. Es wurde uns gesagt, daß aufgrund der Überlieferungen der Ahnen die Zwillinge der unglücklichen Mutter weggenommen und am abschüssigen Hang des Felsplateaus ausgesetzt werden sollten. Auf keinen Fall dürften sie am Leben bleiben.

Empört stiegen wir am frühen Morgen den steilen Hang hinauf und erreichten in Eile den Palast. Tischhauser ließ sich durch den Sprecher des Mfon, den er gut kannte, anmelden. Während wir warteten, kamen und gingen Frauen vorüber. Traurige und ängstliche Blicke streiften uns. Jede Frau mußte sich schützen vor der Macht und List des Bösen. Sie hatten weiße Erde angerührt und sich damit Stirn und Wangen, Brüste und Bauch, Arme und Schenkel bestrichen, um den Einfluß des Bösen abzuwenden. Ein merkwürdiger und geheimnisvoller Anblick! Jede Frau trug als Zeichen ihrer Würde und je nach Rang einen oder mehrere Gürtel aus bunten Perlen um die Taille und ein schmales Schamtuch. Die unglückliche Mutter saß mit ihren Zwillingen in ihrem Lehmhaus, denn sie durfte, so oder so, nicht vor einer Woche nach der Geburt ihre Wohnung verlassen. Wie sehr hatte sie sich gefreut, als sie schwanger wurde. Ohne Zweifel hatte sie alle traditionellen Verpflichtungen, die für einen guten Verlauf ihrer Schwangerschaft erforderlich waren, mit Geduld auf sich genommen und erfüllt. Jedermann, der ihr begegnete, hatte sich beim Grüßen ehrerbietig vor ihr verneigt. Doch je näher die Zeit der Niederkunft heranrückte, desto ängstlicher wurde sie, und als sie dann unerwartet Zwillingen das Leben schenkte, konnte der Schmerz der Wehen sich nicht in Freude und Erleichterung verwandeln. Vielmehr ergriff sie Angst und Zittern.
Häuptling und Priester glaubten, was die Vorfahren behauptet hatten: bei der Zeugung mußte ein fremder, böser Geist mitgewirkt haben. Das Gesetz der Ahnen verlangte den Tod der Zwillinge. Welch schrecklicher Tag! Süße, vollkommene Geschöpfe sollten ein Unglück sein, sollten ausgesetzt, getötet werden? Kein Freudentanz über den Nachwuchs! Nicht einmal Trauer! Dafür ein Opfer zur Versöhnung der Ahnen und zur Bannung und Vertreibung böser Geister.
Missionar Tischhauser führte ein langes Gespräch mit dem Mfon und dem Priester und ging am nächsten Tag in aller Frühe nochmal hinauf zu ihnen, um sie zu überzeugen, daß kein böser Geist im Spiel war, sondern daß Gott, der Schöpfer, sie besonders beschenkt habe und sie darüber nur froh und dankbar sein sollten. Die Zwillinge blieben am Leben.
Ist es nicht merkwürdig? In einem anderen Volksstamm, der mit dem in Bamessing verwandt ist, erlebten später meine Frau und ich, wie die Ankunft von Zwillingen als großes Glück festlich vom ganzen Dorf tagelang gefeiert wurde. Und wieder in einem anderen Stamm in Nordkamerun ist es Gesetz, daß jedes achte Kind den Ahnen gehört und geopfert werden muß. Ist es nicht befremdend, daß Menschen in ihren Bezie-

hungen zu den Verstorbenen, von denen sie sich lebenswichtig abhängig fühlen, solche Gesetze, derart schreckliche Tabus aufstellen? Wie unverständlich, daß so mancher Europäer aufgrund oberflächlicher Begegnung mit Afrikanern behauptet, sie seien glückliche Naturmenschen und bedürften nicht des Christentums. Die Frage ist nur, was für den Europäer der Inhalt des »Glückes« ist und was der Afrikaner sich darunter vorstellt.

Solche unerklärlichen Gesetze scheinen sich im Laufe von vielen Generationen entwickelt zu haben und sind gewiß aus so mancher Qual menschlicher Angst und Machtlosigkeit hervorgegangen. Nach der Vorstellung der Afrikaner besteht der Volksstamm aus den sichtbar lebenden Menschen und den Ahnen, die in anderer Gestalt weiterleben. Beide sind aufeinander angewiesen, und es ist wichtig, daß das Verhältnis der beiden zueinander nach bestimmten Regeln gepflegt und nicht vernachlässigt wird.

Die Boten des Evangeliums von Jesus Christus kommen nicht als »Aufklärer«, sondern als Sendboten des gekreuzigten und auferstandenen Herrn, dem alle Mächte untertan sind, der uns Menschen aus der Angst befreit, uns gleichsam an der Hand nimmt und uns eine Geborgenheit schenkt, die keine Macht der Welt, auch nicht die der unsichtbaren Welt, zu geben vermag. In dem Psalm von Gott als dem guten Hirten heißt es: »Und ob ich schon wanderte im finstern Tal, fürchte ich kein Unglück, denn du bist bei mir.« Ein Afrikaner, der zum Glauben an Christus findet, wendet sich dem zu, der die Nacht des Todes durchlebt und durchlitten hat, der »hinabgestiegen« ist in das Reich der Toten – also auch der Ahnen, der »lebenden« Toten – und am dritten Tag auferstanden ist. Dieser gewisse Glaube vertreibt die Angst und ist ein Licht mitten in der Nacht. Die Gemeinschaft mit Christus umschließt die Lebenden und die Toten.

Wundert es uns nicht, daß die christliche Gemeinde in Afrika schneller wächst als die Bevölkerung, daß sich der Schwerpunkt der Christenheit nach Afrika verlagert und aus diesem großen Kontinent trotz seiner ungeheuren Sorgen und unsagbaren Leiden Christen zu uns kommen und uns das Evangelium in neuer Weise verkündigen? Ich hatte jahrzehntelang die Freude, der Interpret von vielen Boten aus Afrika und Asien zu sein. Christus lebt und wirkt durch unzählige Missionare aus allen Völkern unserer Zeit.

Die Kirche wird zu klein

Die Gemeinde in Bafut wuchs. Das Kirchlein wurde zu klein. Ein neuer, größerer Bau war notwendig. Missionar Uloth, ein guter Theologe und von Haus aus Schlosser, fing an Ziegel zu streichen und zu brennen. Sie wurden hart und hatten einen hellen Klang. Er legte ein massives, tragfähiges Fundament und baute darauf Lage um Lage mit den schönen roten Ziegeln. Bald waren die Mauern fertig. Adolf Oberlerchner, der Gemeindemissionar von Mbengwi, kam und zimmerte das Dach. Es war eine Lust, ihm zuzusehen, wie er mit einem schmalen Beil die Dachsparren mit sicherer Wucht annagelte, ohne danebenzuschlagen. Auch er hatte vor seinem Theologiestudium einen praktischen Beruf erlernt und war Schreiner und Zimmermann. In jener Zeit war es ohne Zweifel erforderlich, daß ein Missionar einen praktischen Beruf als Voraussetzung haben mußte.

Als der Bau fertig war und etwa hundert Bänke auf die Gemeinde warteten, bereiteten Schulklassen sich vor, um mit dem Altarkreuz an einem Sonntag feierlich in die Kirche einzuziehen. Tanzend und singend zog eine große Gemeinde in die geschmückte Kirche hinein. Alle blickten auf das große Kreuz, das von nun an auf dem Altar stand und zum Mittelpunkt der christlichen Gemeinde wurde; denn das Kreuz ist das Zeichen der Versöhnung und der Liebe Gottes, das Zeichen der Überwindung des Hasses und der Angst, das Zeichen des Friedens und deutet auf Jesus Christus, der um unserer Sünde willen den Tod am Kreuz erduldete und durch seine Auferstehung uns eine lebendige Hoffnung gegeben hat.

»Willst du mir mein Kind rauben?«

Nach einigen Wochen verabschiedete ich mich von Tischhausers und reiste weiter nach Bali, wo ich von Familie Schneider herzlich aufgenommen wurde. Nun war ich also mitten im Sprachgebiet der Bali-Nyonga und konnte weiter in die Mungakasprache eindringen. Mit einem jungen Schüler namens Samuel ging ich von Gehöft zu Gehöft und versuchte, mit einheimischen Frauen und Männern über ihr tägliches Leben und ihre häuslichen Arbeiten zu plaudern. Dabei notierte ich mir viele Ausdrücke und Redewendungen und lernte auch sogleich manche interessante Sitten und Gebräuche kennen, was für das Verständnis der Sprache sehr wichtig ist. Das Mungaka hat im Vergleich zu Duala, dieser klangvollen Sprache, mehr Konsonanten als Vokale, dazu Kehlverschlüsse in vielen Wörtern.

Nach einigen Tagen bat mich der Stationsmissionar, in einer entfernten Gemeinde einen Taufgottesdienst zu halten. Ich war ziemlich überrascht, da meine Sprachkenntnisse noch unzureichend waren. Doch er meinte, die Predigt könnte ich in Englisch halten, ein Katechet würde mich übersetzen, die Taufformel könnte ich vorher in Mungaka auswendig lernen.

Mit meinem Begleiter fuhr ich in einem alten Ford bis zu der Stelle, wo der Fußpfad zu der Gemeinde führt. Während der Fahrt wurden wir plötzlich von einem vorbeifliegenden Riesenschwarm Heuschrecken überfallen. Die Frontscheibe war schnell bedeckt, und im Wagen schwärmte und summte es bedrohlich. Die Heuschrecken klammerten sich an unsere Gesichter, und wir hatten Mühe, uns zu befreien. Überall hatten sie sich festgehakt, und zwar so lange, bis die begleitenden, wesentlich größeren Heuschrecken offenbar den Befehl zum Weiterflug gaben und wir erleichtert weiterfahren konnten.

Als wir uns der Gemeinde näherten, hörten wir bereits fröhlichen Gesang. Der Eingang der Kirche war mit bunten Blumen und Zweigen geschmückt. Drinnen saßen die Gemeindeglieder in farbigen Gewändern, die Frauen mit schmucken Kopftüchern, alle dicht gedrängt auf Bänken und erwarteten uns. Zehn Personen, Männer und Frauen, saßen auf der vordersten Bank. Sie waren bereit, die Taufe zu empfangen. Unter ihnen war auch eine Mutter mit ihrem Baby.

Als die Mutter ihr Kind zur Taufe brachte, stürzten plötzlich fünf Männer mit erhobenen Speeren in die Kirche, schwangen bedrohlich ihre Waffen und näherten sich mir. Ich hob meine rechte Hand und gebot ihnen stehenzubleiben. Ich fragte sie: »Was wollt ihr?« Darauf trat einer der Männer näher heran und fragte mich verärgert: »Was machst du mit diesem Kind? Das ist mein Kind! Willst du mir mein Kind etwa rauben? Wem gehört es denn, wenn du es getauft hast? Ich will mein Kind wiederhaben!« Ich sagte ihm: »Wir werden dir auf keinen Fall dein Kind rauben! Ist dein Kind nicht ein Geschenk Gottes?« Er meinte: »Doch! Aber was machst du mit ihm?« Ich sagte ihm: »Wir bringen dein Kind Gott, dem Schöpfer dar, damit er es segne und dein Kind unter seiner Fürsorge und seinem Schutz heranwachse.« »Gut!« sagte er, war einverstanden und verließ mit seinen Kampfgenossen die Kirche. Die Gemeinde atmete erleichtert auf.

Bali: Allerlei Sitten

Junge Missionare mußten während ihres ersten Aufenthalts zunächst bei einem erfahrenen Missionar und seiner Frau wohnen und sich in die ganz andere Welt einleben. So blieb ich vorerst bei Familie Schneider. Wilhelm Schneider war Schwabe mit einem klugen Verstand und praktischen Sinn. Seine Frau, eine geborene Maute aus Ebingen, konnte gut nach afrikanischen Rezepten kochen. Sie verstand sich ausgezeichnet mit den afrikanischen Frauen und konnte sie in die Kunst des Nähens und Strickens einführen, vor allem aber auch in die so wichtige Hygiene. Sie hatte eine herrliche Sopranstimme. Zum Glück hatte ich meine Konzertflöte mitgebracht, und so konnten wir abends hin und wieder Bachlieder, Händel- und Telemannsonaten spielen und erlebten zusammen mit den Afrikanern viel Schönes.

Das Haus der Missionsfamilie Schneider (1938)

Schon nach wenigen Tagen nahm mich Herr Schneider mit zum Stammesoberhaupt, Fonyonga II. Die Sitte verlangt, daß man bald nach Ankunft den Mfon aufsucht und ihn grüßt. Wir betraten den Palasthof und ließen uns anmelden. Kurz darauf kam sein Sprecher und bat uns, näherzukommen. Man brachte uns Hocker. Ehe er sich blicken ließ, kamen seine Ratsherren und setzten sich im Halbkreis. Endlich erschien er selber, ein stattlicher Fürst, gekleidet in eine prachtvolle Toga mit Tiersymbolen, die auf Lebensglück und Lebenskraft hinwiesen. Sein

Gesicht war mit Camwoodpulver vom Rotholzbaum gepudert, das nicht nur kosmetischen, sondern vor allem auch medizinischen Wert hat. Seine Ratsherren grüßten ihn, indem sie dreimal in die hohle Hand klatschten. Wir taten dasselbe. Daraufhin ließ er uns durch seinen Sprecher fragen, warum wir gekommen seien. Missionar Schneider ließ ihm sagen, daß ich vor wenigen Tagen aus Deutschland gekommen sei und ihn grüßen möchte. Der Mfon hieß mich willkommen, und wir klatschten alle wieder in die Hände. Nun war ich also aufgenommen, und überall wurde verbreitet, wer ich war und woher ich gekommen sei.

In Bali gab es damals ein Katechetenseminar mit vielen jungen Männern, die durch Missionar Schneider und einige afrikanische Lehrer eine gründliche zweijährige Ausbildung für den Dienst in den werdenden Gemeinden erhielten. Eines Tages kamen etwa zehn Katecheten mit ihrem Lehrer, Tsi Kangsen, dem späteren Moderator der Presbyterianischen Kirche, um mich nach afrikanischer Sitte willkommen zu heißen. Dies geschah, indem sie mit erhobenen Speeren auf mich zukamen und dabei ein Lied sangen. Als ich sie gegrüßt hatte, senkten sie ihre Speere. Von nun an war ich auch hier angenommen.

Einige Tage später war ich wieder unterwegs, um mich in der Sprache zu üben. Plötzlich kam ein hochgewachsener, stattlicher Afrikaner in bunt gemusterter Toga auf mich zu, grüßte mich und fragte etwas vorwurfsvoll, warum ich ihn noch nicht besucht hätte. Ich gab zur Antwort: »Ich kann dich gleich besuchen. Wo wohnst du?« Er nahm mich mit. Er wohnte ganz in der Nähe. Sein Gehöft war mit aus Raffiarippen-Rinde geflochtenen Matten sehr schön und kunstvoll umzäunt. Die vier Wände und die vier Dachseiten seines stattlichen Hauses bestanden aus Rippen der Raffiapalme. Das Dach war mit besonders feinem Gras fachmännisch und sturmsicher gedeckt, etwa 25 cm dick. Als wir in die Empfangshalle eintraten, standen fünf alte Krieger auf, zogen ihre blanken Schwerter und hielten sie mit der rechten Hand in die Höhe. Ich als unerfahrener Neuling grüßte sie und bat, wieder Platz zu nehmen. Doch sie blieben mit erhobenen Schwertern stehen und schauten mich sehr genau an. Ich fragte den Hausherrn, übrigens ein Adeliger namens Tita Nyi, warum die Männer sich nicht setzten. Er meinte, sie wüßten noch nicht, ob ich Freund oder Feind sei. Ich fragte, was ich denn tun sollte. Er fragte mich: »Hast du denn keine Kolanuß bei dir?« »Nein«, sagte ich, »kannst du mir eine leihen?« Er holte eine aus seiner Tasche und gab sie mir. Diese teilte ich und gab jedem der Männer ein Stück. Daraufhin steckten alle ihre Schwerter in die Scheide und setzten sich. Wir kauten alle ein Stückchen der bitteren, aber anregenden Nuß, tranken dazu frischen Palmwein und fingen an zu plaudern. Es waren alte Krieger, die im Kolonialkrieg aufseiten der Deutschen gegen die Engländer gekämpft hatten und schließlich einige Jahre als Kriegsgefangene auf der spanischen Insel Fernando Po verbringen mußten. Ihre Liebe zu Deutschland hatten sie nicht verloren.

Nun wußte ich ein wenig über die soziale Bedeutung der Kolanuß. Sie ist ein Zeichen der Liebe und Freundschaft. Niemand teilt eine Kolanuß mit einem gehässigen Menschen. Sie kann aber auch benutzt werden, um einen unangenehmen Menschen oder einen Feind zu beseitigen, indem die Nuß vorher in Gift getaucht wird.

In jener Anfangszeit hatte ich mir für meine Märsche einen schönen, widerstandsfähigen Stab geschnitzt, mit dem ich auch spielend über Gräben springen konnte. Es ist übrigens selbstverständlich, daß Leute, die sich begegnen, auch einander grüßen. Doch fiel es mir einige Male auf, daß man mich als Frau begrüßte: »U la' ndi na?« Das heißt: Hast du übernachtet und geschlafen, Frau? Ich erkundigte mich, warum mich manche Leute mit »Mutter« oder »Frau« ansprachen. Schließlich wurde mir erklärt: »Frauen tragen einen Stab, aber die Männer einen Speer.« Also besorgte ich mir schnellstens einen guten, stabilen Speer. Jetzt war ich plötzlich ein Mann. Oder vielleicht nicht? –

Einige Zeit später begegnete mir ein alter Bali und sagte: »Du bist noch kein Mann!« »Wieso nicht?« fragte ich. »Weil du noch keine Frau, keine Kinder und keinen Bart hast!« Bald boten sich auch einige schlanke, hübsche, ebenholzfarbene Grazien an, aber ich mußte ablehnen, denn daheim wartete meine Braut auf mich. Endlich wurde ich auch ohne Frau als Mann akzeptiert.

Die Gehöfte bestanden im allgemeinen aus mehreren Lehmhäusern. Die Wände waren kunstvoll mit den starken Rippen der Raffiapalme aufgebaut und innen wie außen mit Lehm verputzt. Manche hatten ihre Hauswände noch mit Tiersymbolen verziert. In der Regel gab es keine Fenster, sondern nur die Türe mit erhöhter Schwelle. Der Mann hatte sein Haus für sich. Falls er mehrere Frauen hatte, wohnte jede mit ihren Kindern in einem eigenen Haus, in dem sich alles abspielte. Innerhalb des Gehöftes wurden Sträucher, Bananen und andere Stauden und Bäume gepflanzt, vor allem durfte der Pfefferstrauch nicht fehlen. Das ganze Gehöft wurde mit einem Mattenzaun umfriedet. Es gab zwei Eingänge: einen in normaler Größe und etwas entfernt davon einen wesentlich kleineren, der von Frauen, die ihre Tage hatten, benutzt wurde. Die Eingänge waren mit einem wirkungsvollen Zauber geschützt, während es innen in den Wohnungen einen kleinen Opferplatz gab, wo der Ahnen gedacht wurde.

Erste Reise in den Busch

In Bali lebte und wirkte Pastor Elisa Ndifon, ein sehr warmherziger Afrikaner. Aus seinem glänzend schwarzen Gesicht strahlten zwei gütige, vertrauenerweckende Augen. Ich freute mich sehr, als er mich auf eine seiner Reisen in die umliegenden Dörfer mitnahm. So marschierten wir eines Morgens los, auf schmalen Pfaden durchs taufrische, hohe Gras, vorbei an Erdnuß- und Maniokfeldern und erreichten bald unser erstes Dorf. Wie immer meldeten wir uns zuerst beim Dorfchef an, grüßten ihn und sagten, warum wir gekommen seien. Der Trommler meldete darauf unseren Besuch dem ganzen Dorf an. Auch die Leute auf den Feldern konnten die Nachricht hören.
Ich hatte fünf Ansprachen über Gleichnisse Jesu schriftlich vorbereitet, da wir ja fünf Gemeinden besuchen wollten. In jedem Gottesdienst durfte ich sprechen; dabei wurde Satz um Satz durch Pastor Ndifon wiederholt. Ich mußte immer peinlich genau auf den Rhythmus und Ton der Sprache achten, denn darin lag das Geheimnis, das mir den Zugang zu den Hörern öffnete, viel mehr als in der fehlerfreien Grammatik.
Am Abend saßen wir noch gemütlich ums offene Feuer in der geräumigen Halle des Häuptlingspalastes. Pastor Ndifon war selbst Adeliger und hatte eine hohe Position beim Oberhäuptling in Bali. Ein hübsches Mädchen mit funkelnden Gazellenaugen reichte uns frisch geröstete, knusprige Erdnüsse in einem kunstvoll geflochtenen Körbchen, und ein Junge bot uns frisch gezapften Palmwein aus einer verzierten Kalebasse an. Ein junger Mann war verantwortlich für das Feuer. Von Zeit zu Zeit schob er die Baumstücke näher zueinander, so daß eine schöne, blaugelbe Flamme unseren Kreis erhellte und wir die Gesichter der geladenen Gäste erkennen konnten.
Man zog sich für die Nacht zurück. Ich schlug mein Feldbett auf und spannte das Moskitonetz. Kaum lag ich bleischwer im Bett und hatte die Buschlampe gelöscht, als es plötzlich lebhaft in dem kleinen Raum wurde. Im Schein meiner Taschenlampe sah ich die Ratten tanzen. Einige liefen die gespannten Schnüre des Netzes entlang. Das war ungemütlich. Aber was sollte ich tun? Eine Jagd auf Ratten war aus-

sichtslos! Also legte ich mich aufs Ohr und schlief schließlich ein, obgleich die Nacht lauter war als der Tag. In der Frühe schaute ich mich um und sah, daß in dem Raum Mais und Knollenfrüchte gelagert waren, – ein willkommenes Fressen für die Ratten. Von da an schlug ich mein Bett nur noch in leeren Räumen auf.

Die Reise war eine aufschlußreiche Einführung in eine fremde Welt, eine fremde Kultur, zu Menschen mit einem anderen Weltverständnis, einer anderen Mentalität und anderen Gewohnheiten. Vor uns saßen keine unbeschriebenen Blätter, sondern würdige Menschen, denkende Menschen, deren Volksstamm durch Jahrhunderte hindurch bestimmte religiöse Vorstellungen und kultische Handlungen entwickelt hatte, von denen die Stammesgemeinschaft bestimmt und die soziale Struktur zusammengehalten wurde. Die führenden Männer und Frauen zeigten sich, eben weil sie denkende und beobachtende Menschen waren, auch offen für neue Eindrücke, neue Erlebnisse und Einsichten wie das Sprichwort ausdrückt: »Der anbrechende Tag hat Weisheit, der sich neigende hat Erfahrung.«

Ich hatte während des Studiums viel über afrikanische Religion und Kultur gelesen; doch bald wurde mir deutlich, daß die europäischen Missionare und Forscher Kinder ihrer Zeit waren und daß im Grunde jede Zeit an den Beschränktheiten der eigenen geschichtlichen und kulturellen Einbindung leidet. Die Gefahr lag nahe, daß Missionare ein europäisches und amerikanisches Christentum brachten, das mit der Geschichte und Kultur ihrer Länder sowie auch mit den verschiedenen christlichen Strömungen und Frömmigkeitsidealen verwoben war, wie sie z. B. auch in dem Wandel der vielen Jesusbilder der christlichen Kunst zum Ausdruck kommt. In Kamerun bestand die Gefahr darin, daß wir das Evangelium von Jesus Christus sozusagen eingepflanzt in deutsche Erde und deutsche Töpfe »vorgefertigt« überreichten. Ohne Zweifel ist es nicht einfach, das Evangelium ohne europäische »Verpackung« uns zunächst völlig fremden Menschen zu bringen – zumal wir Europäer es auch zuerst in einer orientalischen Verpackung erhielten. Die Verkündigung des Evangeliums von Jesus Christus setzt immer neu voraus, daß wir bereit sind, in die Welt der Menschen hineinzuhören und in Gemeinschaft mit ihnen möglichst vorurteilsfrei zu leben.

Die Vegetation zeigt in Afrika ein ganz anderes und viel üppigeres Wachstum als in Deutschland. Die bei uns so beliebten Weihnachtssterne werden hierzulande in Treibhäusern zu Topf- und Zimmerpflanzen herangezüchtet. In Afrika gedeihen sie mühelos und ohne Pflege in freier

Natur zu Riesenbüschen mit fortwährender Blütenpracht, ebenso die Engelstrompeten oder Daturen mit ihrem betörenden Duft und auch die Bougainvillien, die blutroten und lachsfarbenen, mit ihrer ununterbrochenen Blütenfülle in der Regenzeit und in der Trockenperiode.

Vielleicht sind dies Beispiele, die gleichnishaft andeuten, wie ganz anders das Evangelium von Jesus Christus in Afrika sich entfaltet und Gestalt annehmen kann. Dabei denke ich gerne an die spontane und übersprudelnde Freude in afrikanischen Gottesdiensten, an die dynamisch-rhythmischen Gesänge und die befreienden Tänze der ganzen Gemeinde als spontane Antwort auf die überraschende Botschaft von der Liebe Gottes. Das müssen wir Europäer, vor allem aber wir Christen, erkennen und akzeptieren: daß der Afrikaner seine eigene Antwort auf die Gabe des Evangeliums geben will, in Lied und Tanz, in der Kunst, in jeder Beziehung. Sein Denken ist bildhaft. Er räsoniert nicht wie Descartes: »Cogito, ergo sum« (Ich denke, darum bin ich). Der Afrikaner sagt: »Ich tanze, darum lebe ich!«

»Drum prüfe, wer sich ewig bindet«

Die Woche der Bali-Nyonga hat einen Tag mehr als unsere. Am Dzimbufung, dem Markttag ihrer Achttagewoche, wollte ich einmal einkaufen. Den Marktplatz zu finden war nicht schwer. Ich brauchte nur den Leuten nachzugehen, die dorthin strömten. Da waren Frauen, die schwere Lasten auf dem Kopf trugen, meistens Feldfrüchte; andere hatten Palmöl in Kanistern auf dem Kopf. Männer brachten Palmwein in großen, schweren Kalebassen, und manche trieben quiekende Schweine und Ferkel vor sich her; wieder andere führten laut meckernde Ziegen an Stricken oder blökende Schafe. Alles hatte auf dem Markt seinen bestimmten

Balimarkt (1938)

Platz – wahrhaft ein buntes, farbenprächtiges Bild. Die Männer hatten ein Lendentuch zwischen den Beinen durchgezogen und um die Hüften

geknüpft. Die Frauen trugen nichts als eine schmale Schamschürze. Auffallend waren die sauber gepflegten Frauen des Mfon, eine stattliche Zahl. Sie hatten ihren gesonderten Platz und waren sofort erkennbar an dem Kaurimuschelkränzchen, das sie auf dem Kopf trugen.
Auf dem Markt konnte man alles finden, was man zum Leben braucht: Orangen, Limonen, Pampelmusen, schmackhafte Baummelonen, saftige Baumtomaten, scharfen Pfeffer, Yamsknollen, Maismehl, Salz, das dunkelbraune Palmöl und sogar Kerosin für die Buschlaternen und viele andere Dinge.
Plötzlich tauchte in der Menge eine rot gepuderte junge Frau auf. Einige Leute riefen: »Oh, eine Braut!« Sie war völlig nackt. Nur an ihren Schamhaaren waren einige Kaurimuscheln befestigt, in denen Schutzmedizin verborgen war. Da gab es viel zu fragen. Ich erfuhr, daß ein Mädchen, das zur Braut erkoren worden ist, von ihren Tanten, den Frauen ihrer Sippe, zuerst mit Palmöl eingerieben wird. Tage später wird das Öl wieder abgewaschen. Dann wird ihr nackter Körper völlig mit Camwood, dem Rotholzpulver, eingepudert. Es dient als kosmetischer Schmuck und als Schutz vor Krankheiten. Aus dem hübschen, flüggen Mädchen ist eine Braut geworden, ein neuer Mensch. Jedermann weiß, daß ein junger oder auch älterer Mann auf sie wartet und daß es ein großes Fest geben wird, zu dem beide Sippen viel beitragen müssen. Von der Verwandtschaft werden viele nützliche Geschenke gebracht, aber nur, wenn die Braut noch unberührt ist. Im andern Fall gibt es nur geringe Geschenke. Es wird großer Wert auf ihre Erziehung gelegt und auf eine geistig und sozial intakte Familie der Braut.
Ein alter Bali erzählte mir, daß die Sippe der Braut den Bewerber, bzw. die Sippe des Bräutigams eine Braut nicht so ohne weiteres akzeptiere. Wenn ein junger Mann sich in ein Mädchen verliebt, geht er zunächst zum Vater der Erwählten und fragt etwas schüchtern: »Mein Herr, ich habe etwas Palmwein in meiner Kalebasse, aber es fehlt mir ein Trinkgefäß. Kannst du mir eines borgen?« Darauf erwidert der Vater: »Ich habe kein Trinkgefäß für dich, um Palmwein in meinem Hof zu trinken.«
Damit aber der junge Mann nicht beschämt weiterziehen muß, gibt er ihm einen Becher, dann trinken sie zusammen den Wein und plaudern ein wenig, und der Vater gibt ihm etwas Geld für den Wein.
Diese Zeremonie wiederholt sich vier- oder fünfmal. Inzwischen waren ausgesuchte Vertreter beider Familien oder Sippen sehr aktiv und hatten sich wie Detektive nach folgenden Charaktereigenschaften des Mädchens bzw. des Bräutigams zu erkundigen. »Hat das Mädchen (der

Mann) einen guten Charakter? Kommt sie/er aus guter Familie? Gibt es in dieser Familie ansteckende Krankheiten? Hat in dieser Familie jemand mit Hexerei zu tun? Gehört jemand einem Geheimbund an? Hat die Familie einen guten Ruf in der Gesellschaft und ist sie geachtet? Kümmert sich die Familie um Kranke?« Erst wenn diese Recherchen beiderseits günstig ausfallen, trinken auch die Vertreter der Familien miteinander Palmwein, ohne daß dabei Geld eine Rolle spielt.
Dem jungen Liebhaber wird dann das Haus der Mutter des Mädchens gezeigt. Er bringt ihr Salz, Öl und Feuerholz. Jetzt ist der Anfang gemacht. Bis es aber zur Heirat kommt, müssen auf beiden Seiten noch viele Bedingungen erfüllt und viele Vorbereitungen getroffen werden. Bringt ein Mädchen ein uneheliches Kind mit in die Ehe, muß sie, falls sie trotzdem akzeptiert wird, durch ein Opfer gereinigt werden. Sie wird dann allerdings »Ngañ-Fani« (die Mißratene oder Fehlerhafte) genannt. So war es früher.

Die Heuschrecken kommen

Eines Tages gab es urplötzlich eine katastrophale Überraschung: die Heuschrecken. Ich war mit dem jungen Samuel unterwegs auf den roten Lateritstraßen Balis, um wieder meine Sprachkenntnisse zu vertiefen. Luther hatte dem Volk aufs »Maul« geschaut. Ich fand dies auch hier die beste und interessanteste Methode. So fragte ich Kinder beim Spiel oder Frauen bei der Feldarbeit, beim Jäten der Erdnußbeete oder beim Anhäufeln der Maisreihen nach den entsprechenden Begriffen. Immer gab es neue Wörter, neue Satzgruppen oder Redensarten. Dabei mußte ich viel Geduld aufbringen. »Nur der Geduldige wird Sieger«, lautet ein Kameruner Sprichwort.
Die Heuschrecken kamen schnell. Der Himmel verdunkelte sich. Plötzlich drang fürchterlicher Lärm aus allen Richtungen. Die Leute trommelten auf jedem greifbaren Gegenstand, wollten mit schrillen Tönen und großem Geschrei die Heuschrecken hindern, sich zum Fraß ins zarte, frische Grün ihrer Felder zu setzen.
Die Natur ist reich an wundervollen Geheimnissen. Die fliegenden Vielfraße kommen nicht in der Trockenzeit, sondern genau dann, wenn es auf den Feldern sprießt und grünt und die Blätter zart und saftig sind. Die Bauern haben aber auch gelernt, mitten in dieser nagenden und ver-

zehrenden Not das Rettende zu sehen. Zu meiner Überraschung sah ich, wie Alt und Jung mit geflochtenen Deckelkörbchen herbeirannte, um möglichst viele Heuschrecken zu sammeln. Dazu schwangen sie die Deckel im Kreis herum, um die gieräugigen, grünen Vielfraße einzufangen. Mit der Hand lassen sie sich nicht fassen, denn es heißt: »Die Heuschrecke beißt die Hand, die sie packen will.«
Sobald reichlich auf dem Deckel saßen, streiften die Leute die zappelnden Insekten in den Korb. Das wurde so oft wiederholt, bis der Korb voll war. Dann trugen sie die Beute siegesfreudig singend auf dem Kopf nach Hause. Daheim hatte die rüstige Oma bereits zwischen den drei Herdsteinen ein Feuer entfacht und eine Blechtonne mit Palmöl darauf gesetzt, das schon am Kochen war, als die Beute gebracht wurde. Schnell leerten die Kinder das Gekrabbel hinein und eilten zu neuem Fang los. Nach wenigen Minuten fischte die Oma die gekochten Heuschrecken heraus und breitete sie auf Matten aus, damit die Sonne sie trocknen und dörren konnte – vitaminreiche Leckerbissen für magere Zeiten.
An wildem Honig fehlte es auch nicht. Der Prophet im härenen Gewand lebte demnach in jener Wüste nach afrikanischer Erfahrung nicht schlecht. Nach der Heuschreckenplage ging ich mit Samuel wieder die Straße entlang in Richtung Marktplatz. Ich wunderte mich, daß niemand unterwegs war. Auch war Sam plötzlich von meiner Seite weg in den Busch gerannt. In der Ferne sah ich einen seltsam gekleideten Mann auf mich zukommen. Als er vor mir stand, fragte er mich vorwurfsvoll, was ich denn heute auf der Straße täte. Dies sei doch der Tag der Geheimbundleute und nur sie hätten das Recht, auf der Straße zu sein. Er forderte mich auf, ihn zum Palast zu begleiten, wo eine größere Gruppe solcher Geheimbündler saß und Palmwein trank. Wie diese Männer sich freuten! Sofort berieten sie, welche Strafe mir aufzuerlegen sei. Sie entschieden, ich solle eine Ziege für mein Vergehen bezahlen. Ich war jedoch keineswegs eingeschüchtert und kümmerte mich nicht um diese Strafe, sondern sagte den Angeheiterten, ich hätte inzwischen auch Durst bekommen. Auf Mungaka heißt dies: »Ntụ a ni ndzum« (mein Herz, meine Brust oder meine Seele ist trocken). Sie lachten laut auf und fragten: »Kannst du etwa Palmwein trinken?« »Aber natürlich«, erwiderte ich, »soviel wie ihr vertragt, verkrafte ich auch!« Das erheiterte die Stimmung. Sie suchten ein Glas und schenkten mir von dem Palmwein ein, den ich schlürfend genoß. Sie selber aber, als die vornehmen Herren, tranken den Wein aus Büffelhörnern. Wir plauderten noch fröhlich miteinander. Die Ziege war vergessen. Ich verabschiedete mich freundlich,

der Sitte gemäß mit erhobener, winkender Faust. Mein Spaziergang war nicht umsonst gewesen, hatte ich doch eine weitere Sitte kennengelernt.
Ich mußte öfters an den Apostel Paulus denken, der sich viel Zeit nahm und umherging, ehe er predigte. Als er zum Beispiel nach Athen kam, suchte er Kontakte mit Menschen und studierte die religiösen Gebräuche sehr ausgiebig, ehe er seine berühmte Predigt über den »unbekannten Gott« hielt. Nicht anders kann und darf ein Missionar im fremden Land vorgehen. Im lernenden und hörenden Zwiegespräch erfährt er, wer der andere ist und wie er ihm das aller Welt gebrachte und von keinem Menschen erdachte Evangelium von Jesus Christus verständlich bezeugen kann – natürlich in seiner Muttersprache.

Bezirkskirchentag in Bali

An einem Sonntagmorgen ritten wir zu dem großen Marktplatz. Missionar Schneider hatte ein Treffen der Gemeinden des Balibezirkes vorbereitet. Es strömte sehr viel Volk zusammen, Christen und Nichtchristen. Die einheimischen Pfarrer, Evangelisten und Katecheten kamen mit ihren Gemeinden. Es wurde in fröhlichem Rhythmus gesungen und geklatscht – Lieder, die von der Erlösung und Güte Gottes in Jesus Christus sprachen und von der Überwindung aller Mächte, die den Menschen die Freiheit rauben und ihnen Angst einflößen. Afrikaner sprachen von Jesus Christus, der Licht in alle Dunkelheit menschlicher Machenschaften und Gedanken bringt.
Der Mfon hatte das Fest nicht blockiert. Natürlich war er eingeladen, konnte aber nicht kommen. Er schickte seinen Sprecher, den jedermann kannte. Wenn dieser vom Mfon den Sprecherstab, den Kongso', erhielt, konnte er im Namen des Häuptlings sprechen und mußte gehört werden. Als er zum Kirchentag kam und den Stab aufpflanzte, mußte man ihm das Wort geben, und jedermann sollte darauf achten, was er im Namen des Mfon zu sagen hatte. Er ermahnte das Volk, sich an die Gesetze der Gemeinschaft zu halten. Vielleicht befürchtete der Mfon, daß die christliche Botschaft die Stammesgemeinschaft auflockern könnte oder daß die Verkündigung der Freiheit in Christus falsch verstanden und zu einer uferlosen, gefährlichen Freiheit ausarten könnte.

Der Balistamm hatte eine reiche und wechselhafte Geschichte durchlebt, es war nicht einfach, einen ganzen Volksstamm moralisch und wirtschaftlich aufzubauen und zu festigen. Die Missionare standen immer wieder vor schwierigen Fragen, die nicht ohne ständiges Gespräch mit dem Mfon und seinen Ratgebern zu lösen waren. Die einheimischen Pfarrer, besonders Pfarrer Elisa Ndifon, der vom Mfon auch zum Ratsherrn ernannt worden war, erlebten und erkannten, daß das Evangelium von Christus sich in der einheimischen Kultur als eine befreiende Kraft erwies.

Ich blieb auf Wunsch von Wilhelm Schneider noch etwas länger in Bali. Als ehemaliger Landschaftsgärtner sollte ich einen Plan ausarbeiten über die Neugestaltung der Station. Ich machte mich auch gleich an die Arbeit und entwarf ein Konzept nach gartenarchitektonischen Gesichtspunkten. Mit Hilfe der Katecheten und ihren Lehrern Aaron Su und Tsi Kangsen konnten wir den Plan durchführen. Damit ging meine Zeit in Bali zu Ende, und ich machte mich bereit für meinen Bestimmungsort Mbengwi.

MBENGWI

Gummibäume und Kakerlaken

Frohgemut packte ich meine Koffer. Missionar Lamparter kam frühmorgens von Mbengwi, um mich abzuholen. Wir ritten zusammen los. Noch lag der Harmattan, dieser heiße Wüstenwind mit seinem feinen Sand, wie ein weißer Dunst auf der Landschaft, die Sonne war nur noch als blasse Scheibe zu sehen. Das kräftige Elefantengras mit seinen weißen, tauschweren Blütenrispen neigte sich in den Pfad herein. Als wir nach etwa zwei Stunden hoch zu Roß in Mbengwi ankamen, hatten die Träger bereits meine Gepäckstücke abgeliefert und ihren gerechten Lohn empfangen. Die beiden Missionsfamilien nahmen mich herzlich auf. Missionar Häberle war für die Evangelisation verantwortlich und für den Aufbau der Gemeinden in einem großen, sehr gebirgigen Gebiet, während Missionar Lamparter die Schularbeit leitete. Häberle wurde von Adolf Oberlerchner, einem jungen, kräftigen und originellen Missionar aus Kärnten, abgelöst, während ich die Nachfolge von Missionar Lamparter antrat. Beide Familien waren bereits im Aufbruch und packten für die Heimreise.

Wilhelm Häberle, der im landwirtschaftlichen Betrieb zu Hause auf den Äckern seines Vaters oft genug hinterm Pflug gestanden hatte, machte auch in Mbengwi seinem früheren Beruf alle Ehre. Er hatte einen schönen Gemüsegarten angelegt, Erdbeeren und australische Himbeeren gepflanzt und die Station umzäunt. Außerhalb grasten Zwergkühe, die immer wieder versuchten, den Zaun zu durchbrechen. Missionar Häberle ließ daraufhin außerhalb des Zaunes einen tiefen, breiten Graben ausheben und pflanzte ringsherum die stacheligen Agaven mit ihren gefährlichen Blattspitzen. Doch die Zwergkühe drangen durch, übersprangen den Graben und kamen herein auf die Station.

Als die Häberles fort waren, versuchte ich, mit dem Problem fertigzuwerden. Man sagte mir, daß es drunten im Dorf große Gummibäume gäbe, deren Äste sich wunderbar für einen lebenden Zaun eignen, zumal sie schon nach kurzer Zeit anwachsen würden. Da ich noch nicht lange in Mbengwi war, besuchte ich zunächst einmal den Häuptling und stellte mich vor. Ich durfte mich zu ihm setzen. Ein Diener brachte Palmwein und füllte das Horn des Häuptlings und mir ein Glas. Ehe wir aber zum

Trunk ansetzten, zögerte der Mfon und beobachtete die leichte Bewegung seines Weins. Ich fragte ihn, warum er zögere. Er deutete auf sein Trinkhorn und sagte: »Es ist einer gegen mich. Ich habe einen Feind.« Dann goß er den Wein aus, ließ frischen Wein eingießen, und schließlich tranken wir beide und unterhielten uns. Ich erzählte ihm von dem mangelhaften Zaun und daß immer wieder die Zwergkühe einbrächen. Am besten wäre es doch, wenn ich einen lebenden Zaun herstellen könnte. Er gab mir gerne die Erlaubnis, eine größere Anzahl dünner Gummibaum-Äste zu schlagen, wofür ich ihm herzlich dankte. Gleich am nächsten Arbeitsnachmittag der Schule schickte ich eine Schar Schüler mit Macheten hinunter, und bald hatten wir eine große Menge Stecken und konnten den Zaun sehr dicht machen. Wir verknüpften sie mit der grünen Rinde der Raffiarippen. Es dauerte nicht lange, bis die grünen Stecken ausschlugen und dem Zaun einen stabilen Halt gaben. Die Kühe blieben draußen.

Frau Lamparter übergab mir zu meiner Überraschung den Medizinstore, die »Apotheke«. Ich hatte keine Ahnung, was für eine zusätzliche Tätigkeit da auf mich zukam. Wie sich bald herausstellte, bedeutete sie keine geringe Belastung für mich und erforderte auch eine gewisse Kenntnis der tropischen Krankheiten und deren Behandlung. Obgleich ich während meines theologischen Studiums auch ein Jahr Unterricht in Anatomie und Medizin gehabt hatte, fehlte mir die praktische Erfahrung.

Herr Lamparter führte mich in die Schularbeit ein und stellte mich den afrikanischen Lehrern bei der Morgenandacht vor. Es gab etwa dreihundert Schüler, unter denen auch ein kleiner Prozentsatz Mädchen war. Die Jungen trugen Khakishorts und weiße Hemden, die Mädchen blaue Kleider mit weißem Saum. Zur Begrüßung wählte ich ein Wort aus Psalm 111, 10: »Die Furcht des Herrn ist der Anfang der Weisheit; alle, die danach leben, sind klug.«

Es dauerte nicht mehr lange, da reisten die beiden Familien nacheinander ab, und wir zwei Junggesellen waren allein, jeder mit seinem Pferd und einer Katze, die beide unentbehrlich waren. Ja, Junggesellen! Junge Missionare mußten damals zunächst zwei Jahre allein hausen, sich in ihre Aufgaben einarbeiten, Land und Leute und deren Sprache und Mentalität kennenlernen. Vor allem mußte jeder zwei Examen in der Mungakasprache bestehen und in dieser Sprache verständlich predigen können. Auch die deutschen Pflanzer, die im Institut für Tropenkulturen bei Kassel ausgebildet wurden, mußten sich erst zwei Jahre allein in einer der

Bananen- oder Gummiplantagen einarbeiten, bis sie ihre Braut oder Frau nachkommen lassen durften.
Mein Kärntner Kollege und ich genossen vorübergehend das Alleinsein. Wenn Adolf nicht auf Reisen war, wie allerdings meistens, war er mein Tischgenosse. Für die Mahlzeiten war ich verantwortlich und hatte zum Glück einen erfahrenen afrikanischen Koch zur Seite. Die Küche war rußgeschwärzt, denn der Herd qualmte wie ein Herbstfeuer. Mein Vorgänger sagte mir noch vor seiner Heimreise, daß der Herd kaputt sei und er bereits einen neuen beantragt habe. Aber ich wartete umsonst. Also nahm ich den defekten auseinander und entdeckte zwischen der Feuerung und dem Abzugsrohr einen verkohlten Brotlaib. Die Reparatur war schnell erledigt. Das Feuer brannte wieder gut, und der Rauch zog ungehindert ab. Wahrscheinlich hatte der Koch sich selbst mal einen Laib gebacken und ihn dann schnell in den Fuchs geschoben, als er die Schritte der herannahenden Hausfrau hörte.
Unsere Menüs waren von Anfang an afrikanisch. Ich mußte nur Salz und Zucker und etwas Mehl kaufen. Kühlschrank gab es damals noch nicht, auch keine eisgekühlten Getränke. Auf der Nordseite des Hauses stand ein insektensicherer »Safe«, ein Schränkchen, das rundherum mit feinem Moskitodraht versehen war. In der Küche kamen mir, besonders abends, die Kakerlaken entgegen, flache, außerordentlich zähe Küchenschaben. Es wird behauptet, daß die Kakerlaken zu den ältesten Insekten zählen. Die afrikanischen haben einen flachen, ovalen Körper und zwei Paar Flügel von einer Spannweite bis zu zwölf Zentimetern. Sie gehen nicht nur an Nahrungsmittel, sondern auch an Papier und besonders gerne an den Bucheinband, entlang dem Buchrücken.

In der Schule

Die Missionen haben von Anfang an großen Wert auf Erziehung gelegt und Schulen gebaut. Zunächst waren es einfache Buschschulen, in denen die Kinder Lesen, Schreiben und Rechnen lernten und sogar die Sprache der Bali-Nyonga, die auf diese Weise zu einer *Lingua Franca,* zur Verkehrssprache, wurde.
Diese Buschschulen waren die Vorstufe für die Hauptschule in Mbengwi. Die Schularbeit machte mir viel Freude, aber auch Arbeit bis spät in die Nacht. Die zusätzliche Lehrerausbildung am Kantonalen Lehrerseminar in Basel in Verbindung mit den Vorlesungen an der Uni-

versität kam mir jetzt sehr zustatten. Auch das englische Sprachstudium mit dem abschließenden Cambridge-Examen wurde nicht umsonst von der englischen Mandatsregierung damals verlangt. Ich unterrichtete die oberste Klasse in sämtlichen Fächern: Botanik, Zoologie, Mathematik nach englischem System, englische Sprache und Literatur, Geographie und Geschichte. Religion mußte ich in der Mungakasprache unterrichten. Das erste Jahr beanspruchte viel Zeit und Energie, denn am Abend mußte ich nicht nur die Hefte von 36 Schülern korrigieren, sondern auch die schriftlich vorbereiteten Lektionen der Klassenlehrer.

Die Lehrer sammelten monatlich das Schulgeld der Schüler ein und lieferten es bei mir ab. Einer mogelte mir auch falsche Schillinge unter, aber zu seinem Ärger entdeckte ich sie, und er mußte mir dafür echte geben. Als er mir immer wieder falsche brachte, nagelte ich diese schließlich an den Türrahmen. Jetzt hörte der Betrug, wenigstens mir gegenüber, auf. Eines Tages kam der englische Schulinspektor, der natürlich würdig begrüßt werden mußte. Er ging durch die verschiedenen Klassen und kam schließlich auch in meine Klasse. Anschließend gab es auf dem Sportplatz eine besondere Darbietung. Zum Schluß fragte er mich, ob ich irgend etwas vorzubringen hätte. Frischweg erklärte ich ihm, der Stoffplan sei wohl für englische Schulen geeignet, aber nicht für afrikanische. Schließlich sollten doch die Jungen und Mädchen für ihr eigenes Land ausgebildet werden und nicht für England. Er meinte: »Sie haben recht, aber wer nimmt sich die Zeit, dies zu ändern, und wer setzt dann die afrikanischen Stoffpläne durch?« Damit verabschiedete er sich. Die Missionen haben viel dazu beigetragen, daß die Stoffpläne afrikanisiert wurden. Schließlich ist es doch wichtiger, daß ein afrikanischer Schüler den Flußlauf des Nigers oder des Nils kennenlernt als den Lauf der Themse.

Schnell hatte ich mich auf der Schulstation in Mbengwi eingelebt. Die Schule dauerte wöchentlich von montags bis freitags. Wir begannen jeden Montag mit einer Andacht in der Kirche, an den übrigen Tagen in einem großen Klassenzimmer. Der Unterricht fing um 8 Uhr an und endete um 13.30 Uhr. Beim Morgenappell standen alle Schüler in Reih und Glied. Die Lehrer prüften die Hände und das Gesicht auf Reinlichkeit. Manche mußten erst an den Bach im Raffiawald hinunter und sich gründlich waschen; andere, die Krätze hatten, wurden sofort behandelt. Abwechslungsweise mußten die Klassen auch die Toiletten reinigen und vor Fliegen sichern. Übrigens kontrollierte der englische Schulinspektor die Toiletten ganz besonders und schaute sich auch im Schulgarten um.

Außer den kurzen Unterrichtspausen gab es eine längere Vesperpause. Manche Schüler aßen Obst, andere entfachten in Eile ein Feuerchen und rösteten sich Knollenfrüchte. Gelegentlich holte sich einer zielsicher mit der Schleuder einen Vogel von einem der Bäume, nahm ihn aus und briet ihn. Oft saßen wir auch im Kreis herum, die einen knabberten frisch Geröstetes, die anderen lauschten einem Märchen, das einer erzählte oder sang. Wehe, wenn er einen Fehler machte, etwa den Text veränderte oder den richtigen Ton nicht traf. Er wurde sofort von einem anderen Schüler abgelöst, der es besser zu wissen glaubte. Dies zeigte mir, wie sorgfältig die Schüler auf die Tradition achteten und wie zuverlässig diese sein konnte.

Die Schule war ein Internat. Übers Wochenende gingen die Schüler nach Hause und kamen am Sonntagabend mit schweren Lasten auf dem Kopf wieder. Sie brachten vor allem Erd- und Baumfrüchte, besonders auch Kochbananen und etwas Palmöl. Damals war es noch ein Vorrecht, wenn ein Junge oder ein Mädchen in die Higher Elementary School aufgenommen wurde. Der Andrang war groß, aber jede Klasse durfte nur 35 Schüler haben; deshalb konnten viele Kinder nicht mehr aufgenommen werden. Ich machte mir viel Gedanken über die rasante Entwicklung der Schulen, vor allem deshalb, weil die Schüler sich einem gefährlichen Ideal hingaben, nämlich dem »Schreibtischberuf«, in dem man einen schicken Anzug und Kragen mit Krawatte trug und viel Geld verdiente. Wenn man erst einmal so weit war, hatte man eigene Kleider und einen eigenen Hut und mußte nicht mehr mit den Geschwistern die Kleider wechseln, so daß jeweils sonntags der andere Bruder den Anzug und den Hut tragen durfte. Dieses zugkräftige Ideal aber war der Anfang der katastrophalen Landflucht und der Verstädterung. Mein erster Bericht, den ich 1939 zu schreiben hatte, trug deshalb die Überschrift: »Zurück zum Land!«

Rasenmähen mit Bügelfalte

In der Schule gab es jede Woche einen »Arbeitsnachmittag«, an dem im Schulareal oder in der Schulfarm wichtige Arbeiten getan werden mußten und es auch viel zu lernen gab. Jeder Schüler mußte von zu Hause eine Hacke und ein Buschmesser mitbringen. Als ich mich für den ersten Arbeitsnachmittag vorbereitet und mich entsprechend gekleidet hatte, sah ich, daß der Rektor und alle Lehrer weiße Anzüge mit Bügelfalten

trugen und einen Tropenhelm oder sonst eine Kopfbedeckung. In der rechten Hand hatte jeder einen Stock, mit dem er auf die entsprechende Arbeit hinweisen konnte. Ich traute meinen Augen nicht. Sofort ließ ich den Rektor zu mir kommen und sagte ihm: »Das geht doch nicht, daß Sie am Arbeitstag im schicken Anzug vorangehen! Schauen Sie mich an! Ich bin bereit zu arbeiten. Ziehen Sie sich bitte um und sagen Sie den Lehrern, sie sollen dasselbe tun!« Später erklärte mir einer der Lehrer, daß er gar nicht gewußt hätte, daß die Arbeit so interessant sein könne. Da mußten Wege ausgebessert, Kanäle gegraben und befestigt werden. Blumenbeete wurden angelegt. Vor allem aber mußte das Gras im Areal der Schlangen wegen kurz gehalten werden.
Öfters schickte ich eine Schülergruppe in die 25 Kilometer entfernte Försterei nach Bamenda und ließ Bäume und Sträucher holen: Eukalyptus-, Mango- und Avocadobäumchen, Pampelmusen- und Orangenbäumchen, ja sogar afrikanische Kirschensträucher *(Pytanga Cherry)*. Es wurden Löcher gegraben, Komposterde geholt und Kuhmist von den Zwergkühen im Busch gesammelt. Wir pflanzten auch Süßbananen und Kochbananen, Ölpalmen und Gemüse. Es machte wirklich allen Spaß.

Im Gespräch mit Albert Schweitzer (1936)

Albert Schweitzer sagte mir bei einem zweistündigen Besuch in Günsbach einmal: »Pflanzen Sie soviel Obstbäume, wie Sie nur können, damit jeder, der durch die Station geht, sich bedienen kann und Sie sich nicht ärgern müssen!« So geschah es auch. Es gab Obst in Hülle und Fülle. Die Leute nahmen später die Kerne der Kirschen mit und pflanzten sie in ihrem Gehöft. Bald wuchsen im weiten Umkreis Kirschensträucher. Die Försterei schickte mir eines Tages eine Kiste importierter Kartoffeln. Ich rief die Häuptlinge des Bezirks und die Lehrerschaft herbei und demonstrierte den Anbau der Kartoffeln, zeigte auch, wie man eine Knolle teilen kann. Dann legte ich selber ein Kartoffelfeld an, das bald grünte und blühte. Es gab plötzlich so viel Stoff für den Unterricht in Botanik und Ernährungskunde. Zu meiner großen Freude sind einige meiner besten Schüler später geschulte Landwirte geworden. Einer wurde sogar Inspektor einer großen Gemüsefarm und konnte eine weite Umgebung und viele Vorbeifahrende mit frischem Gemüse versorgen. Die kulturelle, geistige und wirtschaftliche Bedeutung der Schule kann nicht hoch genug eingeschätzt werden. Das Evangelium von Jesus Christus spricht alle Menschen an, in allen Kulturen und auf allen Stufen der Entwicklung. Es zerstört nicht, sondern verändert und erneuert und zeigt dort, wo es aufgenommen wird, Wege nach vorne.

Erster Advent

Unweit der Station stürzt der Mentschamfluß etwa 40 Meter in die Tiefe. In der Schlucht wachsen graziöse, wilde Dattelpalmen mit feinen, gefiederten Zweigen. Einer meiner Schüler, Akubo, der sich dort gut auskannte, versprach mir, mich dorthin zu begleiten. Ich wollte nämlich für uns zwei Junggesellen einen schönen Adventskranz flechten. Als der Samstag vor dem ersten Advent kam, bat ich den Jungen, mir den Weg zu zeigen. Doch plötzlich zierte er sich und meinte, es sei doch sehr gefährlich, denn dort in der Schlucht gäbe es nicht nur Riesenschlangen und Leoparden, sondern vor allem böse Wassergeister. Ich konnte ihn schließlich überreden. Aber er beteuerte mir, wenn ihm von einem Wassergeist etwas zustieße, müsse ich ihn dort begraben, sonst würde der Wassergeist uns folgen und noch ein Familienglied holen. Akubos Name bedeutet wörtlich: »Ich existiere nicht.« Damit wollten die Eltern böse Geister täuschen. Später sah ich an einem Fluß ein frisches Grab, in dem ein solches Opfer der Wassergeister beigesetzt worden war, wie mir jemand mit Überzeugung klarmachen wollte.

Der Adventskranz war gewunden und schmückte den Tisch. Der erste Advent kam herbei. Die Sonne überstrahlte die erwachende Natur, und die Morgenluft war frisch und würzig. Die Schularbeit ruhte. Ich saß am Schreibtisch und sann über adventliche Worte der Bibel in der Mungakasprache nach. Die Tür war weit geöffnet. Plötzlich sah ich einen kleinen Jungen mit einer Basttasche um die nackte Schulter den Lateritweg heraufkommen. Er übergab mir eine Nachricht, eingewickelt in ein welkes Bananenblatt: »Bitte, komm sofort, meine Frau ist todkrank!« Es war Jeremiah, ein Katechet, der mich rief.

Augenblicklich ließ ich mein Pferd satteln und ritt los. Unterwegs mußte ich mich noch gegen wild umherlaufende Pferde wehren. Schließlich sah ich in der Ferne sonnenbeglänzte schwarze Gesichter aus dem Elefantengras hervorleuchten. Kurz darauf erkannte ich, daß sie die kranke Frau auf einer Bahre trugen. Nebenher ging der tiefbesorgte Ehemann, der seine ganze Hoffnung auf mich setzte. Seine Frau klagte mir mit schwacher Stimme ihre großen Schmerzen. Ich wußte zunächst nicht, wie ich ihr helfen sollte und bat ihren Mann, er möge sie doch umgehend nach Bali tragen, wo unsere Krankenschwester alle Möglichkeiten der Hilfe hätte. Aber sie weigerten sich und wollten die Kranke zu mir auf die Station bringen, zumal Mbengwi auch die Heimat der Frau war. Sie setzten die Bahre in einem geräumigen offenen Schuppen ab. Ich versuchte, die Ursache der Schmerzen herauszufinden und gab der Frau erst einmal ein schmerzstillendes Mittel. Dann ging ich etwa einen Kilometer weit in die Dorfkirche ins Tal hinunter, wo bereits eine große Schar von Frauen, Männern und Kindern zum Gottesdienst versammelt war. Hinten auf der letzten Bank saßen eine Reihe Aussätzige. Die Botschaft der Bibel lautete: »Sieh, dein König kommt zu dir. Er ist gerecht und hilft.« Dieser König war für alle Jesus Christus, den Gott allen Menschen zum Heil sandte, den Gesunden und Kranken, den Armen und Reichen, den Herren und Knechten, um sie zu heilen und zurechtzubringen, um seine Liebe in ihr Herz zu pflanzen, damit sie lernen, einander zu helfen, sich gegenseitig zu achten und einander gerecht zu behandeln. Und da Gottes Liebe keine Grenzen kennt und sich allen Völkern, Rassen und Sippen zuwendet, möchte sie die Schranken der Sippe und des Volksstammes überwinden; sie hat eine heilende und versöhnende Kraft und bringt Frieden. Diese Botschaft hörten alle gerne, obgleich jeder wußte, daß diese Liebe seine traditionelle innere und äußere Haltung in Frage

stellte und ein Umdenken und Umkehren forderte. Doch das Umdenken und Umkehren ist eben kein bequemer Spaziergang; da liegen oft viele Steine und so manches gefürchtete Tabu auf dem Weg.
Als ich vom Gottesdienst zurückkam, hatte Jeremiah seine kranke Frau bereits in das schöne königliche Lehmhaus ihres Vaters unweit der Schulstation gebracht. Martha, so hieß die Kranke, war königlicher Herkunft, eine schöne, große Gestalt. Doch aus ihren schwarzen, mattglänzenden Augen sprach der unablässige, brennende Schmerz. Ich sandte umgehend einen guten Läufer zu unserer Krankenschwester Hedwig Denzel in die Klinik nach Bali mit der Bitte, zu kommen. Auch ließ ich ihr sagen, daß die Kranke vor vier Wochen ein gesundes Kind zur Welt gebracht habe. Leider konnte die Schwester nicht kommen. Statt dessen schickte sie entsprechende Medikamente und ein besonders geformtes Glasröhrchen, mit dem ich eine Gebärmutterspülung durchführen sollte. Mein Kollege half mir dabei. Der Eingriff verlief ohne Schmerzen – doch falls bei dieser Behandlung keine Schmerzen auftraten, konnte es sich, so Schwester Hedwig, eventuell um eine Darmverschlingung handeln. Dies hat sich auch ziemlich bestätigt. Ich erklärte dem Ehemann, daß seine Frau so schnell wie möglich operiert werden müsse; er möge doch sofort nach genügend Trägern Ausschau halten und seine Frau ins Krankenhaus nach Bamenda bringen lassen. Das englische Regierungskrankenhaus ist etwa 25 Kilometer entfernt. Leider ließen sich nicht genügend Träger finden. »Ma wad ma γa' ma mbo̱ e?« (Kann man mich nicht hier operieren?) fragte die Kranke mich. Leider ging dies nicht. Ich war ja auch kein Albert Schweitzer!
Am nächsten Morgen mußte ich eine Buschschule besuchen und ein Examen abnehmen. Es war ein langer Ritt. Unterwegs fing mein Pferd an, unruhig den Kopf zu heben und zu schnuppern. Ich sah mich um und blickte übers weite Feld, konnte aber nichts entdecken; doch das Pferd wurde Sekunde um Sekunde unruhiger. Plötzlich bäumte es sich auf, hob die Vorderbeine in die Höhe. Nun sah ich, wie in etwa 30 Meter Entfernung ein goldgelber großer Kopf mit Riesenmähne in Sprüngen auf uns zukam. Erst befürchtete ich, es sei ein Löwe, doch dann merkte ich, daß es ein Pavian war, ein Einzelgänger, der direkt vor meinem Pferd vorbei in den Busch sprang.
Das Examen verlief gut. Die meisten Schüler konnten zur gegebenen Zeit in die Higher Elementary School in Mbengwi eintreten.
Als ich nach Mbengwi zurückkam, erkundigte ich mich zuerst nach dem Ergehen der Patientin. Jeremiah hatte keine Träger gefunden. Ich sah,

wie unsäglich Martha litt. Mit schwacher Stimme wisperte sie: »Vu ni ntob a me, a swed« (Der Tod plagt mich fürchterlich). Weiteres Suchen nach Trägern blieb erfolglos. Am Abend kam jemand aus ihrer Familie und wollte Medizin gegen Malaria für das vierjährige Töchterchen Elisabeth der kranken Mutter. Die Nacht lag schwer auf mir. Ich bat Gott um Hilfe; aber Gottes Wege sind oft andere, unergründlich für unsere Augen. Am nächsten Morgen überbrachte man mir die Nachricht: »Martha ist heimgegangen.« Ich eilte schweren Herzens ins Trauerhaus. Martha war aufgebahrt, eingekleidet in ein königliches Gewand, ihr schmerzentspanntes Gesicht umrahmt mit einem kostbaren Tuch. An den Füßen trug sie neue Schuhe, und ein angenehmes Parfüm verdrängte den Geruch des Todes. Als ihr Mann Jeremiah und einige Katecheten zusammen mit mir einen Abschnitt aus der Bibel über die Auferstehung lasen und die Hände zum Gebet gefaltet hatten, brachte die Schwester der Toten die vierjährige Elisabeth wie eine welke Blume auf den Armen herein. Sie war eben an ihrem Malariaanfall gestorben. Der Jammer überwältigte den Vater und uns alle. Draußen auf dem großen Hof versammelten sich immer mehr Frauen. Sie kamen in Scharen, nackt und mit rotem Lateritstaub bedeckt als Zeichen der Trauer. Ein Totentanz löste den anderen ab, die heulenden Gesänge gingen durch Mark und Bein. Nacheinander kamen die laut klagenden Frauen herein und warfen sich schluchzend vor den Toten nieder. Überraschend kamen auch sauber gekleidete Frauen herein, knieten am Kopfende nieder, verharrten in stillem Gebet und gingen wieder hinaus. Sie waren Christenfrauen, die mitten in tiefster, niederwerfender Trauer eine große Hoffnung hatten. Zwei verschiedene Welten enthüllten sich vor mir: eine alte, dunkle und eine neue mit heller Zukunft in der Nacht des Todes.
Ein Schreiner hatte in Eile zwei Särge gezimmert. Die Toten, Mutter und Kind, wurden in sie gebettet und hinausgetragen und unter schattenspendende Palmen gestellt. Die Klagen schwollen an und erschütterten die heiße Luft und drangen in alle Gehöfte. Doch plötzlich gaben sich die Christenfrauen die Hand zum Reigen um die Särge und sangen Auferstehungslieder. Dann wurden die Toten zum Friedhof neben der Kirche hinuntergetragen. Der Vater der Verstorbenen, Pfarrer Ashili, und ich sprachen zu den vielen hundert Menschen, die sich klagend und weinend versammelt hatten, von der Hoffnung, die uns in Jesus Christus gegeben ist.
Als man die Särge gerade in die Erde senken wollte, bahnte sich plötzlich ein Mann den Weg durch die Menge und schrie: »Halt! Laßt die

Särge noch einen Augenblick oben!« Es war der originelle Jakob Etse, ein tiefgläubiger und leidenschaftlicher Katechet. Mit lauter Stimme rief er in die weinende Menge hinein: »Warum weint und klagt ihr und seid so betrübt? Dies ist ein Tag der Freude, der großen Freude! Martha und ihr Töchterchen dürfen vor uns allen den Heiland und Erlöser Jesus Christus sehen!« Dann sangen die Christen ein Auferstehungslied, und die Toten wurden unter dem Segen Gottes bestattet.
Bald erfuhr ich, warum Jeremiah nicht genügend Träger bekommen hatte. Das Krankenhaus in Bamenda liegt weit weg von seinem eigenen Volksstamm, also in der Fremde, wo andere Geister und Ahnen Macht hatten. Wäre Martha dort in der Fremde gestorben, hätte sie es nicht einfach gehabt, zu ihren Ahnen zu finden – so der alte Glaube. Sicherlich wäre es für Jeremiah kein Problem gewesen, acht Träger zu bekommen.
Das war mein erster Advent im Grasland von Kamerun und meine erste Begegnung mit dem Tod auf afrikanischem Boden. Die afrikanischen Christen stärkten in mir die Gewißheit des Glaubens an den, der den Tod und die bedrohlichen Mächte des ganzen Kosmos überwunden und in unser irdisches Leben die ewige Hoffnung gebracht hat.

Briefe aus der Heimat

Es war jedesmal ein Fest, wenn Briefe von den Eltern und Geschwistern kamen, besonders aber, wenn meine liebe Braut mir schrieb. Die Post war 20 Tage unterwegs. Bis ich also eine Antwort bekam, vergingen sechs Wochen. Doch die Briefe waren jedesmal eine große Freude. Schon in ihrem ersten Brief schrieb Lore mir, daß sie in meinem Heiratsantrag auch den Ruf eines Anderen vernommen habe. »Ich weiß es aber immer wieder neu und freue mich von Herzen, daß wir Gemeinschaft vor dem Heiligen haben können. Unter diesem Schutz aus kleinem Wollen und Lieben kann etwas Rechtes werden.« Sie schickte mir einen Leuchter mit fünf Kerzen für die Adventszeit und legte noch ein Bildblatt vom schönen deutschen Wald bei, damit ich »vor lauter Palmen unsern Wald nicht vergessen« sollte.
Sie war bereits im Tropengenesungsheim in Tübingen gewesen. »Ich habe erfahren, daß mir gesundheitlich nichts in den Weg gelegt wird. Noch erfreulicher war gestern, als Mutter sagte, sie betrachte es als einen Fingerzeig, daß ich tropentauglich sei und wolle mir auch nichts in den

Weg legen.« Es war eine große Freude, daß Lores Eltern zu unserem gemeinsamen Weg Ja sagten. Nun kamen regelmäßig Briefe, in denen sie mir auch aus wertvollen Büchern wichtige Gedanken mitteilte.

Seltsame Gäste

Manchmal gab es eigenartige Gäste. Einmal lagen, als ich sonntags in der Frühe auf die sonnenüberflutete Veranda trat, zwei befreundete Mambas friedlich nebeneinander und wärmten sich in der Sonne. Ich rief den Gärtner, der sofort mit einer Machete kam. Es gelang ihm, eine der Schlangen zu fassen und ihr mit einem Hieb den Kopf abzuschlagen. Sein Gehilfe erschlug die andere Mamba.
Mambas kamen öfter. Ich fand schließlich heraus, daß die Schlangen sich gerne in dem Wasserkanal aufhielten, der unter der Veranda zwischen beiden Häusern hindurchlief. Ich ließ an beiden Seiten ein eng geflochtenes Gitter anbringen und außerdem an der hohen Grundmauer des Hauses die Ritzen schließen. Von da an blieben die schleichenden Gäste aus.
Aber Stechmücken ließen sich nicht so einfach vertreiben. Ein Kameruner Sprichwort sagt: »Der Elefant stirbt an einem winzigen Pfeil«, oder: »Eine Ameise überwältigt einen Elefanten.« Wieviel mehr Menschen sterben am winzigen Stich eines Moskitos.
Einmal kam Adolf, mein Kollege, am späten Abend mit einer Buschlampe und einem Prügel in der Hand aufgeregt zu mir herauf und bat mich, mit ihm zum Pferdestall hinunterzugehen. Die Pferde würden im Stall toben. Es könne sein, daß ein Leopard eingebrochen sei. Wir eilten gut bewaffnet hinunter, rissen die Stalltüre auf und lösten die Ketten der Pferde, die sofort hinausstürmten. Zum Glück war kein Leopard eingebrochen, dafür aber die Wanderameisen, die nicht weniger gefährlich sind. Sie wanderten unaufhaltsam weiter und suchten sich kleinere Opfer, vor allem Käfer. Leoparden umstreiften gelegentlich bei Nacht unsere Bungalows, verschwanden aber bei Tagesanbruch.
Mit meinem jungen Pferd erlebte ich viel Freude. Jeden Morgen trabte es vom Wiesengrund herauf, kam vor mein Büro und wieherte zum Gruß. Wenn ich es gebührend gegrüßt hatte, gab ich ihm Bananen zum Schmaus. Es genoß sie und ließ geschickt die Schalen fallen. Dann drehte es sich um und trottete schweifwedelnd davon. Manchmal lagen morgens früh, wenn ich aus dem Zimmer kam, Bananen am Boden. Ich

hatte ein ganzes Bananenbündel an der Veranda aufgehängt, so daß sich jeder bedienen konnte. Neu war für mich allerdings, daß bei Nacht sogar Fliegende Hunde (eine Art Fledermaus) mit ihren großen Augen und kleinen stehenden Ohren an den Bananen hausten und ihren Hunger stillten.

»Das Grasdach deckt viel Elend zu«

Eines Morgens ging ich wieder von einem Klassenzimmer zum andern und kontrollierte die Namensregister. In einer Klasse entdeckte ich, daß ein Junge namens Samuel schon 14 Tage abwesend war. Der Lehrer konnte mir den Grund nicht nennen. Ich bat ihn, sofort zwei Schüler in das ferne Heimatdorf Samuels zu schicken. Falls er krank sei, solle er unverzüglich hergebracht werden. Nach zwei Tagen brachten sie ihn auf einer Bahre, begleitet von seiner Mutter und mehreren verwandten Frauen. Samuel war bereits todkrank; er litt an einer fortgeschrittenen Amöbenruhr.

Außerhalb der Station hatten wir ein kleines Areal mit strohgedeckten Lehmhäuschen für Kranke. Ich ließ eines gründlich reinigen und das Raffiabett erneuern. Einige Schüler holten sauberes Wasser vom Bach. Die Frauen drängten sich um das Bett Samuels, klagten und weinten, als ob der geplagte Junge schon tot wäre. Das bedrückte mich sehr, und ich schickte alle hinaus aus dem engen Raum und nach Hause. Nur die Mutter durfte bei ihrem Sohn bleiben und ihn pflegen. Damals gab es nur ein Mittel gegen Amöbenruhr: Yatren. Das verabreichte ich dem Patienten. Nach einigen Tagen, in denen er dem Tod sehr nahe war, ging es langsam aufwärts. Samuel konnte seinen Kopf wieder etwas heben und die Arme bewegen. Auch ließ der blutige Durchfall langsam nach. Ich hatte ihm neben der Medizin täglich Zwieback und Orangensaft mit Eiweiß gegeben, was ihm sichtlich guttat. Etwa eine Woche später, als ich von der Schule herunterkam und nach ihm sehen wollte, war niemand mehr da. Seine Mutter hatte ihn auf den Rücken genommen und die weite Strecke nach Hause getragen. Er überlebte; später ist er Rektor einer großen Schule geworden.

An einem andern Morgen, als ich auf die Veranda hinausging, um die frische Morgenluft in vollen Zügen zu genießen, kam eine Frau schwerbeladen und keuchend den schmalen Pfad herunter. Erschöpft stellte sie ihren abgemagerten Mann auf die Erde und hielt ihn aufrecht. Ich ließ ihm einen Stuhl bringen. Die Frau bat mich, ihrem leidenden Mann zu helfen. Offenbar hatte er Hakenwürmer; ich hatte leider keine Medizin dagegen und mußte die Frau bitten, ihren Mann mit Hilfe einiger Träger in unsere Klinik in Bali zu bringen.

Nach und nach lernte ich immer mehr Tropenkrankheiten kennen. Bei Reisen durch die Dörfer begegnete ich häufig Aussätzigen mit ihren bis dahin unheilbaren, gräßlichen offenen Geschwüren. Manche hatten entstellte Gesichter, sogenannte »Löwengesichter«, und verkrüppelte Hände und Füße. Es war ein erschütternder Anblick und schmerzte bis ins Mark, besonders deshalb, weil es noch keine wirksame, heilende Medizin gab und niemand diesen geplagten Menschen helfen konnte. Sie saßen vor ihren einfachen Lehmhäusern und verjagten mit einem Grasbüschel die aufdringlichen Fliegenschwärme. Leider konnten auch die afrikanischen Heiler die um sich fressenden Wunden nicht heilen, obgleich sie alles versuchten. Sie hatten allerlei wertvolle Kräuter und medizinisch wirksame Baumrinden fein zerhackt und gemahlen und Auflagen gemacht, doch bei dieser Krankheit ohne nennenswerten Erfolg. Erst nach dem Zweiten Weltkrieg konnten Sulfonamide angewandt werden, die zur großen Hoffnung für viele Aussätzige wurden und das Chaulmograöl mit seiner geringen Wirkung ablösten. Dieses Öl wurde aus dem Samen eines indischen Pflaumenbaumes gewonnen und dem Kranken eingerieben; in China wurde es schon im 14. Jahrhundert teilweise mit linderndem Erfolg angewandt.

Sehr viel Not bereitete auch die Malaria. Viele sterben bis heute an diesem Fieber. Auch Masern und Wundstarrkrampf verliefen meist tödlich. Die Amöbenruhr breitete sich wie eine Seuche aus. Fast täglich kamen Mütter mit ihren Säuglingen und Kindern und zeigten mir den blutigen Stuhl auf einem Bananenblatt. Aber auch Erwachsene litten unter dieser gefährlichen Krankheit. Das Elend kommt auf leisen Sohlen und schleicht sich bei Tag und bei Nacht in die Hütten. Ein Kameruner Sprichwort sagt: »Ngö ndab ni ṅkobti ṅgo' ndzamu« (Das Grasdach deckt viel Elend zu). Das sind die »glücklichen Naturmenschen« in den Erzählungen der durchreisenden Europäer und Amerikaner!

Jeden Tag kamen Frauen und Männer und wollten ihre hartnäckigen Tropengeschwüre behandelt haben. Ich gab ihnen eine Flüssigkeit mit Kaliumpermanganat und saubere Stoffreste, damit sie ihre großen und oft tiefen Wunden auswaschen und verbinden konnten. Auf die gereinigten Wunden trug ich die damals gängige Desitinsalbe auf. Fehlte es an Stoffresten, verbanden die Patienten ihre Wunden mit einem Bana-

nenblatt, nachdem ich vorher einen Tupfer auf die Wunde gelegt hatte. Leider half die Desitinsalbe nur wenig. Manchmal sagte ich den Leuten, sie sollten doch zu ihrem Heiler gehen, vielleicht würde er ein etwas heilkräftigeres Pulver haben. Tatsächlich versuchten es die Medizinleute mit bestimmten Baumrinden, die sie pulverisierten und damit die Wunden bestreuten. Die Wunde verkrustete zwar und wurde kleiner, aber darunter schwelte es weiter. Bei einem späteren Aufenthalt in Mbengwi konnte ich mit Sulfonamidpuder oder Penicillinsalbe solche Geschwüre sehr gut behandeln. Dennoch ist es eine Tatsache, daß es in Afrika Gräser, Sträucher und Bäume gibt, deren Wurzeln, Blätter, Früchte und Rinden äußerst wertvolle und wirksame Heilkräfte besitzen und durch die Jahrhunderte von afrikanischen Medizinmännern erkannt und angewandt worden sind. Heute werden viele dieser Heilkräuter systematisch analysiert und zu Medikamenten verarbeitet.
Wie viele Menschen starben damals an Krankheiten, die man heute heilen kann, weil die Mittel zur Verfügung stehen und die Kranken erreichbar sind!

Kröte und Chamäleon

Oft wurde ich nachts von Trommelschlägen aus dem Schlaf geweckt. Die dumpfen, tiefen Klänge, die in kurzen Abständen die schwarze Nacht durchdrangen, schnitten mir ins Herz und malten mir den schleichenden Tod vor Augen. Bald drangen auch die Totenklagen an mein Ohr. Die Schreie der Klagenden steigerten sich und ließen mich nicht mehr zur Ruhe kommen. Wie ohnmächtig fühlt man sich in solch traurigen Stunden, wenn betroffene Familien ihr Leid und ihre Klage in den endlosen nächtlichen Himmel schreien.
König David hatte wohl viele schwere Menschenschicksale miterlebt, als er in die Saiten seiner Harfe griff und sang: »Des Menschen Tage sind wie Gras, er blüht wie die Blume des Feldes. Fährt der Wind (der heiße Schirokko-Wüstenwind mit feinem Sand) darüber, ist sie dahin.« Doch der Afrikaner gibt nicht auf. Er wächst in seinem Leiden. Er gibt sich ihm nicht stumpfsinnig hin, er will leben, tanzen und Freude haben. Immer wieder hörte ich die Worte: »Ńikob lin!« (Gott weiß es). Oder: »Ńikob wu'!« (Gott ist da!) Solches Urvertrauen trägt auch durch die finsterste Nacht.

Viele Menschen haben Angst vor dem Tod. Noch mehr Menschen verdrängen den Gedanken an ihn. Sie wollen leben, bis dann unerwartet, wie ein Blitz, ein Schlag sie trifft und vor die letzte Wirklichkeit stellt. Vielleicht ist eben mit dem Tod doch nicht alles aus, wie viele Menschen sich das wünschen...

Im Grasland von Kamerun begegnete ich oft der Angst vor den Geistern der Toten, die einem sichtbar in den Weg treten können. In Bali wurde ein bedeutender Toter vor sein Haus auf einen Stuhl gesetzt. Man stülpte ihm einen großen Topf über den Kopf. Dann kamen die Leute aus seiner Sippe und warfen ihm Opfergaben vor die Füße und sagten: »Wir sind nicht schuld an deinem Tod. Geh und laß uns in Frieden!«

Ein verstorbener Mfon wurde von dazu bestimmten Leuten zum Begräbnis getragen. Niemand wußte, wo sie hingingen. Keiner durfte ihnen folgen. Sie trugen den Toten auf verworrenen Wegen und drehten den Sarg mehrmals im Kreis herum, um den Geist des Toten zu verwirren, damit er nicht zurückfinden sollte. Solche Angst vor den Verstorbenen, den Ahnen und vor anderen unsichtbaren guten und bösen Mächten läßt sich nicht durch »wissenschaftliche« Aufklärung oder durch psychotherapeutische Behandlung überwinden. Das ist auch nicht die Aufgabe des christlichen Missionars. Seine Bitte ist: »Erlöse uns von dem Bösen, denn dein ist das Reich und die Kraft und die Herrlichkeit.« Der Bote Jesu weiß, daß er diese Mächte nicht aus eigener Kraft beseitigen kann, sondern nur durch den, der ihm zusagt: »Ich bin bei dir!« Das ist auch die Erfahrung der Afrikaner und Afrikanerinnen, die sich mit ihrem Leben und Handeln auf die Seite Jesu stellen.

Einmal begegnete ich einer Frau, die müde vom Feld kam. Auf ihrem Kopf trug sie einen länglichen, schmalen Korb mit einigen Früchten und über der Schulter ihre Hacke mit dem kurzen abgewinkelten Stiel. Plötzlich schreckte sie zurück und blieb stehen. Sie hatte etwas kriechen sehen, das ihr Furcht einflößte. Es war ein Chamäleon. Mit ihrem Stab grub die Frau einen Stein am Weg heraus und wollte das Tierchen töten. Ich mischte mich empört ein und fragte, warum sie dies tun wollte. Sie meinte, das Chamäleon bringe Unglück. Ich ging hin und nahm es auf meinen Stab. Sie hielt die rechte Hand vor den Mund und schrie: »Weh weh weh!« Aber es geschah nichts, oder doch?

In einem kamerunischen Märchen fragen sich die Menschen, ob ihre Verstorbenen wohl wieder zurückkehren werden. Nach langer Beratung werden sie einig und entscheiden sich, zwei ganz verschiedene Tiere loszuschicken, eine Kröte und ein Chamäleon. Die Kröte kann hüpfen und

im Notfall auch schwimmen. Das Chamäleon dagegen hat einen sehr langsamen, schlängelnd kriechenden Gang.
Die Leute streuen der Kröte Rotholzpulver auf den Rücken als ein Zeichen des Lebens und des Segens: sicher würde sie zuerst ankommen. Dem Chamäleon aber streuen sie Asche als Symbol des Todes auf den Rücken. Alle waren sich sicher, daß das Chamäleon viel später im Totenreich ankommen würde, wenn die Kröte dem Herrn des Totenreiches bereits die Botschaft mitgeteilt hatte. Die Kröte ließ auch gleich mit großen Sprüngen das Chamäleon weit hinter sich. Das Chamäleon rollte seinen Schwanz ein. Sein Körper war nicht plump, sondern schmal, hatte eine Stromlinienform, so daß der Wind kein Hindernis wurde und es trotzdem flott vorankam. Es konnte sich sogar vor manchen Feinden schützen, indem es seine Körperfarbe immer der Umgebung anpaßte, so daß es schwer zu erkennen war. Die Kröte hatte bald einen großen Vorsprung – bis sie plötzlich in einen Schwarm Termiten geriet und mit großer Gier nach ihnen schnappte und nicht genug kriegen konnte. Übersatt fiel sie in einen tiefen Schlaf. Während sie so zufrieden schlief, ging das Chamäleon lautlos an ihr vorüber und erreichte bald darauf das Reich der Toten und übergab dem Herrn des Totenreiches die Botschaft: »Wenn die Menschen sterben, kehren sie nicht mehr zurück.«
Inzwischen war die Kröte aus ihrem tiefen Schlaf aufgewacht, rieb sich die Augen und fing wieder an zu hüpfen. Sie war überzeugt, daß das Chamäleon noch weit zurück sein mußte. Aber als sie zu dem Herrn des Totenreiches kam, sagte er zu ihrer Überraschung: »Ich habe bereits vom Chamäleon die Botschaft erhalten, daß die Toten nicht mehr zurückkehren werden. Und dabei bleibt es.«

Die Ahnen hören alles mit

Ich hatte den Eindruck, daß die Afrikaner weniger Angst vor dem Tod haben, aber um so mehr vor den Toten, von denen sie sich umgeben wissen. Birago Diop, der Dichter von Mali, schreibt:

> »Die gestorben sind, sind niemals fort,
> Sie sind im Schatten, der sich erhellt,
> Und im Schatten, der tiefer ins Dunkel fällt ...
>
> Sie sind in der Hütte, sie sind im Boot;
> Die Toten sind nicht tot.«

Die Toten einer Familie können also überall sein. Deshalb spricht man in Afrika von den Lebenden und den »lebenden Toten«. Beide haben bestimmte Funktionen und sind aufeinander angewiesen.

Eines Tages kam der alte Vater unseres Kochs zu mir und klagte über Ohrenschmerzen. Aber er sprach noch von einer anderen Not, die ihn viel mehr bewegte. Er sagte: »Oft, wenn ich müde und durstig vom Feld heimkomme, sitzen in meinem Hof einige Ahnengeister meiner Sippe, reichen mir lautlos beide Hände zur Schale geformt entgegen und verlangen Palmwein, den sie in ihrem irdischen Leben so reichlich genossen hatten und im Reich der Ahnen vermissen.« Ich erwiderte dem müden Vater: »Du scheinst nervlich am Ende zu sein und leidest unter Einbildungen.« Doch sofort mischte sich sein Sohn ein und sagte mir in überzeugender Weise, daß sein Vater wirklich die Ahnen sähe und von ihnen gefordert sei, zumal er als Sippenältester auch verpflichtet sei, ihnen Trankopfer darzubringen. Erst wenn er jedem einen Schluck Palmwein in die Hände gegossen habe, würden sie beruhigt verschwinden, und erst dann könne er seinen Durst löschen.

Nach afrikanischer Vorstellung haben die bedeutenden Ahnen einer Sippe oder eines Volksstammes eine Mittlerrolle zwischen Gott und den Menschen. Der Priester oder auch der Mfon selbst übernimmt die Verbindung zwischen den Menschen und den Ahnen. Der gewöhnliche Mensch wendet sich nur in Katastrophen oder plötzlichen Ereignissen an Gott. Wenn aber ein Mann zum Haupt des Stammes gewählt wird, hört er auf, ein normaler Mensch zu sein. Er ist gleichsam mit einem Fuß im Reich der sichtbaren und mit dem andern Fuß im Reich der unsichtbaren Welt und trägt die Verantwortung für beide Welten. Niemand darf ihn mehr anfassen oder ihm die Hand zum Gruß schütteln.

Ich habe die Krönung eines Stammesoberhauptes erlebt. Ehe er im Palast gekrönt wurde, mußte er bei seinen Untertanen Spießruten laufen. Jeder durfte ihn schlagen oder den roten Lateritsand nach ihm werfen. Er rannte, so schnell er konnte, durch die Reihen und wieder zurück in den Palast. Dann warteten alle gespannt, bis er im königlichen Gewand erschien. Als er endlich aus dem Palast trat, klatschten alle in die Hände und verneigten sich.

Wer dem König etwas vortragen möchte, muß es durch seinen Sprecher tun. Dieser wiederholt das Anliegen, indem er in gebückter Haltung vor den König tritt und ihm mit der gewölbten Hand vor dem Mund mitteilt, was der Betreffende will. Der Atem des Sprechers darf den König nicht berühren, deswegen hält er die Hand vor den Mund. Der König setzt sich nach seiner Krönung nur noch auf einen geweihten Stuhl oder Hocker der Ahnen. Wenn er unterwegs ist, legt ihm sein Diener ein geweihtes Tuch auf den ihm angebotenen Stuhl. Wenn dem König Palmwein eingegossen wird, setzt er sein Büffelhorn nicht gleich gierig an seine Lippen, sondern gießt zuerst ein wenig Wein für die Ahnen auf die Erde, ehe er trinkt. Dies ist ein Dank an die Ahnen und letztlich an Gott.

Wenn zwei Menschen sich streiten und der Streit in Feindschaft und Gewalttätigkeit ausartet, wenn Flüche hin- und hergeschleudert werden, dann wird aus der persönlichen Affäre eine Angelegenheit der beiden Familien und Sippen. Noch mehr: der Streit hat nicht nur Unruhe in die sichtbare Welt, sondern auch in die unsichtbare und doch so gegenwärtige Welt der Ahnengeister gebracht. So war es, als sich zwei Burschen, Nchinda und Ndifon, maßlos gestritten hatten und keiner mehr zum Frieden fähig war. Es mußte etwas geschehen, ehe aus dem Reich der Ahnen den einen oder den anderen aus den Familien in irgendeiner Form der Fluch treffen würde. Nchinda und Ndifon und ihre Angehörigen gingen zu einem verantwortlichen Priester.

Ein Kameruner Sprichwort lautet: »Elimbi e si ma topo mudi mo'«, das heißt: Die Sprechtrommel spricht nicht nur auf einer Seite. Der Priester hörte sich das verworrene, festgefahrene Palaver der beiden Familien an und entschied, daß beide Parteien ein Opfertier – einen fehlerlosen weißen Hahn – und Palmwein bringen mußten. Er ging dann mit ihnen zur geweihten Opferstätte. Dort rief er die Ahnen an, die Gabe der Versöhnung anzunehmen. Dann opferte er den Hahn und sprenkelte das Blut über die Stätte und die zerstrittenen Parteien. Wenn der Hahn, kurz nachdem er geschächtet wurde, auf den Rücken fällt und mit den Flügeln flattert, ist dies ein Zeichen, daß die Ahnen das Opfer angenommen haben. Das Fleisch wurde gebraten. Etwas davon erhielten die Ahnen, und die verfeindeten Familien aßen dann zusammen mit dem Priester den Rest und tranken den Wein, von dem er zuerst etwas an der geweihten Stätte ausgegossen hatte. Das war das Mahl der Versöhnung. Als Zeichen dafür pflanzte der Priester vor den Augen der beiden Parteien einen Stab mit entsprechender Markierung als Mahnmal der gewährten Versöhnung und Sühne. Dieser Stab, es kann auch ein Stein sein, trägt den Namen: »A la' bi koṅ!«, was heißt: Das währt ewig! Nun konnten beide Familien wieder miteinander in Frieden leben und brauchten keine Angst mehr zu haben vor dem Fluch der Ahnen.

Ein Sprichwort sagt: »Ma kom sa' bu̱' ntsa«, das heißt: Gesühnten Streit

wieder aufrühren, ist ein böses Übel. Der Aufwiegler wird dann zum Ort der Versöhnung geführt, wo er sich entscheiden muß.
Paulus, der Völkerapostel, sprach einmal von der dynamischen Kraft des Evangeliums von Jesus Christus, die jeden rettet, der sich ihr öffnet. Diese frohe Botschaft ist gleichzeitig eine große Einladung, von der Angst vor den Geistern der Ahnen frei zu werden. Paulus schreibt auch, daß der gekreuzigte und lebendig auferstandene Christus, der für die ganze Menschheit sein Blut vergossen hat, von Gott zum Mittler zwischen ihm und den Menschen eingesetzt worden ist. Sein Kreuz ist das Zeichen und Mahnmal der ewig gültigen Versöhnung, die für die Lebenden und die Toten gilt.

Ferien

Eigentlich hatte der Schulinspektor der Basler Mission geschrieben, daß die Osterferien 1940 ausfallen würden. Doch dies wollte ich meinen Lehrern und mir selber nicht antun. Wir entschieden uns, eine Woche Ferien zu machen. Auch wollte mein Kollege Adolf Oberlerchner ein wenig ausspannen. Wir hatten schon lange den Wunsch, die höchstgelegene Missionsstation in Kishong zu besuchen. Der Schweizer Kollege dort freute sich auf uns.
Wir sattelten unsere Pferde. Ehe wir uns in den Sattel schwangen, ließ ich noch den Radetzky-Marsch spielen, der uns den nötigen Rhythmus gab für den langen Ritt. Unseren Pferden fuhren die anspornenden Klänge in die Knochen, und so ritten wir munter los auf Buschpfaden in Richtung Bamenda. Von dort stiegen wir langsam auf die Höhe und näherten uns der Bandop-Hochebene. Es war schon Spätnachmittag geworden, und Gewitterwolken zogen bedrohlich herauf. Wir mußten uns eine Herberge suchen. Dies gelang uns auch in einer christlichen Gemeinde, in deren Kirche wir unsere Feldbetten aufschlagen durften. Unsere Pferde hatten wir an Bäumen im saftigen Gras angebunden. Adolf hatte mit großem Geschick eine Kiste mit Doppeldeckel und Füßen geschreinert. Diese stellte er in der Ecke links vor dem Altar auf, breitete ein schönes Tuch aus, und bald war der Tisch gedeckt. Es gab österreichischen Sterz, den gerösteten Maisbrei mit Milch, Honig und Tee. Als wir uns so gestärkt hatten, legten wir uns zur Ruhe. Nachts wurde es sehr frisch, und wir hätten noch eine wärmere Decke brauchen können. Bald blitzte und donnerte es, und der Regen floß in Strömen.

Es dauerte nicht lange, bis der Schlaf uns übermannte; der ungewohnte lange Ritt hatte uns die nötige Bettschwere gegeben.
Als ich am nächsten Morgen aufwachte, stand zu meiner großen Überraschung mein Pferd direkt neben meinem Bett und döste dahin. Es hatte sich während des nächtlichen Sturmes losgerissen und neben mir Geborgenheit gesucht. In der Frühe ritten wir weiter auf der langen Hochebene. Bald wurde es heiß, unsere Pferde trotteten müde dahin. Die Reiter schliefen halb ein. Doch als am Spätnachmittag eine leichte frische Brise aufkam, hoben unsere Pferde die Köpfe, und wir kamen wieder flotter voran.
Als es kühler wurde, kamen die Leute wieder aus ihren umfriedeten Krals heraus. In der Ferne sahen wir einen Moslem auf uns zureiten. Als wir näherkamen, stieg er zu unserer peinlichen Überraschung von seinem Pferd und ging am Straßenrand in die Hocke, um uns zu grüßen. Er klatschte dreimal in die hohlen Hände und grüßte mit dem Hausawort für »Löwe« (Zaki). Ich gab mit demselben Wort den Gruß zurück, war mir aber nicht sicher, ob ich das Grußwort richtig ausgesprochen hatte. Jedenfalls reizte mich dieses Erlebnis, die Hausasprache so bald wie möglich zu lernen. Jahre später, als ich diese Sprache einigermaßen beherrschte, entdeckte ich, daß ich damals das ehrenhafte Grußwort wohl doch nicht exakt wiedergegeben hatte und statt »Zaki« vielleicht »Jaki« gesagt hatte, was dann allerdings »Esel« heißt. Es wurde mir immer deutlicher, wie sehr es auf eine korrekte Aussprache ankommt.
Gegen Abend erreichten wir Bamessing, wo wir Unterkunft suchten, noch vor dem steilen Aufstieg ins Bansogebiet. Wir meldeten uns beim Häuptling an, der uns einen Raum zur Verfügung stellte. Ohne viel Worte brachten seine Frauen uns Feuerholz zum Kochen und einen Korb voll Mais für die Pferde. Wir staunten nur so über diese Gastfreundschaft. Am nächsten Morgen wollten wir dem Häuptling ein Geldgeschenk machen, was er empört ablehnte mit den Worten: »Bin ich hier nicht König?«
Nun kam der Aufstieg nach Jakiri und von dort nach Kumbo, wo uns der Schweizer Kollege Wilhelm Zürcher abholte. Dann führte der letzte Ritt hinauf nach Kishong. Wir galoppierten zusammen. Zürcher auf seinem rassigen Rappen. Als mein Fuchs ihn trotz des langen Rittes überholte, staunte er. Offenbar war mein Pferd ein ehrgeiziger Kerl.
Wir verbrachten zwei sehr schöne Tage bei Familie Zürcher und ritten dann wieder zurück. Der Rappe, den Adolf sich von einer Schwester in Bafut geliehen hatte, war etwas wund vom Sattel geworden, außerdem

war er sehr müde. Also ließ er das Pferd durch seinen Burschen nach Hause bringen und kaufte sich in Ndop ein anderes, das einen feurigen Eindruck machte. Er nannte es auch gleich Attila und galoppierte auf und davon; im Nu waren sie weit voraus. Doch es dauerte nicht allzu lange, bis ich ihn wieder eingeholt hatte. Das Feuer seines Attila fing an zu erlöschen, und schließlich mußte er ihn antreiben. Leider war er hereingefallen. Die Fulani hatten ihrem Pferd vor dem Verkauf Pfeffer in den Hintern gestreut, der langsam verpuffte. Trotz allem kamen wir miteinander wieder wohlbehalten zu Hause an und waren glücklich, daß wir diese große Reise unternommen hatten.

Kaum hatte ich mich vom Sattel geschwungen, da kam auch schon meine Katze fröhlich miauend auf mich zu. Sie folgte mir die steinerne Treppe hinauf und zeigte mir auf der Veranda vor der Haustür, was sie für mich in meiner Abwesenheit getan hatte. Schnurrend und miauend deutete sie mit ihrem schwarz umrandeten Schnäuzchen auf vier oder fünf Mäuse. Ich streichelte und lobte und bat sie, die Mäuse nun wegzutragen. Doch sie wollte nicht. Als ich die Haustür aufmachte und zuerst mit beiden Händen die dichten Spinnweben wegstreifte, packte die fleißige Katze die Mäuse und wollte sie in die Stube tragen, doch dann mußte ich energisch werden. Die Katze hatte es gut gemeint und war sicherlich enttäuscht über meine Reaktion.

Wenn ich abends nach allen Vorbereitungen für den nächsten Schultag noch gemütlich in einem Sessel in der Stubenecke saß, setzte sich die Katze schnurrend auf meinen Schoß. Doch plötzlich wurde die Stille durchbrochen. Ein Ameisenheer kam unter der Tür herein, drang in alle Ritzen, jagte die Kakerlaken hervor und nahm viele zum Schmaus in die Nacht hinaus. Die Katze war aber fast gleichzeitig von meinem Schoß gehüpft, hatte sich etliche der braunglänzenden Insekten geschnappt und genüßlich und krachend verzehrt.

Fulani-Geschichten

Auf dem großen Wochenmarkt in Meta ging es kunterbunt und sehr lebhaft zu, und es war nicht leicht, sich in dem Sprachengewirr verständlich zu machen, kamen doch Männer und Frauen von verschiedenen Volksstämmen, brachten ihre Erzeugnisse und kauften andere. Besonders auffallend waren die Fulani oder Bororo, Hirten, die von den Bergen herabkamen, um Joghurt und Butterbällchen zu verkaufen oder sie einzutauschen gegen Mais, Bananen und andere Früchte. Mitten unter den Bantu sprechen sie eine hamitische Sprache. Schon auf dem Weg zum Markt begegnete ich einigen jungen Hirtenfrauen und -mädchen, die am Rande des Weges ihre schön verzierten Kalebassen abgestellt hatten, um einen Blick in ein kleines Spiegelchen zu werfen. In aller Ruhe betonten sie Wimpern und Augenränder mit schwarzer Tusche, damit der feuchte Glanz ihrer Gazellenaugen noch strahlender wirkte, denn auf dem Markt würden sie vielen jungen Hirten begegnen, auf die sie einen gewinnenden Eindruck machen wollten. Die Begegnung auf dem Markt und das laute Feilschen um die Ware ist das große Ereignis an einem bestimmten Tag der achttägigen Woche und die ersehnte Abwechslung zu der stillen Einsamkeit in den Bergen.

Wir hatten einen Burschen, der frühmorgens mit einem Eimer zu den Bororo hinauf in die Berge ging, um frische Milch zu holen. Er mußte zurück sein, ehe die Hitze einsetzte, damit die Milch noch zum Kaffee gebraucht werden konnte. Die Bororofrauen kamen auch einmal wöchentlich zu uns mit Milch und Butter. Sie sind fast unwiderstehliche Händlerinnen und lassen sich nicht so schnell abweisen. Sie brauchen das Geld, weil sie im Gegensatz zu den Bantufrauen sich laut islamischem Gesetz ganz bekleiden müssen.

Zweiter Weltkrieg

Nach Ostern 1940 durften wir uns nur noch in einer Dreimeilenzone frei bewegen. Wenn wir größere Reisen machen wollten, mußten wir eine besondere Erlaubnis von der Regierung einholen, die wir jeweils ohne Schwierigkeit erhielten.

Eines Tages, als der Zweite Weltkrieg schon begonnen hatte, kam Ardo Biwabo, der König der Bororo unseres Bezirks, mit seiner Lieblingsfrau Fatima zu mir. Er war groß, trug eine weiße Toga und hielt einen prächtigen, kunstvoll ziselierten Speer in seiner rechten Hand. Seine Frau, eine schlanke, graziös wirkende Gestalt, trug ein farbenprächtiges Gewand. Der Ardo hatte Sorgen, daß es wieder zu einem Kolonialkrieg kommen könnte. Er erinnerte sich noch, wie der Erste Weltkrieg sich auf die deutschen Kolonien ausgedehnt und Unheil über Kamerun gebracht hatte. Auch lebten noch genug alte afrikanische Bantu, die auf deutscher Seite gekämpft hatten. Oft erzählten sie sich beim Feuer, wenn sie Palmwein aus Kuhhörnern tranken und ihre Augen rot glänzten, schauerliche Erlebnisse aus Krieg und Kriegsgefangenschaft.

Der Ardo hatte keine Angst vor den Europäern. Im geteilten Kamerun waren die Briten und Franzosen an der Macht. Seine Sorge war, was wohl passieren werde, wenn die Engländer und Franzosen das Land verließen und die Bantu sich gegen sie, die Hirten, erheben würden.

Die Fulani sind ja ein fremdes Volk, das im 19. Jahrhundert unter ihrem Führer Osman dan Fodjo den ehemaligen französischen Sudan vom Senegal bis zum Tschadsee überrannte und auch in Nordkamerun die Völker unterjochte. Ihr Führer war ein großer Gelehrter und Mystiker, ein Sufi, ebenso seine Frau Aischa und seine Tochter Asma. Er konnte nicht nur Krieg führen, sondern schrieb eine Anzahl Bücher in arabischer Sprache und in Fulbe. In Sokoto in Nordnigerien hatte er eine große Zahl von Studenten um sich, darunter allein zweihundert, die den Koran auswendig beherrschten. Osman dan Fodjo war der große Reformer des Islam im ehemaligen französischen Sudan und ein bedeutender muslimischer Missionar, der mit dem Islam eine andere Religion und Kultur zu den Bantuvölkern brachte, die sich durch Handel und Einheirat bald weiter nach Süden ausbreitete.

Ich fragte Ardo Biwabo, warum er sich denn fürchte. Er beteuerte mir, daß er im Ernstfall den Bantu nicht traue. »Gut«, sagte ich, »was hast du denn vor? Wie wollt ihr euch schützen?« Er verriet mir, daß in den Bergen bereits alle Fulani dabei seien, Pfeilspitzen mit Widerhaken und Gift, Speere und Dolche zu schmieden: »Wir stellen Bogen aus besten, biegsamen Ruten her und versehen sie mit Sehnen größter Spannkraft.«

Zwischen den Bantu, den Ackerbauern, und den Fulani, den Viehhirten und Nomaden, gab es hin und wieder gefährliche Zwischenfälle, vor allem, wenn die Buckelrinder der Fulani mit ihren geschwungenen Hörnern schon vor der Ernte von den abgeweideten Bergen in die fruchtbaren Ebenen herabkamen und den Feldern der Bauern Schaden zufügten. Auch geschah es, daß Fulani gelegentlich Kinder der Bantu entführten, in den Bergen verbargen und zu Hirten heranzogen.

Normalerweise dürfen die Hirten mit ihren Herden erst in die Ebene hinunter, wenn die Bauern ihre Ernte eingebracht haben. Das Vieh darf dann die Felder abweiden, solange auf den Bergen das dürre, hohe Gras abgebrannt wird. Als Gegenleistung hinterlassen die Kühe ihren wertvollen Dung. Es ist ein grandioses Schauspiel, wenn das Feuer der Grasbrände in der tropischen Nacht sengend und krachend die Berge hochrast.

Glücklicherweise kam es während des Zweiten Weltkriegs zu keinen Streitigkeiten zwischen den Bantu und den Fulani. Sie akzeptierten sich gegenseitig. Jede Ethnie lebt für sich und hat auf den Märkten ihren besonderen Platz.

Als die Lieblingsfrau neben Arelo Biwabo stand, sah ich, daß sie um ihre zarten Hüften einen Gürtel mit aneinandergereihten kleinen Lederbeutel verschiedener Größe trug. Ich fragte sie, ob sie mir nicht einen schenken könnte, denn es interessierte mich, was diese enthielten. Sie zögerte und erklärte mir, daß jeder, auch der kleinste, Schutz für eine Person in der Familie oder für eine bestimmte Sache sei. Einige seien sogar für die Herde. Schließlich trennte sie den kleinsten vom Gürtel und gab ihn mir. Ich öffnete und las in arabischer Schrift die bedeutendste Sure des Korans, die Fatihah oder Eröffnungssure, auch die »Vollendung« oder »Sure des Lobes« genannt. Darin heißt es:

> Im Namen Allahs, des Gnädigen, des Barmherzigen.
> Aller Preis gehört Allah, dem Herrn der Welten,
> Dem König des Gerichtstages.
> Dir allein dienen wir, und zu Dir allein flehen wir um Hilfe.
> Führe uns auf den geraden Weg,
> Den Weg derer, denen Du Gnade erwiesen hast,
> die nicht Dein Mißfallen erregt haben
> und die nicht irregegangen sind.

Ich war überrascht zu erfahren, wie sich Muslime in der Einsamkeit der Berge mit dem Koran, dem geoffenbarten Wort Allahs, vor den nach ihrer Ansicht »Ungläubigen« schützen. Niemand unter ihnen zweifelt an diesem Wort, auch wird kein Muslim es je in Frage stellen. Er glaubt, daß es Mohammed offenbart worden ist, und zwar in der göttlichen, wunderbaren und vollkommenen Sprache, dem Arabischen; es wird mit innerster Hingabe rezitiert. Muslimische Wanderprediger und Wanderlehrer sind regelmäßig unterwegs zu den Hirten in den Bergen und unterrichten Erwachsene wie Kinder im Koran. Die Kinder lernen Suren auswendig, und zwar in der richtigen Betonung. Ich traf einmal einen jungen Muslim, der kurz vor meiner Ankunft Mullah geworden war. Bei der Prüfung mußte er mindestens sechzig Suren auswendig rezitieren und auf theologische und juristische Fragen antworten können. Als Anerkennung für seine Leistung wurde ihm ein Pferd geschenkt; außerdem erhielt er eine junge, hübsche Frau, die voll Stolz mit ihm die Ehe einging. Er aber durfte von nun an die Jugend in den heiligen Koran einführen.

Eines Tages kam eine Hirtenfrau mit leichten, flinken Schritten auf die Station von Missionar Uloth. Sie trug eine Kalebasse mit eingravierten, weißgefärbten Verzierungen auf dem Kopf. Die Milch war mit einem bunt geflochtenen, runden Deckel vor der Sonne geschützt. Sie feilschte mit Uloth, wollte Butter und Milch verkaufen. Er aber wollte an diesem Tag nichts kaufen. Plötzlich entblößte sie ihre Brüste, die ausgelaugt und schlaff herunterhingen, nahm sie in beide Hände und bettelte mit großen, schwarzen, sehnsüchtigen Augen: Massa, make me »pikin!« Meister, mach mir ein Kind! Im gleichen Augenblick, wie er empört ablehnte, schoß seine Frau aus der Küche und jagte die Fremde fort. Enttäuscht eilte die Hirtenfrau davon. Wahrscheinlich hatte sie gehofft, von diesem gut gewachsenen, kräftigen Mann ein schönes, gesundes Kind zu bekommen. Vielleicht war ihr Mann krank und hatte Syphilis oder war impotent. Jedenfalls hatte sie Sehnsucht nach einem Kind und wünschte sich soziale Anerkennung in der Sippe.

Die Frauen in Kamerun reden ganz offen und ohne Scham über die sexuelle Schwäche ihrer Männer. Sie haben ein Sprichwort, das ihre Sorge zum Ausdruck bringt: »Das beste Mittel gegen den Tod ist das Gebären!« Und: »Wer Kinder hat, hat auch Segen.«

KRIEG UND INTERNIERUNG

Die Braut kommt nicht

Mein österreichischer Kollege mußte lange warten auf seine Braut, viel zu lange! Er hatte dem Afrikareferenten geschrieben und ihn gebeten, ihr endlich die Ausreise zu erlauben, zumal er doch schon zwei Jahre gewartet hatte. Eines Tages kam die ersehnte Nachricht. »Sie kommt, sie kommt!« rief er freudestrahlend aus, als er von Bali hereitend in die Station hereingaloppierte. Sofort fing er mit einigen Arbeitern an, den Buschpfad mit den verschiedenen schlammigen Furten passierbar zu machen. Steine wurden herbeigeschleppt, das hohe Elefantengras zu beiden Seiten des Pfades geschlagen. Nun konnte die geliebte Frau kommen!
Ich selber hegte die Hoffnung, daß meine liebe Braut, Lore Heinzelmann, auch bald ausreisen dürfe, hatte sie doch schon guten Kontakt mit Direktor Dr. Karl Hartenstein von der Basler Mission. Ihre Ausreise war auf Anfang September 1939 vorgesehen. Aber da brach der Krieg aus. Adolfs Braut konnte nicht mehr kommen. Diese unerwartete, traurige Nachricht hat meinen Kollegen tief ins Herz getroffen, und es war nicht leicht für ihn, damit fertigzuwerden. Lore und mich beschäftigte diese ungewisse, schicksalhafte Unterbrechung sehr. Sie schrieb mir am 10. September 1939:
»Man kann einem viel nehmen, ehe es ans Leben geht, Lieber, und doch freu ich mich, weil ich weiß, daß Dich das wahre Leben trägt – wenn ich Dir den Bernanos so zurückgeben darf. Man fragt sich nur, was man sich einander sein kann. Wir haben eine Brücke, die nur in der stillen Zeit zum andern kommt. Und ich hoffe, daß sie mehr aushält als die papierne, die nun vielleicht zerreißen wird.« Diese Brücke hielt stand bis zuletzt.
Eines Tages meldete sich der englische Schulinspektor an. Wir wurden gewarnt; es hieß, er sei ein »Deutschenfresser«. Dennoch haben wir ihn sehr freundlich aufgenommen und bewirtet. Allerdings hatte er sein Gepäck nicht mitgebracht, sondern beim Häuptling im Nachbardorf Bome untergestellt, vielleicht weil wir jetzt, politisch gesehen, Feinde waren. Da wir uns aber trotz aller Warnung so gut verstanden und ein-

ander menschlich nahekamen, entsprach er unserer Bitte und ließ sein Gepäck hertragen. Wir verbrachten einen sehr schönen, harmonischen Abend. Am nächsten Morgen gewannen wir ihn sogar zu einem kleinen Ausflug zum Wasserfall des Mentscham, der vierzig Meter in die Tiefe stürzt und von einer üppigen Flora umgeben ist. Wir waren Freunde geworden und verabschiedeten uns sehr herzlich.

An einem Nachmittag kam der englische Bezirksbeamte bei uns vorbei. Er war unterwegs zum *Native-Court,* dem einheimischen Gerichtshof. Wir luden ihn zum Abendbrot ein, was er gerne annahm. Als es bereits Nacht war, kam er mit seinem prächtigen Schäferhund. Die Afrikaner konnten es nicht verstehen, daß wir uns mit unserem Kriegsfeind an einen Tisch setzten und mit ihm aßen. Nach dem Essen breitete der Beamte eine Europakarte auf dem Tisch aus und zeigte uns das Ausmaß des Kriegsgeschehens. Er fragte uns, ob Hitler wohl genügend Treibstoff habe und ob er den Krieg gewinnen könne. Wir wußten es nicht und konnten keine Anwort geben. Er meinte jedoch: »Falls Hitler den Krieg gewinnt, werden wir arme Fischer!«

Als ich später nochmals die anglikanische Gemeinde in Bamenda besuchte, traf ich den Beamten überraschend auf der Regierungsstation. Er lud mich ohne Zögern zum Essen ein. Unsere freundschaftliche Beziehung zu den englischen Beamten wurde durch den Krieg zwischen unseren Völkern nicht zerstört.

»Jetzt wird nicht gestorben«

Der Schulunterricht ging weiter, obwohl das Kriegsgeschehen uns sehr belastete. Mein Kollege war weiterhin oft wochenlang unterwegs in den Gemeinden, weit weg in den Bergen und Tälern. So war ich oft längere Zeit allein auf der Station – und doch nicht allein, hatte ich doch täglich viele Schüler vor mir; manche kamen oft bis in den Abend hinein zu mir und erzählten Märchen. Auch kamen jeden Tag Kranke mit Tropengeschwüren. Wenn ich mittags nach der Schule zur Wohnung hinabging, warteten dort immer schon einige Patienten. Allem Anschein nach grassierte die Amöbenruhr. Ich half, so gut ich konnte, mit den medizinischen Mitteln, die mir zur Verfügung standen. Ich selber schützte mich, indem ich nach jeder Behandlung meine Hände in einer Sagrotanlösung wusch.

Doch eines Tages geschah es. Ich fühlte mich beim Unterrichten etwas müde und schwach, bis ich nach wenigen Tagen nicht mehr stehen konnte und nach einem Stuhl verlangte. Als ich nach dem Unterricht in mein Büro hinunterging und die Toilette aufsuchte, nahm ich meine Taschenlampe mit und stellte fest, daß ich ziemlich viel Blut im Stuhl hatte. Ich sandte rasch einen Boten zu meinem Kollegen und bat ihn, heimzukommen. Er war zwei Tage weit weg. Als er nach langem Ritt müde und matt angekommen war, kam er sofort in mein Schlafzimmer und sagte mir, es täte ihm leid, aber er könne mich nicht pflegen. Er griff aber trotzdem nach dem Tropenheilkundebuch von Professor Dr. G. Olpp und studierte den Verlauf der Amöbenruhr. Er fragte mich, ob ich schon Depressionen hätte. »Nein«, sagte ich, »die kommen erst nach dem Tod!«

Er sandte gleich einen hochgewachsenen Schüler, unseren besten Läufer, nach Bafut zu den Schwestern. Diese schrieben, ich solle sofort kommen und gaben dem Boten eine Hängematte für mich mit. So blieb uns nichts anderes übrig, als nach Bafut aufzubrechen. Ich wollte nicht getragen werden. Wir ließen die Pferde satteln und ritten los. Mein Kollege war für eine Abkürzung, wofür wir allerdings einige kräftige Burschen brauchten, die mit ihren scharf gewetzten Macheten hin und wieder den Pfad freischlagen mußten. Am Ende dauerte die Abkürzung etwas länger als der weitere Weg. Als wir endlich nach fünfstündigem Ritt die Station in Bafut erreichten, meinte die Stuttgarter Krankenschwester, ich säße noch gut im Sattel. Ich fragte sie, ob sie eine Wärmflasche für mich bereit hätte, was sie bejahte. Ich hatte doch schon einen starken Flüssigkeits- und Blutverlust erlitten und fröstelte. Völlig erschöpft fiel ich ins Bett.

Schwester Else tat dann im Grunde dasselbe, was ich mit meinen Patienten in Mbengwi getan hatte: Sie gab mir einen Einlauf mit Yatren und eine Injektion. Bald wurde ich so schwach, daß ich keinen Arm mehr heben konnte. Am nächsten Morgen war mein Zustand schon sehr kritisch. Mein Kollege Uloth kam, der sich im Aufbruch befand und eine Woche lang Gemeinden im weiteren Umkreis besuchen wollte. Er wünschte mir gute Besserung. Doch am nächsten Tag fing die Schwester an, die Hoffnung aufzugeben.

Glücklicherweise hatte mir Gott einen starken Lebenswillen gegeben. So ordnete ich meine Behandlung selber an. Ich bat um Orangensaft mit Eiweiß und Zwieback. Außerdem wollte ich weitere Einläufe und Injektionen. Das gab mir langsam neue Kräfte. Schon nach dem zweiten Tag meiner Ankunft kam Uloth überraschend zurück. Er schaute mit einem etwas traurigen Gesicht zu mir herein und sagte einfach so: »Ich bin umgekehrt, weil ich den Eindruck hatte, daß du sterben wirst. Ich habe auf dem Heimritt schon eine Grabrede vorbereitet und den Ort bestimmt, wo wir dich beerdigen werden.«

Das war eine makabre Seelsorge. Doch ich hatte keine Lust zu sterben. Kurzerhand sagte ich ihm: »Jetzt wird nicht gestorben. Du besorgst mir sofort den besten Rotwein, den du auftreiben kannst.« Er sagte: »Wie soll ich das machen? Es ist Krieg, und der Engländer hat mir mein Auto beschlagnahmt. Ich kann nicht nach Bamenda.« Ich bat ihn mit schwacher Stimme, sofort einen Eilboten in die Stadt zu schicken, um den Wein zu kaufen. Dies gelang. Der Wein wurde gebracht und tat mir gut. Langsam ging es mir besser.

Der lange Marsch in die Internierung

Doch als ich kaum wieder bei Kräften war, kam der Befehl von der Bezirksregierung, wir sollten uns bereitmachen für die Abreise in die Internierung. Mein guter Kärntner Kollege packte meine Sachen und kam mit Sack und Pack von Mbengwi nach Bafut. Leider konnte ich nicht mehr zurück und Abschied nehmen von den Lehrern und Schülern, was mir sehr weh tat, denn wir hatten eine gute Zusammenarbeit gehabt.

Wir mußten nun alle unsere Habe nach Vorschrift packen. Jede Kiste wurde mit einem Inhaltsverzeichnis versehen. Die Kisten wurden von der Regierung abgeholt. Gleichzeitig ritten wir zu dritt – Adolf Oberlerchner, Rudolf Funk, unser Kollege in Bali, und ich – auf unseren Pferden zur Regierungsstation nach Bamenda. Mein Koch, der mich begleitete und ein Bafutmann war, übernahm mein Pferd und schenkte es in meinem Auftrag dem Oberhaupt des Bafutstammes, mit dem ich sehr befreundet war. Dann kamen junge englische Beamte, die wir nicht kannten, und fertigten uns ab für die Reise durch den Urwald hinunter nach Viktoria. Die mit uns befreundeten englischen Beamten zeigten sich nicht mehr. Es wäre auch für beide Seiten peinlich gewesen. Als das Militärauto mit uns drei Missionaren und unserem Gepäck Bamenda verließ, standen einige meiner Schüler am Wegrand und weinten. Das war am 31. Juli 1940. Zunächst ging die Fahrt vom gebirgigen Grasland

auf gefährlichen Serpentinen hinunter in den Urwald. Wir erreichten unter dampfendem Tropenregen die Missionsstation Besongabang, wo wir für eine Nacht einquartiert wurden. Als wir nacheinander ausstiegen und ich als letzter in der Dunkelheit aus dem Wagen herauskam, sagte der Stationsmissionar: »Ich dachte, du seist tot. Die Buschtrommel hatte die Nachricht von deinem Tod bis hierher verbreitet. Es hieß, du seist an einer gefährlichen Dysenterie unter großen Blutverlusten gestorben.«
Von Besongabang aus brachte uns das Auto am nächsten Morgen bis nach Feitok. Von hier aus begann unser fünftägiger Marsch durch den Urwald in Richtung Viktoria. Es wurden etwa dreißig Träger zur Verfügung gestellt. Der Vertreter der Regierung, mit einem orientalischen Fez auf dem Kopf, musterte sie und verteilte die Lasten in barschem Ton auf die Köpfe der Träger, die dann in gleichmäßigem Rhythmus dahingingen und ab und zu mit einem heiteren Lied die drohende Müdigkeit überwanden. Jeden Tag hatten wir ein vorgeschriebenes Ziel zu erreichen und uns jeweils bei den zuständigen Regierungsbeamten zu melden. Es gab also keine Möglichkeit, dem prasselnden Tropenregen auszuweichen; wir mußten marschieren. Schnell hatten sich unsere Ohren an die eintönige Musik des Regens gewöhnt. Wir mußten durch knöcheltiefen Schlamm stapfen und durch Bäche waten, die uns gelegentlich bis an die Brust mit Wasser umspülten. Wir taten dies mit derselben Unerschrockenheit, wie wir uns früher im Hinterland durch hohes Elefantengras den Weg bahnten.
Unsere Schuhe waren so durchnäßt und aufgeweicht, daß wir sie oft kaum von den Füßen ziehen konnten. In jedem Rasthäuschen der Regierung, in denen wir übernachteten, mußten sich alle in ein Logbuch eintragen. Der Kärntner Kollege Oberlerchner schrieb in der Regel ein originelles Gedicht dazu.
Einmal forderten die Umstände uns zum Schwimmen auf. Wir standen plötzlich vor einer großflächigen Überschwemmung, die einem See glich. Nachdem die Träger mit den Lasten auf dem Kopf vorsichtig ein wenig hineingegangen waren, wurde es tiefer und tiefer. Sie schwammen schließlich und stießen die wasserdichten Kisten vor sich her bis ans andere Ufer. Auch wir drei mußten schwimmen und unser Kleiderpäckchen dabei so gut wie möglich über Wasser halten. Obwohl meine Amöbenruhr gut kuriert war, war ich doch noch nicht bei vollen Kräften. Mitten im See, wo es am tiefsten war, wollten meine Kräfte versagen. Gott sei Dank ragten einige Bambuszweige aus dem Wasser. Diese konnte ich ohne Tantalusqualen erreichen und mich etwas erholen. Bald

darauf erreichten wir alle aufatmend das andere Ufer. Schließlich kamen wir unweit vor Kumba an und wurden in Lastwagen nach Viktoria gebracht, wo wir uns zusammen mit anderen Missionsleuten bis zur Abfahrt in die Internierung einquartierten.

Da waren wir nun beieinander und fragten uns etwas ängstlich, wohin die Reise wohl weitergehen würde. Aber schon nach wenigen Tagen wurden alle mit Sack und Pack – Männer, Frauen und Kinder – weiterbefördert. Am 17. August ging es an Bord der »Calabar«. Bei Sonnenuntergang verließ das alte, ächzende Schiff die prächtige Bucht. Noch lange hafteten unsere Blicke am majestätischen Kamerunberg. Wir waren jetzt eine große Schar von deutschen Farmern und deutschen Missionsleuten mit ihren Frauen und Kindern, alle auf dem Weg in die Internierung. Am 19. August gingen wir in Port Harcourt von Bord und wurden in Autos unverzüglich nach dem vier Meilen entfernten College der Methodistenkirche in Umuahia gebracht, das für einige Monate unser Lager werden sollte. Dort wartete bereits eine Anzahl Italiener und Deutsche, die schon einige Wochen vor uns eingetroffen waren. Insgesamt waren wir jetzt 140 Personen, darunter 20 Frauen. Zum ersten Mal umgab uns Stacheldraht. Die Freiheit war dahin! Der englische Kommandant war ein angenehmer Mensch. Seine Frau, ebenfalls in Uniform, hatte große Freude am militärischen Schneid. Sie war die maßgebende Person im Frauenlager. Ihr hageres Aussehen und ihre außergewöhnlich dünnen Beine erwarben ihr im Nu den Titel »Lagerziege«. Offenbar genoß sie ihren Whisky schon morgens, konnte aber doch noch aufrechten Ganges durchs Lager gehen.

Bei unserer Ankunft wurde jeder einzelne registriert und die Personalien aufgenommen. Messer und Scheren, auch Haarscheren, nahm man uns ab; zu unserem Erstaunen erhielt jeder eine aufgelistete Quittung dafür. Wir schlugen unsere Feldbetten auf, spannten die Moskitonetze und richteten uns so gut wie möglich ein. Natürlich mußten wir lernen, auf engstem Raum miteinander auszukommen, was nicht immer einfach war, hatte doch jeder in weiter Entfernung vom andern gearbeitet, seine Erlebnisse gehabt und Erfahrungen gemacht. Auch mußten wir uns mit dem Geschehen in unserem Heimatland auseinandersetzen, wobei es oft ganz verschiedene Ansichten gab. Ich fing an, mein griechisches Neues Testament zu lesen, was mir viel Freude bereitete und nicht nur die Zeit vertrieb, sondern mir immer wieder den vor Augen führte, der die ganze Menschheit zum Frieden und zur Gerechtigkeit führen will: Jesus Christus.

Glücklicherweise wurden wir nicht von Ibosoldaten bewacht, sondern von Hausasoldaten, die aus dem Norden Nigerias stammten und viel freundlicher und zugänglicher waren als die Ibos. Die Verköstigung war natürlich nicht wie in der Freiheit. Täglich gab es Yam und ganze Platten gedämpfter Zwiebeln mit etwas Corned Beef, morgens Kaffee, Weißbrot und Marmelade.

Nach Jamaika

Die dreimonatige »Ferienzeit« ging bald zu Ende, und wir spekulierten, wie es wohl weitergehen würde. Offenbar durften wir nicht in Afrika bleiben, sondern sollten über den großen Teich nach Westindien gebracht werden. Nichts war gewiß. Wir lebten nur in Vermutungen. Noch fehlte es auch an Schiffsraum. Doch dann kam die Überraschung: Wir mußten packen und uns bereitmachen für eine längere Zugreise.
Am 6. November ging es mit dem Zug über Enugu und Kaffanchan nach Kaduna im Norden Nigerias und von dort nach Süden. Bei Jebba überquerten wir auf einer großartigen Hochbrücke den Niger, kamen dann bald nach Ibadan, der damals größten einheimischen Stadt Afrikas mit rund 290 000 Einwohnern. Hier stiegen noch die übrigen deutschen Pflanzer zu. In wenigen Stunden kamen wir dann nach einer Fahrt von etwa 1800 km müde, durstig und hungrig in Lagos an. Zwei Tage und zwei Nächte hatte die interessante, aber sehr mühsame Reise durch die afrikanische Landschaft gedauert. Wir waren in Schlafwagen untergebracht. Ich war mit Familie Uloth zusammen. Auf meinem Schoß saß ihre kleine Tochter, die viel Freude an der Fahrt hatte. Immer wieder rief sie: »Ntoloṅ, kiti ka, ntoloṅ bańbań!« (Blumen, guck mal, rote Blumen!). An den Zugstationen warteten Frauen und Kinder mit Früchten und feilschten mit uns. Wir durften nur wenige Male aussteigen und uns auf den Bahnsteigen strecken und bessere Luft einatmen. Schon beim Aussteigen standen schwarze Soldaten mit Gewehr im Anschlag zur Rechten und zur Linken des langen Zuges. Wer hätte hier schon fliehen wollen?
In Lagos fuhr man uns sofort zum Hafen, wo bereits ein 16000-Tonnen-Frachter, die »Pennland«, auf uns wartete. Wir bestaunten mit einem gewissen Unbehagen das schwarzgestrichene Schiff. Doch es dauerte nicht lange, bis wir im Schiffsbauch untergebracht waren. Aber wir waren nicht allein. Etwa vierzig deutsche Missionare, lauter Katholiken

mit ihrem Monsignore und einigen Ärzten, mußten ihre Stationen in Nigerien verlassen und kamen zu uns. Als alle Deutschen auf der »Pennland« einquartiert und dem Kapitän und seiner Mannschaft übergeben waren, wurde der Anker gelichtet, und die Schiffsreise entlang der westafrikanischen Küste nahm ihren Lauf von diesem geschichtsträchtigen Hafen, aus dem bis 1807 unzählige Sklaven verschifft wurden, die vom Innern des Landes an die Sklavenhändler verkauft und schließlich nach langer qualvoller Reise in Westindien auf verschiedenen Inseln zum Kauf angeboten wurden.

In Takoradi, dem modernen Hafen der Goldküste, gingen wir am 11. November vor Anker. Der Kapitän nahm hier nicht nur die deutschen Missionsleute, Ärzte und Schwestern der Basler Mission auf, sondern vor allem etwa 200 Italiener, die in den Goldbergwerken tätig waren. Ihre Bosse, die genügend Gold bei sich trugen, konnten sich später mühelos freikaufen und sich irgendwohin in Sicherheit bringen. Die Italiener wurden in der untersten Etage des Schiffes untergebracht. Nachdem nun alle Deutschen und Italiener eingesammelt waren, konnte die Fahrt weitergehen nach Freetown, dem Hafen von Sierra Leone.

Hier blieben wir drei Tage und drei Nächte. Wiederholt hatte der Kapitän versucht, den Hafen zu verlassen, mußte aber immer wieder umkehren, weil uns deutsche U-Boote bedrohten. Im Hafen lagen einige Kriegsschiffe, Kreuzer und Minenfänger und etwa 50 Frachter, darunter portugiesische, spanische und holländische Dampfer. Wir merkten sehr deutlich, daß wir im Kriegsgebiet waren. Von jetzt ab gab es für uns öfters Bootsdrill. Jeder hatte einen Rettungsgürtel erhalten, den wir auf Schritt und Tritt bei uns haben mußten, sei es im Waschraum oder gar auf der Toilette.

Am 18. November fuhr ein Konvoi von 11 Schiffen an uns vorbei aus dem Hafen. Wir hörten schon am nächsten Tag, daß eines der Schiffe von einem deutschen U-Boot herausgeschossen worden war. Auch sollten vier deutsche U-Boote vor Dakar liegen. Am 20. November fuhren wir in der Frühe um 7 Uhr aus dem Hafen durch die Minensperre. Jedesmal freuten wir uns, wenn es wieder auf hohe See ging und wir mit einer frischen Brise rechnen konnten. Doch kaum hatten wir die Sperre hinter uns, flog ein Flugzeug mit großer Geschwindigkeit auf uns zu, kreiste einige Male über uns und flog dann zurück. Offenbar hatte es signalisiert: »Zurück in den Hafen!« Unser Schiff schwenkte sofort um und steuerte mitten in der Nacht durch die gefährliche Zone wieder in den hell erleuchteten Hafen.

Am 21. November fuhren wir endgültig los. Etwa dreißig Minuten lang begleitete uns ein Flugzeug, einen Tag lang ein Schnellboot, bis wir endlich im offenen Atlantischen Ozean waren. Am Totensonntag, dem 24. November, wurden die Luken zum erstenmal tagsüber geöffnet. Der Andrang war groß. Jeder wollte die frische Luft genießen, einen Sonnenstrahl einfangen und ein Stück vom Himmel sehen. Am folgenden Tag stürmten einige Soldaten schon früh zu uns herunter, schlugen mit ihren Bajonetten an unsere Hängematten und wollten uns schreiend heraustreiben. Aber die meisten von uns schrieen: »We are seasick!« (Wir sind seekrank), um einen Grund zu haben, liegenbleiben zu dürfen. Manche nahmen tagelang keine Speise zu sich, weil sie sich öfters übergeben mußten.

In der Frühe des 29. November näherten wir uns der Insel Barbados, die wunderschön im Glanz der aufgehenden Sonne dalag. Wie herrlich war es für uns, wieder Land zu sehen. Barbados bot unseren hungrigen Blicken ein zauberhaftes Landschaftsbild. Das flache, leicht gewellte Land geht mit seinen frischgrünen Matten in einen weißen, breiten Strand über, der von ferne grüßte und unsere Sinne belebte. Doch es gab hier kein Bleiben. Schon am Abend verließen wir wieder die prächtige Insel. Nun wurde es immer gewisser, daß das Endziel Jamaika sein würde. Es dauerte nicht lange, da flogen uns zwei amerikanische Flugzeuge entgegen und begrüßten die »Pennland«. In der Karibischen See wurde die Hitze langsam unerträglich. Einige Soldaten wurden sogar ohnmächtig, wankten und fielen zu Boden. Die meisten von uns legten sich vorsichtshalber in die Hängematten.

Inzwischen wurde es Advent. Doch im Bunker der »Pennland« gab es keinen Advent. Kein Glockenklang läutete ihn ein. Wir hörten nur das eintönige Surren der Maschinen. Statt strahlender, aufmunternder Lichter umgab uns fahler, bedrückender Schein. Statt froher Adventslieder hörte man Fluchen und Schimpfen. Selbst die Priester, die sonst für jede Lebenslage Worte des Trostes und der Aufmunterung fanden, lagen genauso apathisch da wie alle anderen. Das ihnen so teure Brevier lag ungebraucht in den Koffern. Es ging über unser aller Vermögen, in dieser dunklen, muffigen Höhle tieferen Gedanken nachzugehen.

Am 2. Dezember fuhren wir in den Hafen von Jamaika ein. Die Sonne war eben am Untergehen. Die Blauen Berge enthüllten im bengalischen Abendglanz ihre klaren Formen in aller Reinheit und Schönheit. Wir fühlten den verführerischen Zauber der Freiheit und senkten unsere Sinne in das tiefe Geheimnis der herrlichen Natur. Doch plötzlich tauchten schwarze Gesichter vor uns auf und brachten uns jählings zurück zur Wirklichkeit. Die Koffer wurden gepackt und auf Befehl in Reihen angeordnet. Dann krabbelte man zum letzten Mal in die Hängematte, um noch ein wenig auszuruhen.

Am folgenden Tag wurde mit der Ausschiffung begonnen. Kanadier nahmen unsere Gepäckstücke ab und verstauten sie auf besonderen Lastwagen. Zum ersten Mal sahen wir Weiße und Schwarze miteinander arbeiten. Soldaten luden unsere Kisten auf. Alles war fabelhaft organisiert. Wir wurden in bequemen Bussen weggebracht, sahen nochmals zurück zu unserem schwarzen Seeungeheuer und dankten Gott, daß diese Reise zu Ende war.

Auf prächtigen Straßen fuhren wir durch Kingston, die Haupt- und Hafenstadt. Auf beiden Seiten der Straße gafften uns Menschen der verschiedensten Hautfarben an: Schwarze, Mulatten, Chinesen, Japaner und Singhalesen. Manche spuckten nach uns oder warfen mit Steinen. Offenbar wirkte die britische Propaganda gegen die »Hunnen«. Schon nach etwa 15 Minuten erreichten wir unter motorisierter militärischer Begleitung das Lager. Ein ganzes Dorf stand plötzlich vor unseren Augen. Im Nu hatten wir die beiden großen Stacheldrahttore passiert, die sich ebenso schnell wieder hinter uns schlossen – für fünfeinhalb lange Jahre!

Nr. 624

Schon vorher hatte man die Familien getrennt. Die Männer und Väter wurden außerhalb der Stadt im freien Gelände in einem größeren, wohlbewachten Lager in Baracken untergebracht, die Frauen in einem größeren Gebäude in der Stadt. Schon vor uns befanden sich im Männerlager die Mannschaften von zwölf Marinehandelsschiffen. Zehn der Kapitäne hatten ihre Schiffe versenkt, während zwei Kapitäne ihre Schiffe übergeben hatten und deswegen immer wieder unter Depressionen litten. Das Lager war wie ein großes Dorf mit einer Straße mitten durch. Jede Baracke hatte ihre Nummer.

Auch hier wurden wir wieder registriert. Jeder erhielt eine Nummer. Ich hatte Nummer 624. Zusammen waren wir etwa 1200 Personen: nach der Genfer Konvention keine Gefangenen, sondern Internierte. Dementsprechend nannte man das Lager Internierungslager. Manche erhielten Briefe mit der Adresse »Interrement Camp«, aber zum Glück war es kein »Beerdigungslager«, obgleich manche an Wunden starben oder an Malaria.

Vom Lager aus hatten wir einen schönen Blick auf das Meer, während nicht weit hinter uns die Blauen Berge zum Himmel ragten. Jeden Morgen mußten wir zum Appell antreten. Der Name war wie ausgelöscht, man hörte immer nur seine Nummer. Es ging uns im allgemeinen gut. Wir mußten die Baracken einmal pro Woche putzen und außen herum sauber halten. Am Zaun entlang konnte man sogar etwas Gemüse pflanzen. Mein Kärntner Kollege Adolf war ein Überlebenskünstler. Er pflanzte Kopfsalat und sogar Rizinus, der zusehends rasch wuchs, so daß er bald unter den großen, breiten, schattenspendenden Blättern Schutz vor der Sonne fand und in seinem Liegestuhl ruhen und lesen konnte. Anders als beim Propheten Jona stach kein Wurm seine Staude, sondern winzige Kolibris schwirrten herbei, schwebten schwerelos von Blüte zu Blüte und saugten mit ihren langen, spitzen Schnäbeln den süßen Nektar.

Abends um 22 Uhr gingen die Lichter aus. Die Moskitonetze hatten wir schon um 16 Uhr heruntergelassen. Als ich einmal nach 22 Uhr ins Bett wollte, sah ich etwas Dunkles unter dem Leintuch. Ich holte meine Taschenlampe und entdeckte, daß es ein ausgewachsener schwarzer Skorpion war. So schnell ich konnte, faßte ich ihn vorsichtig mit einer Schere, steckte ihn in ein leeres Glas und verschloß es. Das passierte mir zweimal. Skorpione lieben die Wärme und schlüpfen gerne in warme Betten oder in abgelegte Kleider. Das hatten wir bald festgestellt und kontrollierten das Bett vor dem Hinliegen und die Kleider vor dem Anziehen. Anfangs hatten alle vollgestopfte Seesäcke als Unterlage, doch leider wimmelte es innen und außen von blutsaugenden Wanzen. Es gab nur eine Lösung: die Säcke abgeben! Doch die drei Bretter auf den zwei schmalen Böcken waren auch nicht sauber. Hier verbargen sich die Wanzen. Wir wuschen die Latten gründlich und schmierten alle Ritzen mit einer roten, nach Teer riechenden Seife aus. Jeder mußte sich dieser reinigenden Zeremonie fügen, andernfalls wurde sein Bett hinausbefördert und blieb draußen, bis es einwandfrei sauber war. Hygiene war das Wichtigste. Auch die englische Lagermannschaft legte großen Wert darauf. Schließlich schlief ich auch auf drei Brettern mit einer dünnen Decke ganz gut.

Jeder hatte der Reihe nach bestimmte Arbeiten zu tun. Nach dem Jargon der Seeleute gab es die Backschaft. Jeweils zwei hatten eine Woche lang Backschaft. Sie mußten das Essen in der Küche in großen flachen

Schüsseln holen und verteilen. Danach waren die Gefäße blitzblank auszuwaschen und auf Hochglanz zu reiben. Anschließend holte man Kaffee in großen Blechkannen. Jeder hatte eine »Mug«, einen Emailbecher, und konnte trinken, so viel er wollte. Einmal wöchentlich mußte eine kleine Gruppe den Platz um die Baracken, die auf Pfeilern standen, kehren und vom Unkraut befreien. Für die englischen Sergeanten sollte alles übersichtlich sein. Gelegentlich mußten sogar kleine Sträucher, auch der Rizinusstrauch, wieder entfernt werden.
Anfangs wurde mir vom deutschen Lagerleiter der Deutschunterricht für die noch schulpflichtigen Schiffsjungen übertragen, der ein knappes Jahr dauerte. Auch fing Dr. Lässig, ein Dozent vom Seminar für Orientalistik in Berlin, an, afrikanische Sprachen zu unterrichten. Dies fand großes Interesse unter den katholischen Missionaren. Ich schloß mich an. Dr. Lässig begann mit einer Studie über etwa zehn afrikanische Sprachen. Dann wurden drei ausführlich behandelt, zuerst Suaheli und Duala. Später gab er eine gründliche Einführung in die Hausasprache. Diese interessierte mich besonders, und ich gab mich mit Begeisterung dem Studium hin. Die Hausa ist sehr bildhaft. Einige Beispiele zeigen dies eindrücklich: »Hali wutsiya ne« (Der Charakter ist ein Schwanz, d.h. er ist angeboren). »Yana da farin ciki« (Sein Inneres ist weiß, d.h. er ist fröhlich). »Ya sari sandan karatu« (Er hat den Stock des Lesens gefällt, d.h. er ist ein Bücherwurm). »Ya sari sandan taba« (Er hat den Stock des Rauchens gefällt, d.h. er ist ein leidenschaftlicher Raucher). »Wandonsa yana dariya« (Seine Hose lacht, d.h. sie hat ein Loch, das Hemd schaut durch das Loch). »Zananta tana dariya« (Ihr Kleid lacht, d.h. es hat einen Riß). Diese Sprache zu beherrschen, setzte ich mir zum Ziel, zumal sie in Westafrika von mehr als 30 Millionen Menschen gesprochen wird.

Der Tod in den Bergen

Die papierne Brücke von und zu meiner lieben Lore hat lange gehalten. Viele hilfreiche, wertvolle Briefe gingen hinüber und herüber. In ihrem letzten Brief aus Oberboihingen, den sie am 25. Mai 1941 geschrieben hatte, etwa 14 Tage vor ihrem Urlaub, bedankte sie sich für meine Briefe vom Dezember 1940 und Januar 1941. Sie schrieb:

Meine ungelesenen Bücher warten auf Dich. Ich habe kaum freie Zeit. Es scheint mir manchmal, als wäre die Hetze nicht allzulange mehr zu ertragen.

Ich soll Urlaub bekommen und hoffe, daß es bald sein wird und ich die verschiedenen Schwierigkeiten für eine Weile liegen lassen kann. Wir haben einander einiges zu erzählen, wenn uns ein gemeinsamer Neuanfang geschenkt wird. Wir können ja nur den einen Tag nehmen, an dem wir sind. Und er hat auch seinen eigenen Trost. Bei uns blühen jetzt die Wiesen und Apfelbäume. Kannst Du Dir den Geruch noch vorstellen? In herzlichem Gedenken
Deine Lore.

Die Schreckensnachricht brachte ein Brief von Lores Tante Rosa Heinzelmann, den sie am 29. Juni 1941 geschrieben hatte und den ich erst am 28. August in Jamaika erhielt. Ich saß an meinem kleinen schmalen Tisch in der großen Baracke, in der 88 Internierte untergebracht waren, als mir dieser Brief übergeben wurde. Ich las die furchtbare Nachricht mit weinendem Herzen:

Wie sehr freuten wir uns für Lore, daß sie ausspannen durfte, denn sie brauchte es sehr. Am 17. Juni kam Lore von einem geplanten Ausflug vom Nebelhorn nicht mehr zurück. Die Bergwacht, 17 Gebirgsjäger, suchten acht Tage im ganzen Nebelhorngebiet und im angrenzenden Gebiet. Karl, ihr Bruder, hat auch drei Tage mitgesucht. Es war keine Spur zu finden. Es ist ganz dunkel... Am 16. Juni schrieb Dir Lore einen Brief. Wir fanden ihn ohne Umschlag. Die Schutzpolizei hat denselben beschlagnahmt.

Glücklicherweise konnte Tante Rosa noch einen Brief von Lore beilegen, den sie am 9. Juni in Oberstdorf geschrieben hatte. Darin stand, daß sie vor ihrer Abreise in den Urlaub noch um Mitternacht zu einer Geburt mit Komplikationen gerufen worden war.

Es war eine ganz schwarze Nacht. Das Grauen saß mir irgendwie in den Gliedern, noch nach Tagen. Nun ist alles vorbei. Es schellt mich niemand mehr heraus, ich bin bloß Kurgast und kann grad tun, was mir einfällt. Durch Martha, deine Schwester in Kornau, habe ich mein Zimmer bekommen. Es hat einen wunderschönen Blick auf die Berge, die noch große Schneeflecken haben...Vier schöne dicke Bücher liegen auf dem Tisch. Wir sollten sie nur miteinander lesen können. Ich bin so beglückt von dem Bergengruen »Im Himmel und auf Erden«. »Fürchtet euch nicht« ist das Leitwort des Buches. Und es kommen allerlei Ängste drin vor und allerlei Überwindung. Hör einmal: »Der Mensch soll den Mut haben, sich dem Unbekannten zu überlassen. Nicht darum ist etwas gelungen, daß der Mensch glücklich sei, sondern darum, daß er lerne, sich zu seinem Schicksal zu bekennen.«

Ich freue mich, wenn ich in dieser Urlaubsstille angesprochen werde, möchte nur nicht, daß es bloß ein pathetischer Weihrauch sein möge. Vielleicht bedeuten die Worte Dir einen kleinen Trost oder Freude; deshalb habe ich sie ja hergesetzt. Für heut viele herzliche Grüße

Deine Lore.

Nachdem ich diesen letzten Brief gelesen hatte, ergriff mich tiefe Trauer. Ich teilte die schreckliche Nachricht meinem österreichischen Kollegen Adolf mit, der auch in große Traurigkeit fiel. Dann ging ich hinaus auf den Sportplatz, weg von den Menschen, und lief in Schmerz und Trauer im Kreis herum, immer dem Stacheldraht entlang, tagelang. Mein Kollege kam einige Male und ging stumm und mitleidend neben mir her. Mußte ich jetzt lernen, mich zu meinem »Schicksal zu bekennen«? Das ist ein schwerer Weg. Gottes Wege sind oft ganz anders, obgleich Lore und ich unseren gemeinsamen Weg als Fingerzeig Gottes sahen.

Lores Tod blieb bis heute ein schreckliches Rätsel. Kein Licht fiel je in dieses undurchsichtige Dunkel. Der geliebte Mensch war nicht mehr da – nicht für mich, nicht für die Angehörigen und nicht mehr für die vielen Kranken. War Lore abgestürzt, im tiefen, heimtückisch brüchigen Schnee beim Überqueren eines Tobels eingebrochen und konnte sich nicht mehr aus eigener Kraft befreien, oder ist sie einem Verbrechen zum Opfer gefallen? Gott allein weiß es.

Lore Heinzelmann

Tante Rosa blieb mit mir in Verbindung. Wir schrieben uns regelmäßig. Es gingen fast hundert Briefe hin und her, auch zu den Eltern von Lore und meinen Eltern und Geschwistern. Es war sehr tröstlich, daß diese gegenseitige Hilfe nicht abbrach, auch nicht zur Basler Mission, die sich sehr für mich und alle ihre Angehörigen im Lager von Jamaika eingesetzt hatte. Mit dem Schmerz im Herzen widmete ich mich wieder den verschiedenen Anforderungen.

Kulturelles

Eine Reihe von etwa 15 Seeleuten wollte sich auf das Abitur vorbereiten. Ich besprach die Angelegenheit mit einigen der katholischen Missionare und Ärzte. Zwei hochbegabte Fratres zeigten sich bereit; der eine wollte Mathematik, der andere Latein übernehmen. Ein Arzt wollte Biologie, ein Doktor der Botanik sein Fach unterrichten. Auch Deutsch- und Geschichtslehrer fanden sich. Ich selber gab englische Sprache und Literatur. Als ich einen der Priester bat, die Leitung zu übernehmen, besprach er dies mit dem Monsignore. Sie lehnten schließlich jede leitende Stellung ab und sagten mir, sie würden mir als Leiter das Vertrauen schenken.
Der Unterricht hatte schon fast drei Jahre gedauert, als der 8. Mai 1945, der Tag der deutschen Kapitulation kam. Sofort ließen Schüler und Lehrer die Flügel hängen und ich hatte große Mühe, sie wieder zu motivieren. Acht der fünfzehn Schüler waren bereit, weiterzumachen, dazu auch alle Lehrer. Schließlich fand das Examen in allen Fächern statt, in englischer Literatur wurde es unter Aufsicht eines englischen Zensors durchgeführt.
Nach unserer Befreiung legte ich in Stuttgart dem Kultusminister die Examensarbeiten der acht Schüler zur Beurteilung vor. Er war begeistert und bedankte sich für die gute Arbeit. Jeder der acht Schüler bekam sein Reifezeugnis und konnte ein Studium beginnen.
Nebenher arbeitete ich im Lager an einer Bali-Grammatik mit Lektionen für Übungen; außerdem hatte ich Interesse an der Ewondo-Sprache von Südostkamerun gefunden. Ich arbeitete auch in dieser Sprache eine Grammatik mit Lektionen aus und übte mich in ihr bei Spaziergängen mit einem Unternehmer, der schon 36 Jahre in Kamerun verbracht hatte, mit einer Afrikanerin verheiratet war und die Ewondo-Sprache fließend beherrschte. Er fragte mich, wo ich denn dies alles gelernt hätte, meine Aussprache sei sehr gut. Später gab ich dem afrikanischen Professor Mweng eine Kopie der Ewondo-Grammatik. Er rief begeistert aus: »Das ist meine Heimatsprache und stimmt genau!«

Auf Anregung eines Missionars und Buchhändlers der Baptistenmission hielt ich im Januar 1946 vier Vorträge über »Das Menschenbild unserer Denker und Dichter in der Zeit der Klassik«. Fast alle Kapitäne und auch Offiziere und Kaufleute kamen zu den Abenden. Eigentlich war ich ununterbrochen beschäftigt. Einigen Pflanzern gab ich Unterricht in der Bali-Sprache und wurde sogar gebeten, in der Hausa-Sprache zu unterrichten. Doch das wollte ich nicht, sondern bat Dr. Lässig, dies zu tun. Er aber meinte, ich sei der bessere Methodiker für den praktischen Unterricht. Also tat ich es, hatte Spaß daran und lernte noch viel dazu. Besondere Freude bereitete das Orchester. Der CVJM von Kanada stiftete Musikinstrumente. Insgesamt waren wir 24 Musiker und gaben alle vierzehn Tage ein Konzert. Später kam noch ein Kammerorchester von acht Musikern dazu. Ich spielte Konzertflöte, Kollege Uloth Posaune, ein Pater Cello, Dr. Lässig Bratsche, ein Italiener Klarinette, und einige spielten Geige. Der CVJM hat auch vielen Lagerinsassen mit Büchern und Lehrmaterial geholfen.
Zu meiner Überraschung kam eines Tages Besuch aus England von dem College, in dem ich sechs Monate studiert hatte. Es war Miss La Trope, eine Flötenspielerin. Ich kannte sie nicht, und sie hatte meinen Namen, den ihr der Rektor des College genannt hatte, vergessen. Ich hatte dort öfters an den gemütlichen Abenden Flöte gespielt und wurde dabei von einer Pfarrerstochter aus Bern begleitet. Miss La Trope hatte nur noch meinen Vornamen behalten und daß ich Flöte spiele, und so ging sie zum englischen Kommandanten und fragte ihn nach »Hans, *the fluteplayer*«. Ein Sergeant holte mich und stellte mich vor. Das war eine Freude, nach fast fünf Jahren hinter Stacheldraht Besuch zu bekommen. Miss La Trope brachte Grüße von Rektor Mr. Naish und außerdem sechs interessante Penguin-Bücher, auch überließ sie mir ihre Flöte, damit ich für unser Orchester noch einen anderen Kameraden anlernen konnte. Sie war Missionarin und auf der Insel tätig. Leider habe ich sie nie wieder gesehen.

Welcher Gott?

Sonntags wechselten sich einige von uns Missionaren ab und hielten in einer besonderen Baracke Gottesdienste. Anfangs waren sie gut besucht. Es kamen einige Seeleute, auch Kaufleute und Pflanzer und ein oder zwei Kapitäne. Doch bald machte sich Widerstand bemerkbar. Manche warfen während des Gottesdienstes Steine auf die Baracke, und während wir sangen, spielten direkt nebenan zwei Schifferklaviere in voller Lautstärke. Der eine und andere der Seeleute, die am Gottesdienst teilnahmen, wurde von Kameraden bedroht. Eines Abends zeigte ein Schiffsingenieur auf einen jungen Kameraden und sagte: »Dem Burschen haben sie den Glauben gründlich ausgetrieben, der verleugnet ihn nun schon seit drei Jahren.« »Ja«, sagte ich, »was geschieht aber, wenn er dennoch zum Gottesdienst gehen wollte?« »Dann schlagen sie ihn tot«, war die Antwort.

Diese ablehnende, bedrohende Haltung bewirkte, daß immer weniger zum Gottesdienst kamen, aber diese kleine Schar ließ sich nicht einschüchtern. Da war ein Kapitän, der besonders in den letzten Jahren der Internierung treu zur Gemeinde hielt. Er wurde von manchen seiner Kollegen aufs übelste geschmäht und verspottet, nur weil er es wagte, zur Kirche zu gehen, hielt aber treu zu Christus. Viele gute Gespräche durften wir auf unseren abendlichen Spaziergängen führen und dabei auf den hinweisen, der uns aus aller Ungewißheit und Verwirrung und Unversöhnlichkeit herausführen will und im Innersten unseres Herzens zu einem sinnvollen Leben befreien möchte.

Oft genug spürte ich, daß auch unter diesen rauhen Seeleuten ein Verlangen nach Gott da war und mancher litt unter der Not eines krampfhaft unterdrückten Glaubensnot. Wie viele erzählten mir von ihren gläubigen Müttern, die keinen Gottesdienst versäumten, für sie beteten und ihnen fromme Briefe schrieben! Sie aber meinten, für sie sei das Leben sinnlos geworden, sie hätten so viel Elend gesehen, um das sich kein Gott gekümmert hatte. Immerhin wunderten sich einige, daß sie sich bei mir so frei aussprechen und soviel Kritik anbringen konnten.

Eines Morgens kam einer der Abiturienten zu mir, ein Berliner Junge, und entschuldigte sich, daß er am Vorabend während eines Spaziergangs so »vom Leder gezogen und gelästert« habe über die Kirche und den christlichen Glauben, der mir doch heilig sei. Ich freute mich über diese Aussage und durfte dann dem jungen Mann in manchen Fragen weiterhelfen. Da hilft kein Drängen, keine Empörung, sondern nur Geduld. »Gottes Mühlen mahlen langsam«, aber sie mahlen.

Gegen Ende der Internierung hatten wir Gelegenheit, in den Gärten der englischen Offiziere zu arbeiten. Als früherer Landschaftsgärtner hatte ich zwei Gruppen zugeteilt bekommen. In den Bungalows der Offiziere waren schwarze Handwerker, mit denen wir uns etwas unterhalten konnten. In einer Arbeitspause fragte ich, ob sie an Gott glaubten. Sie verneinten, aber einer wollte wissen, von welchem Gott ich denn rede. »Meinst du den Gott der Europäer, der Festungen und Kanonen baut? An den glauben wir nicht.« Ich sagte ihm, daß ich an den Gott glaube, der durch Jesus Christus zu allen Menschen spricht. »An den glauben wir auch«, sagten einige. Dann kamen zwei von ihnen näher heran und unterhielten sich mit mir. Einer wollte mir nicht abnehmen, daß ich Missionar war, und zum Beweis mußte ich das Glaubensbekenntnis und das Vaterunser aufsagen. Darauf sagte er mir: »Ich habe mit Schrecken festgestellt, daß deine Kameraden gar nicht an Gott glauben und über die Kirche und den christlichen Glauben spotten. Einer lästerte sogar und sagte, wenn er Gott erwischen könnte, würde er ihn erwürgen. Wir können nur eins tun, nämlich für deine Kameraden beten.« Das waren die Nachkommen der Sklaven!

NEUBEGINN

Zurück nach Hause

Endlich ging das Lagerleben dem Ende zu. Anfang Juli 1946 packten wir unsere Koffer. Jeder erhielt gegen seine Quittung, was er beim Eintritt ins Lager hatte abgeben müssen. Ich ließ noch meine sprachwissenschaftlichen Arbeiten und die Examensarbeiten der Abiturienten stempeln, um bestimmt alles durch die verschiedenen Kontrollen zu bringen, was auch zum Glück gelungen ist.
Es dauerte nicht lange, bis wir Jamaika den Rücken gekehrt hatten. Noch wußten wir nicht, wohin uns der Frachter bringen würde. Der Kapitän nahm Kurs zwischen Kuba und Haiti nach Norden. Die Luftfeuchtigkeit steigerte sich von Stunde zu Stunde. In Jamaika konnte man in der Sonne liegen, ohne braun zu werden oder einen Sonnenbrand zu bekommen, aber jetzt mußten wir uns vor der sengenden Strahlung schützen. Einige, die sich ihr ausgesetzt hatten, wurden zusehends krebsrot.
Auf dem Schiff konnten wir uns frei bewegen, auch waren wir gut versorgt. Nach einer tagelangen, oft sehr bewegten Seereise fuhren wir um Nordirland herum und kamen nach Glasgow, wo unser Frachter vor Anker ging. Die Reise wurde dann unter starker Bewachung mit dem Zug über London nach Bristol fortgesetzt, wo wir in der Landschaft Gowerton in einem Lager vorläufig untergebracht wurden. Jeder hatte, was er tragen konnte, bei sich. Als wir der Reihe nach in das Lager geschleust wurden, wies man uns einzeln zur Kontrolle an Tische. Manche hatten große Angst und hatten schon beim Packen ihrer Koffer in Jamaika vorgesorgt und begehrte Artikel sichtbar oben hineingelegt. Ich besaß zwei Koffer, und als ich sah, wie mancher Soldat bei dem einen und anderen im Gepäck wühlte, ging ich auf den mir angewiesenen Tisch zu und fragte sofort den Sergeanten, wonach er denn suchen müsse. »Nach Geld!« war die Antwort, worauf ich gleich sagte: »Mein Geld habe ich in meiner Tasche, in meinen Koffern ist nichts.« Daraufhin ließ er mich ohne weiteres Suchen ins Lager hineingehen. Dort wurden wir gruppenweise in Nissenhütten untergebracht.
Eigentlich gab es drei Lager, die voneinander durch Stacheldrahtrollen getrennt waren: eines für kriegsgefangene Soldaten und eines für Offi-

ziere. Uns wurde verboten, Kontakt mit den anderen Lagern aufzunehmen.

Am Wochenende spazierten die Waliser oft in Scharen am Stacheldraht entlang, unter ihnen viele rothaarige Burschen und Mädchen. Das war eine willkommene, freundliche Abwechslung, nachdem wir bald sechs Jahre keine Mädchen, Frauen und Mütter gesehen hatten.

Einige Seeleute, die beim Untergang ihres Marineschiffes psychischen Schaden erlitten hatten, bedurften besonderer Fürsorge, vor allem dann, wenn es dem Vollmond zuging. Sie wurden in einer besonderen Baracke untergebracht; wir hielten abwechselnd Wache bei Nacht. Im übrigen wurden wir hier gut versorgt, obgleich wir natürlich immer wieder wissen wollten, wie es weitergehen würde.

Nach etwa 14 Tagen kam die befreiende Nachricht, daß wir uns bereitmachen sollten zum Aufbruch. Wieder gingen wir an Bord eines Frachters mit kleinem und großem Gepäck. Als »Proviant« gab man uns Ceylon-Teebeutelchen mit, deren Inhalt man gut kauen konnte.

Wir landeten in Belgien und wurden in eines der drei Gefangenenlager gebracht, deren Ort und Name uns verschwiegen wurde. Vom Hafen aus mußten wir etwa zwei Kilometer mit unserem Gepäck marschieren, bis wir in einer großen Halle untergebracht wurden. Schon nach drei Tagen hieß es, daß wir irrtümlicherweise hierher geschickt worden seien. Eilends packten wir wieder alles ein und wurden zu einem Bahnhof gebracht, und fort ging die Reise nach Münster in Westfalen. Von hier aus kamen wir ins Kloster Maria Veen, wo wir im großen Refektorium auf Stroh unser Lager hatten und uns ganz wohl fühlen konnten. Endlich konnten wir uns frei bewegen, spazierengehen, sogar Brombeeren pflücken. Manche halfen den Bauern bei der Obsternte.

Nach einigen Tagen fragten uns die englischen Offiziere und Soldaten, die uns begleitet und beschützt hatten, warum wir nicht nach Hause gingen. Das ließen wir uns nicht zweimal sagen. Eine größere Gruppe von uns mußte nach Süden. Herr Maier, der als Kaufmann in Kamerun tätig war, ging mit mir zum Bahnhofsvorsteher. Wir brachten ihm Seife und andere willkommene Artikel und fragten ihn, ob er nicht einen Güterwagen besorgen könnte für uns und unser Gepäck. Er sagte zu und arrangierte für etwa 15 Leute einen Waggon, der gut verschließbar war und über genügend Stroh als Lager verfügte. Es dauerte nicht lange, dann begann die Fahrt. Von Zeit zu Zeit wurden wir auf ein totes Gleis gestellt, bis wieder ein Zug kam, der uns mitnahm. Schließlich landeten wir nach langer Fahrt in Stuttgart, in der Heimat. Das war Ende August 1946.

Nachdem ich meine Eltern benachrichtigt hatte, kam meine Schwester Pauline mit einem Dreirad zum Hauptbahnhof und brachte mich heim nach Botnang, wo große Freude herrschte. Diese war leider getrübt, denn der jüngste Bruder Paul war in Rußland gefallen, und der älteste Bruder Christian befand sich noch in russischer, der zweitjüngste Bruder Albert in französischer Gefangenschaft. Glücklicherweise konnten diese beiden Brüder bald heimkehren.

Nach einigen Tagen meldete ich mich bei der Basler Mission. Auch führte ich ein langes Gespräch mit Prälat Dr. Karl Hartenstein, ihrem früheren Direktor. Er wollte wissen, wie es uns Missionaren während der Internierung ergangen war.

Zunächst durfte ich mich gründlich erholen. Das konnte ich am besten, wenn ich meinem Vater in der Gärtnerei zur Seite stand. Aber es dauerte nicht lange, da wurde ich zu Gottesdiensten und zu Missionstagen in verschiedenen Dekanaten gerufen. Die Kirchen waren fast alle noch eiskalt. Am 6. Januar 1947 wurde ich gebeten, beim traditionellen Missionsfest in der Brüdergemeinde in Korntal zu sprechen. Prälat Hartenstein war der erste Redner, und nach ihm kam ich. Es war bitter kalt, und ich hatte mich gut eingepackt. Zur Belustigung mancher wickelte sich mein langer roter Schal langsam los. In der Regel hatte ich kein Manuskript bei mir, hatte mir aber vorher genau überlegt, was ich aus der Fülle der Erlebnisse als Missionar darbieten wollte.

Eines Tages ging ich wieder zu Prälat Hartenstein und sprach mit ihm über meinen lang gehegten Wunsch. Ich wollte das Studium der Afrikanistik weiterbetreiben, das ich im Lager begonnen hatte. Deswegen stand ich mit Professor Meinhoff von der Hansa-Universität in Hamburg in Verbindung. Obwohl Hartenstein meinen Wunsch gut verstand, riet er mir davon ab und sagte, daß er für mich eine besondere Aufgabe im Rahmen der Basler Mission hätte. Es ginge um die Förderung der ökumenischen Beziehungen, zunächst allerdings nicht zur katholischen Kirche, sondern zu den protestantischen Missionskirchen in Übersee. Ich sagte Ja und fing an, mich mit diesem Vorschlag zu befassen.

Zunächst bestellte ich mir französische und englische Tageszeitungen und aktuelle Schriften verschiedener englischer Missionen, um Einblick in das aktuelle Geschehen in der weltweiten Kirche zu bekommen.

»Ist das Bein noch dran?«

Leider kam es zu einer längeren Unterbrechung durch einen Unfall. Am 2. August 1947 fräste ich auf einem abschüssigen Ackerstück meines Vaters die harte Erde. Plötzlich, als ich mit dem linken Fuß vorwärtsschritt, brach ein Stück Boden, und ich rutschte mit dem linken Fuß in die schnell rotierenden Zinken der Fräse. Ein Zinken erfaßte das Bein und drehte es heftig um. Die Maschine kam zum Stehen. Ein jugoslawischer Arbeiter meines Vaters löste meinen Fuß aus dem Zinken. Eine Gärtnersfrau aus der Nachbarschaft eilte mit ihrem Wagen herbei. Man legte mich auf den Rücksitz, und die Frau fuhr, so schnell sie nur konnte, nach Stuttgart ins Olga-Krankenhaus, mit dem mein Vater geschäftlich verbunden war. Doch dort wies man uns ab und schickte uns ins Unfallkrankenhaus in der Innenstadt. Man brachte mich in den Vorraum zum OP.
Ein junger Arzt kam herein und fragte nach meinem Namen. Als ich ihm den nannte, fragte er weiter, ob ich einen Verwandten namens Paul Stöckle hätte. Ich gab ihm zur Antwort, daß dies mein gefallener Bruder sei. Darauf sagte er: »Er war mein Offizier.« Man brachte mich in den Operationssaal. Die Oberärztin meinte, weil ich einen fürchterlichen Knochensalat hätte, Wadenbein und Schienbein zertrümmert seien, müsse sie das Bein abnehmen. Ich widersprach energisch! »Ich bin Missionar und brauche mein Bein.« Darüber mußte sie lachen, nun wußte sie doch, daß sie alles tun mußte, es zu retten. Als ich in die Narkose sank, waren meine letzten Worte: »Das Bein bleibt dran.« Nach dem Aufwachen im Krankenzimmer war meine erste Frage: »Ist das Bein noch dran?« Gott sei Dank, es war. Die Ärztin hatte das mögliche getan, fragte mich allerdings, was ich denn für Knochen hätte, ihr sei der Bohrer abgebrochen. »Haben Sie ihn wenigstens wieder entfernt?« »Ja!«
Tags darauf kamen der Chefarzt und ein Medizinalrat mit der Oberärztin zur Visite. Der Medizinalrat gab mir die Hand und nannte mich einen »Hauptkerl« – wahrscheinlich weil ich mich gegen eine Amputation gewehrt hatte. Doch schon wenige Tage danach flammte eine Wundrose auf. Der Arzt verordnete Einläufe mit einem Sulfonamidpräparat; ich war der zweite Patient, bei dem es zur Anwendung kam. Der Krankenpfleger hatte jedoch eine klapprige, undichte Klistierspritze, so daß ein Teil der Flüssigkeit verlorenging. Ich ließ sofort den Arzt rufen, der mich fragte, ob ich die Medizin auch als Brei zu mir nehmen könne, was ich sofort bejahte. Aber der Erfolg ließ auf sich warten.

Die Wundrose schritt voran und erreichte bald den Schenkelhals. Als der Chefarzt dies sah, ordnete er sofort an, alles bereitzumachen für »Amputation Stöckle«. Doch Gott erhörte die Gebete. Die Wundrose stoppte plötzlich und ging langsam zurück. Allerdings wurde die Kallusbildung, das Zusammenwachsen der Knochensplitter, durch das Fieber erheblich verzögert. Mein Bein lag fast ein Jahr lang im Gips. Ich verließ nach etwa neun Wochen das Krankenhaus mit zwei Krücken, die ich nahezu zwei Jahre benötigte.

Frisch getraut

Noch vor meinem Unfall hatte ich mich mit Margarethe Bender verlobt, die Gemeindehelferin bei Dekan Otto Mörike in Weilimdorf war. Am 10. März 1948 heirateten wir in der Oswaldkirche in Weilimdorf. Die Trauung hielt mein ältester Bruder Christian, der noch nicht lange aus der russischen Gefangenschaft heimgekehrt war. Er war vor dem Krieg Jugendpfarrer in Stuttgart gewesen, wurde später Schuldekan und schließlich Oberkirchenrat. Da meine Braut bis zur Hochzeit als Gemeindehelferin auch Religionsunterricht an den Schulen gegeben hatte und sehr beliebt war, wollten die Volksschulklassen während der Hochzeit schulfrei haben, was auch genehmigt wurde. Der Andrang auf der Straße um die Kirche war so groß, daß die Polizei den Verkehr umleiten mußte. Gestützt auf zwei Krücken, zog ich mit meiner Braut in die Kirche ein, und wir erlebten eine Trauung besonderer Art. Als wir wieder feierlich herauskamen, gab mir ein Kind ein rohes Ei in die Hand, das ich natürlich meiner frisch angetrauten Frau weiterreichen sollte. Wir erlebten noch eine schöne Feier im Korntaler Gemeindegasthaus und zogen anschließend in das elterliche Haus meiner Frau in Weilimdorf. Ihr Vater lebte leider nicht mehr. Er war Missionskaufmann in Togo gewesen und hatte seine Jugend im Kinderhaus der Basler Mission in Basel verbracht. Sein Vater wirkte als Kaufmann in Ghana, wo er an Schwarzwasserfieber starb und auf dem Friedhof in Akropong begraben liegt.
Obgleich ich im Gehen noch sehr gehemmt war, immatrikulierte ich mich an der Theologischen Fakultät in Tübingen und nahm zwei Semester lang an theologischen Vorlesungen und Seminaren teil. Zwischendurch bat mich Dekan Mörike um Hilfe. Ich predigte öfters, hielt Konfirmandenunterricht und konfirmierte eine Gruppe von etwa 60

Buben und Mädchen. Als ich mit diesem Dienst begann, stand der Mesner mit einem kräftigen Stock an der Tür. Ich fragte ihn, was er damit wolle. Er meinte, er müsse immer für Ordnung sorgen. Zu seinem Erstaunen verlief der Unterricht ruhig; er sagte nachher, das habe er noch nie erlebt.

Ökumenische Impressionen

Eines Tages ging ohne mein Wissen eine Abordnung der Gemeinde zu Prälat Hartenstein und bat ihn, mich freizugeben als Pfarrer für die Oswaldkirche, was er natürlich nicht tat. Obgleich ich hin und wieder in der Gemeinde aushalf, mußte ich mich gegen Ende des Jahres 1949 intensiv meinem Missionsauftrag widmen. 1950 wollte ich an einer Studienkonferenz der englischen CSM in »On the Hayes« in Mittelengland teilnehmen. Hartenstein lehnte erst ab mit der Begründung, es sei für uns Deutsche noch zu früh. Doch als ich aus der Zeitung vernahm, daß Fußballer schon nach England reisten, konnte mich nichts mehr zurückhalten. Die CSM (Christliche Studentenbewegung) war mir wohlbekannt, hatte ich doch schon 1938 an einer Tagung teilgenommen. Zu solchen Treffen kamen Studenten aus aller Welt, aus verschiedenen christlichen Konfessionen und Religionen zusammen, um sich in Gesprächen und Bibelarbeiten mit der christlichen Botschaft auseinanderzusetzen. 1950 konnte ich noch an einer Tagung der CSM in »On the Hayes« teilnehmen. Ein schwarzer Student aus British Guayana war überrascht, als ich mich vorstellte. Er sagte, ich sei der erste Deutsche, dem er begegne. Auf meine Frage, was er denn über die Deutschen wisse, antwortete er, wenn er an Deutschland denke, würden ihm nur die Worte »Krieg« und »Bomben« einfallen. »Und was denkst du über uns?« wollte er von mir wissen. Da ich zögerte, sagte er: »Wahrscheinlich denkst du an Kannibalismus«. Darauf erwiderte ich: »Weil wir so wenig voneinander wissen und so ein verzerrtes Bild voneinander haben, müssen wir uns begegnen und uns besser kennenlernen.« Von da an war ich entschlossen, ökumenische Jugendtagungen vorzubereiten.
In der Zentrale der Basler Mission in Stuttgart bekam ich ein Arbeitszimmer und eine Sekretärin. In Verbindung mit dem Stuttgarter Evangelischen Jugendwerk bereiteten wir eine »Missionsjugendtagung« vor, die wir 1951 in der Karwoche auf der Insel Mainau abhalten konnten. Nahezu 80 männliche und weibliche Teilnehmer im Alter zwischen

18 und 25 Jahren nahmen eine Woche lang teil. Ich hatte Kontakt zu indonesischen Studenten in Holland bekommen, und zu meiner Überraschung stammten fünf aus Java und Sulawesi. Es waren überzeugte Christen, die unter der japanischen Besatzung schwer gelitten hatten, besonders um ihres Glaubens willen. Einer erzählte, wie er seine Bibel in einer Palmkrone versteckt gehalten hatte.

Die Tagung wurde für viele zu einer entscheidenden Anregung. Die Anwesenheit der indonesischen Studenten weckte viele Fragen. Jugendpfarrer Willi Lauk, Sohn des Basler Missionars Lauk, hielt die Bibelarbeit.

Nach der Tagung besuchte ich mit der Gruppe noch eine Reihe Gemeinden, zuerst die Oswaldgemeinde in Weilimdorf. Ulli Kolopita, eine Studentin aus Sulawesi, die spätere Ehefrau des Präsidenten der Vereinigten Kirche von Indonesien, predigte und bewegte die Gemeinde mit ihrer Botschaft.

Es folgten weitere ökumenische Tagungen: zweimal in Königsfeld, zweimal auf der Ebernburg, einmal auf Schloß Assenheim, jeweils mit Gästen aus Madagaskar, Sumatra, Indonesien, von den Cook-Inseln, aus Ghana und Kamerun, aus Natal, Kenia und Trinidad. Anschließend an die Tagungen reiste ich mit den Gästen eine Woche lang in einem Kleinbus zu Gemeinden in Württemberg, Baden, Hessen und der Pfalz.

Unter den Gästen waren Studenten, madegassische und ghanaische Pfarrer, Lehrer und Ärzte, ein bekannter afrikanischer Sänger aus Botswana, der Herausgeber der Bantuzeitung, Dr. Nchlapo, aus Kapstadt und eine singhalesische Sängerin aus Sri Lanka. Die Aufnahme in den Gemeinden war unterschiedlich. Als ich mit einer exzellenten Gruppe in einen pfälzischen Ort kam und beim Pfarrhaus läutete, erschien die Frau des Pfarrers und erschrak, als sie die farbigen, teils pechschwarzen Gesichter sah. Sie führte uns ins Wohnzimmer und verschwand. Ich ging ihr nach und fragte, ob wir uns nicht setzen dürften. Schließlich holten wir Stühle aus verschiedenen Zimmern und setzten uns. Als ich das Klavier sah, bat ich den Ghanaer, etwas zu spielen, und die Singhalesin sang dazu: »The Lord is my Shepherd« (Der Herr ist mein Hirte). Die Pfarrfrau kam wie verwandelt ins Zimmer herein und brachte uns etwas zum Trinken.

Einmal teilte ich die Gruppe für drei Gemeinden auf, so daß in jeder genügend kompetente Redner waren. Als wir uns nachher trafen, sagte mir Pfarrer Dr. Asamoa, seine Gruppe hätte im Pfarrhaus nicht mit der Familie essen dürfen, man habe ihnen das Essen in einem Nebenzimmer

Jugendfreizeit auf der Ebernburg (1952)

Gäste aus den Jungen Kirchen auf einer Missionsfreizeit in Königsfeld (1951)

gegeben, auch habe die Pfarrfrau ihre Töchter in Sicherheit gebracht. Ich fragte Asamoa, wie er mit seinen Leuten denn reagiert hätte. Er meinte, er habe der Pfarrfamilie die richtige Lektion erteilt.
In Hessen besuchten wir viele Gemeinden. In einer Gruppe war eine Direktorin mit ihrer Tochter, die in Ghana ein großes Blindenheim leitete. Einer der Pfarrer befürchtete, daß wahrscheinlich nicht viele Leute kommen würden, da die Gemeinde am Kriegsende unter den schwarzen Soldaten viel gelitten habe. Doch die Überraschung war groß. Der Saal war voll besetzt. Die Leute interessierten sich, mit Christen aus Afrika und Asien ins Gespräch zu kommen. Auch wurden die Gäste ohne Probleme in Familien aufgenommen. Nur einmal gestand mir die Direktorin aus Ghana, sie wäre dankbar, wenn sie nicht zu oft über einem Kuhstall schlafen müßte. Ich sagte dies ihrer Gastgeberin, die lachend antwortete: »Das ist kein Problem. Mein Mann kann woanders schlafen, und die Ghanaerin darf selbstverständlich neben mir schlafen!«

In Limburg hatte der spätere Propst Dieter Trautwein mit mir einen besonderen Missionstag vorbereitet. Ich kam mit einer madegassischen Studentengruppe und ihrem Pfarrer. Unter ihnen waren auch ein Sänger und eine Sängerin, die später bei der Deutschen Welle in Köln für Madagaskar angestellt wurden. Wir wurden im Gottesdienst eingesetzt. Die Gruppe sang madegassische christliche Lieder, und der Pfarrer, ein Adliger aus Antananarivo, predigte sehr eindrücklich. Leiter war Dr. Albert Rivo, ein Chemiker, der bei Professor Brecht an der Technischen Hochschule in Darmstadt promoviert hatte. Der zweite Teil des Gottesdienstes fand außerhalb auf den Stufen des Gotteshauses statt. Hier tanzte und sang die Gruppe in ihrer Heimattracht Lieder über Saat und Ernte. Es sammelte sich eine große Menschenmenge, und die Polizei, die vorher informiert worden war, leitete den Verkehr um.
Viele Erlebnisse dieser Art ließen sich noch erzählen. Eines war sicher: Die ökumenischen Gäste aus der weltweiten Kirche haben viele in ihrem Glauben an Christus bestärkt und zum Nachdenken bewegt. Bis Anfang der sechziger Jahre war ich fast jedes Jahr in zahlreichen Gemeinden mit madegassischen christlichen Studenten unterwegs.
Von 1954 bis 1957 hatte ich Missionar Wilhelm Weikum in Calw zu vertreten, der für einige Jahre nach China gesandt worden war. Selten war ich ohne ökumenische Gäste, wenn ich Gemeinden im Leonberger und Calwer Bezirk besuchte. Einmal war ich mit dem Kirchenpräsidenten der Presbyterianischen Kirche von Ostkamerun, Pfarrer Jean Kotto, und

einigen seiner Landsleute unterwegs. Wir wohnten im Pfarrhaus in Dobel und besuchten von da aus eine Woche lang Gemeinden.
Im Jahr 1955 hatte ich einen besonderen Gast, Dr. Dei Anang, den »Außerordentlichen Minister und Staatssekretär« von Kwame Nkrumah. Er wurde mir durch Asu Mate vom Kolonialamt in London vermittelt. An einem frühen Morgen läutete es plötzlich. Schnell zog ich meinen Morgenrock an und ging zur Haustür. Zu meiner Überraschung stand Dr. Dei Anang mit seiner Frau vor der Tür. Sie waren etwas früher angekommen und hatten uns nicht mehr benachrichtigen können. Ich führte sie in die Stube und sagte, ich würde ihnen einen Tee kochen. »Nein«, widersprach Frau Anang, »zeig mir, wo ich den Tee finde, und ich werde ihn zubereiten. Außerdem kann ich Eier auf viele verschiedene Arten kochen oder backen.« Gesagt, getan! Ich machte mich schnell fertig, ebenso meine Frau, die auch unsere vier kleinen Töchterchen wusch und anzog. Bald saßen wir mit dem afrikanischen Ehepaar fröhlich zusammen. Dei Anang und seine Frau kamen direkt aus Bandung in Indonesien, wo die erste Afro-Asiatische Konferenz stattgefunden und er damals die Goldküste, sein Land, vertreten hatte.
Als ich auf der Leonberger Dekanatskonferenz Anfang 1955 den Missionstag vorbereitete, meinte der Bezirksjugendwart, an solchen Tagen ginge er mit der Jugend auf den Sportplatz; die Bezirksgemeindehelferin wußte nicht, ob sie die Mädchen werde animieren können, denn solche Feste seien meist langweilig. Das brachte mich in Fahrt. Ich sagte dem Jugendwart, er solle mit der Jugend des Dekanats zum Fest kommen. »Wenn ich das tue, dann reicht die Kirche nicht aus«, meinte er. »Macht nichts«, sagte ich, »dann sorgen Sie dafür, daß Lautsprecher nach außen angebracht werden.« Die Gemeindehelferin wies ich an, mit ihrer Jugend etwas vorzubereiten, das die Langeweile vertreiben sollte.
Der Missionstag kam. Die Einladung zum Fest mit dem afrikanischen Ehepaar hatte gewirkt. Die Leute strömten in die große historische Kirche. Viele bekamen nur noch Stehplätze draußen. Als der Gottesdienst begann, ein prächtiges Präludium der Orgel durch die Lautsprecher in die Umgebung hallte und die Lieder aus Herz und Mund die Luft erfüllten, spürten alle, daß dies ein besonderer Festtag, ein Tag des Herrn und seiner Gemeinde, war. Als dann Dr. Dei Anang in seinem golddurchwirkten, prächtigen Kentegewand auf der Kanzel erschien, lag ein erwartungsvolles Schweigen auf der Gemeinde. Er sprach auf englisch, und ich übersetzte ihn. Mit seiner klaren Stimme und seinen tiefen Worten ließ er uns hineinblicken in die Kirche der Goldküste. In überzeugender

Missionstag in Leonberg mit Professor Dei-Anang aus Ghana (1955)

Weise malte er uns vor Augen, was Gott durch seine Boten in mehr als hundert Jahren bewirkt hatte: eine große Gemeinde, die von seinem Wort lebte und durch seine Kraft etwas Neues geschaffen hatte, das weiterwirkte in die Gesellschaft hinein. Auch seine Frau richtete mitreißende Worte an die Zuhörer, besonders an die weibliche Jugend. Anschließend gingen wir ins Gemeindehaus. Herr Dei Anang spielte Klavier, seine Frau sang dazu und animierte die Umstehenden zum Mitsingen. Nach dem Fest meinten einige alte Männer: »So voll ist unsere Kirche seit der Jahrhundertwende nicht mehr gewesen.«

In Weil der Stadt, der Geburtsstadt von Johannes Kepler, wollte ich einen Missionsabend gestalten. Der Pfarrer, ein früherer Superintendent aus der Ostzone, fürchtete, dazu würde seine Gemeinde, wie er sie kenne, kaum kommen. Ich sagte ihm: »Ich bin am Freitag nächste Woche da. Bitte laden Sie am Sonntag dazu ein. Ich werde den Vortrag halten, auch wenn nur zwei Leute dasitzen.« Er gab mir keine Hoffnung. Anschließend eilte ich zu meinem Vetter Otto, der in Weil der Stadt eine Textilfabrik mit vielen Arbeitern hat und teilte ihm die Meinung des Pfarrers mit. Darauf versicherte er mir sofort: »Ich werde alle meine Mitarbeiter animieren, daß sie kommen.« Als ich am folgenden Freitag mit einem Pfarrer aus Madagaskar kam, war die Kirche voll bis auf den letzten Platz. Der Pfarrer traute seinen Augen nicht. Es war ein herrlicher Abend mit einem langen anschließenden Gespräch.

Ich bin heute noch Dr. Albert Schweitzer dankbar. Als ich ihn in seiner Heimat in Günsbach besuchte und ein langes Gespräch über Afrika mit ihm gehabt hatte, sagte er mir:»Wenn Sie später mal Vorträge in Gemeinden halten wollen, dann nehmen Sie die Werbung selber in die Hand, denn auf die Pfarrer können Sie sich nicht immer verlassen.« Ich habe auf meinen Vortragsreisen aber auch viele Pfarrer getroffen, die alles taten, daß die Gemeindeabende nicht nur gut besucht waren, sondern auch inhaltlich die missionarische Aufgabe der Kirche zum Zentrum hatten.

Es gab auch lustige Erlebnisse. Ich war in Altburg angemeldet und sollte dort einen Vortrag halten. Als ich nachmittags mit meinem schwarzen Käfer in den Hof des Pfarrhauses einfuhr und an der Haustür läutete, schaute eine dunkeläugige Pfarrfrau zum Küchenfenster heraus, sagte, sie brauche heute nichts und schloß das Fenster. Ich klingelte wieder, erklärte:»Ich bin Missionar und soll einen Vortrag halten.« Sie erwiderte:»Sie sind nicht der Missionar« und schloß das Fenster. Ich wartete einen Augenblick und läutete nochmals. Als sie, jetzt schon etwas ergrimmt, herausschaute, sagte ich:»Ich bin Missionar Stöckle und habe heute abend in Ihrer Gemeinde einen Vortrag zu halten.« Jetzt ging es ihr auf. Sie entschuldigte sich und nahm mich schließlich herzlich auf. In dieser Gemeinde entwickelte sich ein großes Interesse an der Mission, und ich war noch oft zu Gottesdiensten und Vorträgen dort.

Auf dem Kirchentag 1952 auf dem Killesberg in Stuttgart gab es ein sehr großes Missionszelt. Prälat Hartenstein hatte mich gebeten, möglichst viele ökumenische Gäste aus verschiedenen Ländern zu bringen. Keiner wußte zwar, wie ich zu diesen Gästen kam, aber ich erschien mit etwa zwölf Personen aus Afrika und Asien. Bei der Vorbesprechung mit Prälat Hartenstein und Professor Freytag fragte dieser etwas ängstlich, wer denn die ökumenischen Gäste übersetzen würde. Ich gab zur Antwort:»Ich werde übersetzen, auch dies und jenes eventuell weglassen.« Darauf meinte Freytag:»Sehr gut, ich verstehe!« Prälat Hartenstein hatte einen Gast aus Indien mitgebracht, mit dem er befreundet war, Professor Sanjiva Rao. Ich bot Hartenstein an, daß ich den Professor auch übersetzen werde, worauf er beschwörend sagte:»Nein, Bruder Stöckle, das möchte ich selber machen.« Ich übersetzte also Pfarrer Dr. Asamoa aus Ghana und noch zwei weitere Gäste. Als Prälat Hartenstein anschließend die Ansprache des Inders übersetzte, der ein wenig ins Philosophieren

Evangelischer Kirchentag 1952

geriet, merkte ich, wie er rein physisch Mühe hatte. Als er fertig war, kam er zu mir und sagte: »Ich habe Blut geschwitzt.« Ich wußte, daß er an einer schweren Krankheit litt, an der er leider auch bald darauf im selben Jahr gestorben ist. Auch Professor Freytag verstarb in diesem Jahr – beide im besten Alter.

Die Goldküste schickt Studenten

Als ich bereits im Jahr 1950 die CSM-Konferenz in »On the Hayes« in Mittelengland besucht hatte und mich noch kurze Zeit im Kingsmead College in Selly Oak, Birmingham, aufhielt, traf ich eine prominente Persönlichkeit von der Goldküste. Ich unterhielt mich mit dem elegant gekleideten schwarzen Herrn und erwähnte nebenbei, daß Deutschland sicher auch einen Beitrag zur geistigen Entwicklung seines Landes geben könne, zumal die Basler Mission schon seit 1828 dort tätig sei. Er hörte sich dies an und ging weiter. Zwei Tage später kam er auf mich zu und fragte, ob sein Land Studenten zum Studium zu uns schicken könne. Ich beteuerte: »Selbstverständlich!« Lange hörte ich nichts mehr von ihm. Doch Ende 1951 kam überraschend ein Luftpostbrief aus Accra mit der Nachricht, daß nächstens eine Abordnung der Regierung kommen werde, um über die Aufnahme von Studenten zu sprechen.

Prälat Hartenstein im Gespräch mit Azu Maté

Ich konsultierte sofort die Leitung der Basler Mission, und da es sich um Medizinstudenten handelte, wandten wir uns an das Tropeninstitut in Tübingen. Dr. Samuel Müller, der Direktor, war einverstanden, und so kam es zu einem Treffen mit ihm, einem Vertreter der Basler Mission, Herrn Seibold, den Afrikanern und mir. Dr. Müller zeigte sich bereit und meinte, man könne ein oder zwei Studenten aufnehmen, worauf die Afrikaner enttäuscht vor sich hinschauten. Ich schob Seibold einen Zettel zu mit dem Vermerk, daß wir eine größere Gruppe aufnehmen sollten. Dann meldete ich mich zu Wort: »Nach meiner Erfahrung sind die Afrikaner keine Individualisten, sondern lieben die Gemeinschaft. Wir können zehn oder mehr Studenten aufnehmen.« Die schwarzen Gesichter erhellten sich und mein Vorschlag wurde angenommen. Herr Seibold schlug vor, die Studenten in einem zur Zeit leerstehenden Gebäude im Schwefelbad Sebastiansweiler unterzubringen. Ich sollte ihnen Deutschunterricht erteilen.

Es war im April 1952, als sechzehn Studenten und zwei Studentinnen mit ihrem Verbindungsmann ankamen. Ich hatte Dr. Thierfelder, den Leiter des Instituts für Auslandsbeziehungen in Stuttgart benachrichtigt, der dann auch die jungen Afrikaner empfing und begrüßte. Der Verbindungsmann, Herr Amponsa, erhielt im Institut ein Büro, während die Studenten in Sebastiansweiler untergebracht wurden. Die Basler Mission gab mich frei, und so fing ich an, Deutschunterricht zu erteilen und war für sechs Monate im Dienst der Regierung der Goldküste. Der Unterricht machte viel Spaß, zumal die afrikanischen Gäste nicht nur gut englisch sprachen, sondern auch schon Latein gelernt hatten und also grammatikalisch gut geschult waren, so daß die deutsche Grammatik ihnen nicht allzuviel Mühe machte. Schon nach fünf Monaten konnten die Studenten Gespräche mit Gästen des Schwefelbades führen und ohne Konzept kurze Vorträge in deutscher Sprache halten.
Die Abschlußfeier fand im Schloßgartenhotel in Stuttgart statt. Der Oberbürgermeister Dr. Arnulf Klett, den ich kannte, hatte dazu eingeladen. Dr. Klett, der ein eleganter Redner war, begrüßte die vielen Gäste. Es sprach dann der Verbindungsmann, auch ein Vertreter der Studenten und der englische Konsul. Ich wurde gefragt, wie ich es denn geschafft hätte, daß die Studenten in so kurzer Zeit so fließend deutsch sprachen, worauf ich zur Antwort gab, dies sei deren Begabung und Intelligenz zuzuschreiben.
Während der Zeit in Sebastiansweiler kam der Möbelfabrikant Knoll zu mir und erkundigte sich nach meiner Arbeit. Als ich ihm einiges über die Studenten und ihr Land erzählt hatte, sagte er: »Das Interessante an der ganzen Sache für mich sind Sie.« Er wollte mich als Vertreter für Westafrika, besonders für den Senegal haben. Natürlich lehnte ich ab, hatte ich doch schon nach meiner Rückkehr aus Jamaika ein verlockendes Angebot vom württembergischen Kultusminister als Leiter der Comburg abgelehnt mit der Bemerkung: »Ich bin Missionar und will es bleiben!«

Später lud mich Herr Knoll noch in seine Villa am Bismarckturm in Stuttgart ein, wo Dr. Eugen Gerstenmaier und Professor Helmut Thielicke regelmäßig Gäste waren. In der Villa eines weltberühmten Möbelfabrikanten zu Gast zu sein, war schon etwas Besonderes. Er bat mich schließlich, seinen Sohn nach England zu begleiten zu einem Besuch in seiner Niederlassung. Dies konnte ich über ein Wochenende tun. Er ließ mich in einem schicken Mercedes abholen, der mich zum Zug nach Karlsruhe brachte, wo ich den Junior traf. Wir fuhren von Calais aus über den Kanal und quartierten uns im St. James Hotel in London ein. Bei der Verhandlung mit seiner englischen Niederlassung diente ich als Dolmetscher.

Im Hotel gab es eine interessante Überraschung. Ich hörte, daß sich dort eine Abordnung aus Ostnigerien und Kamerun aufhielt, die sich mit der Ausarbeitung einer Verfassung für Westkamerun befaßte. Ich vernahm auch, daß der Minister Dr. Azikiwe im Hotel sei. Azikiwe war mir wohlbekannt, hatte ich doch in englischen Zeitungen viel über seine Tätigkeit gelesen. Ich ließ mir seine Zimmernummer geben. Er zeigte großes Interesse und rief einige seiner Mitarbeiter herein. Als ich ihnen von der Möglichkeit der Ausbildung nigerianischer Studenten in Deutschland berichtete, waren sie hell begeistert und wollten zu gegebener Zeit die Verbindung aufnehmen. Leider ging die Sache schief. Sie sandten vierzig junge Leute zum Studium nach Ostberlin. Hätte ich gewußt, daß meine Freunde, die mir seit 1938 wohlbekannten späteren Minister Tsi Kangsen und Solomon Muna aus Kamerun, auch dort im Hotel waren, wäre alles anders verlaufen: sie wären nach Westdeutschland gekommen.

Besuch im Elternhaus:
Minister Muna und Schwester Else Bleher

Die Studenten der Goldküste fanden bald Zugang zu verschiedenen Universitäten und machten später ihren Facharzt. Ihre gesamte Ausbildung wurde vom Kakaosyndikat ihrer Heimat finanziert. Zwar hatte das

Kolonialamt in London mich vor dem Beginn des Kursus gewarnt und gesagt, daß das deutsche Medizinstudium an der Goldküste, wo ja noch die Engländer regierten, nicht anerkannt werde. Ich beruhigte aber die Studenten: »Wenn ihr in etwa 5 bis 6 Jahren fertige Ärzte und Fachärzte seid, dann werdet ihr selbst entscheiden, daß ein deutsches Medizinexamen bei euch gleichwertig mit dem englischen ist.« So kam es auch. Kwame Nkrumah wurde 1957 Ministerpräsident und führte das Land zur Unabhängigkeit. Aus der Goldküste wurde Ghana, der erste unabhängige afrikanische Staat, der gleichzeitig Mitglied im Britischen Commonwealth blieb.

Ein Denkmal für die Moskitos

In Zusammenarbeit mit den Evangelischen Jugendwerken in Stuttgart und Karlsruhe konnte ich einige Jugendmissionstage durchführen. Dabei war es wichtig, daß afrikanische und asiatische Christen zu Wort kamen und auch Gespräche führen konnten mit der deutschen Jugend. Besonders beeindruckend waren junge madegassische Studenten. Einer ihrer Pfarrer, der viele Jahre im Gefängnis war, weil er während der französischen Kolonialzeit auf so manche Ungerechtigkeiten hingewiesen hatte, betonte in aller Deutlichkeit, wie sehr es überall darauf ankomme, Licht und Salz zu sein in der Gesellschaft. Ein madegassischer Student erzählte, daß er die Stimme seines verstorbenen Vaters gehört hatte, der ihn vor der Neigung zum Kommunismus warnte, worauf er davon abließ. Das Evangelium von Christus hatte ihm eine großartige Vision gegeben.
Eine chinesische Studentin erzählte, wie schwer es in China geworden war, sich zu Christus zu bekennen. Es sei aber unerläßlich, das Evangelium den Mitmenschen weiterzusagen, so schwierig es auch sein möge. Menschen für Christus zu gewinnen, sei wie Brombeeren aus einer stacheligen Hecke zu pflücken; ohne Kratzer ginge es nicht ab. Für viele dieser christlichen Studenten, die auf diesen Tagungen als Zeugen Christi zu der deutschen Jugend sprachen, begrenzte sich die Nachfolge Jesu nicht auf feierliche Gottesdienste, sondern mußte im Alltag in der Auseinandersetzung mit Nichtchristen gelebt werden.
Ein Student von der ehemaligen Goldküste brachte mich beim Übersetzen seiner Worte in Schwierigkeiten. Er hatte gesagt, daß sie den Moskitos ein großes Denkmal errichten würden, weil sie sein Land von den

Weißen errettet hätten. Doch was er sagen wollte, hatte seine Gründe. Er wußte um das grauenhafte Kapitel der Geschichte, als Unzählige seiner Landsleute von skrupellosen europäischen »Christen« versklavt und wie Vieh verkauft wurden. Als Christen des Abendlandes mußten wir dies verstehen und bedenken, daß es afrikanischen Christen schwerfallen konnte, mit uns Gemeinschaft zu haben. Daß solche Gemeinschaft trotzdem geschieht, beweist, wie die versöhnende Kraft des Glaubens an Christus Afrikaner bewegt, uns die Hand zu reichen. So verstanden, konnte ich das »Moskito-Denkmal« entsprechend interpretieren.
Da auch viele Gäste aus frankophonen Ländern Afrikas und Asiens kamen, wollte ich meine französischen Sprachkenntnisse auffrischen und vertiefen. Die Basler Missionsleitung genehmigte mir einen dreimonatigen Aufenthalt an der *Alliance Française* in Paris im Jahre 1956. Am Ende des Kurses nahm ich am Abschlußexamen teil, das ich wider Erwarten gut bestand. Mit dem *»Diplome de la Langue Française«* konnte ich getrost nach Hause zurück in die Jugend- und Gemeindearbeit.

Schon 1951 hatte ich mich mit dem Verleger des Missionsverlags, Herrn Dr. Horst Quiring, über die Notwendigkeit eines Missionslesebuches

Pfarrer Dr. Asamoah mit Afrikanern und Indonesiern in Kaiserslautern (1952)

für die Schule unterhalten, besonders auch für den Konfirmandenunterricht. Er zeigte sich begeistert, und wir berieten sofort den Inhalt und die Gestaltung des Buches. Meine Idee war, daß die Direktoren aller deutschen Missionen einen entsprechenden Textbeitrag zu einem bestimmten Thema geben sollten. Ich schrieb viele von ihnen an und erhielt gute Vorschläge. Allerdings gab es auch ein paar Texte, die sprachlich und inhaltlich nicht zeitgemäß waren, so daß ich sie entweder zurückschicken oder überarbeiten mußte. Es war eine schöne, aber mühevolle Aufgabe, alle Beiträge sowie das, was ich selber aus verschiedenen größeren Ausführungen über den Wandel der Mission nach dem Zweiten Weltkrieg erarbeiten konnte, dem Gesamtthema »Weltweite Sendung« entsprechend zusammenzustellen. Vor allem mußte gezeigt werden, daß die Einbahnstraße der europäischen Missionen zu Ende gegangen und aufgrund der einheimischen, selbständigen Kirchen in Asien und Afrika eine Zweibahnstraße geworden war. Diese Tatsache sollte ja auch durch meine Arbeit mit den vielen ökumenischen Gästen in Deutschland zum Ausdruck kommen. Das Evangelium begann auf neue Weise aus dem Munde farbiger Christen zu sprechen und lebendig zu werden.

»Ich möchte Papa mal umarmen!«

Margret, meine liebe Frau, hatte es gewiß nicht leicht mit einem Mann, der dauernd unterwegs war und kaum Zeit für die Kinder fand. Vier Jahre nach unserer Hochzeit war ich fünf Monate in Sebastiansweiler bei den Studenten von der Goldküste und später drei Monate fern in Paris. Wir bekamen im Lauf von wenigen Jahren vier Töchter, jedes eine Sonderausgabe. Einmal sagte Magadalene, die älteste: »Wann kommt denn der Papa auch mal ohne Gäste nach Hause? Ich möchte ihn mal richtig umarmen.«
Manchmal wollten die jungen Gäste aus Afrika oder Madagaskar für uns alle kochen, was meine Frau gerne erlaubte. Die Madegassen liebten besonders Tomatensalat zu jeder Menge Reis, doch manchmal konnte man vor lauter Zwiebeln die Tomaten kaum entdecken. Die Afrikaner dagegen versuchten ihre Lieblingsspeise, einen Maisstampf mit einer guten Pfeffersauce, zu kochen, und die Indonesier aus Djakarta und Sulawesi servierten einen schmackhaften Nasigoreng.
Schwierig wurde es einmal, als wir einen indischen Christen und einen Hindu am Tisch hatten. Da erhielt jeder seine Speise in einer besonde-

Margret mit den vier Kindern (vor der Abreise nach Ghana 1958)

ren Schüssel serviert. Eine sehr vornehme indische Christin, Direktorin eines Gymnasiums in Haiderabad, erbat vor dem Essen ein Schälchen mit Wasser, denn sie wollte nicht mit Messer und Gabel essen, sondern mit ihren zarten Fingern, was sie sehr elegant konnte. Einmal hatten wir etwa sechs oder sieben Gäste aus Ghana, führende Leute der Regierung und des Kakaosyndikats. Als sie unsere Töchter eine nach der andern begrüßt hatten, fragten sie, ob wir denn keinen Jungen hätten. Als wir dies verneinen mußten, lachten die schwarzen Herren miteinander und meinten, sie müßten mich einmal aufklären. Doch dies war nicht nötig. Wir waren und sind sehr zufrieden mit unseren vier Töchtern.

GHANA

Einmal Salaga

Immer wieder erhielt der Deutsche Zweig der Basler Mission aus Basel die Antwort, daß die englische Mandatsregierung keine deutschen Missionare mehr wolle, die zur Zeit des Dritten Reiches in Kamerun gewesen seien. Der Afrikasekretär hätte, wie behauptet wurde, wiederholt gefragt, ob deutsche Missionare wieder zugelassen würden. Da dies immer verneint wurde, schrieb ich selber nach Kamerun, natürlich nicht an den englischen Residenten oder an den Präses der Basler Mission, der mit dem englischen Beamten eng befreundet war, sondern an die beiden Minister: an Tsi Kangsen, den Kultusminister, und an Muna, den Premier, der 1940 von mir die Schularbeit in Mbengwi übernommen hatte und mit dem ich in den fünfziger Jahren einige Tage bei uns Gemeinden besucht hatte.

Es wurde klar, daß von afrikanischer Seite unserer Rückkehr nichts im Wege stand. Da aber die Basler Mission bei ihrer Verweigerung blieb, bat ich das Komitee des Deutschen Zweiges in Stuttgart um eine Unterredung. Als ich bemerkte, daß auch der Vorsitzende des Deutschen Zweiges die Briefe aus Kamerun anzweifelte, drohte ich, die Basler Mission zu verlassen und andere Möglichkeiten zu suchen. Dies zeigte Wirkung. Schon 14 Tage später wurde dem Deutschen Zweig mitgeteilt, daß die Basler Mission für mich eine dringende Aufgabe in Ghana habe. Einmal hieß es, ich solle nach Abetifi ans Seminar, ein anderes Mal sollte ich mit Margret und den Kindern nach Gavva in Nordghana gehen. Schließlich wurde von der afrikanischen Kirchenleitung in Accra entschieden, daß ich Missionar Rytz vertreten sollte, der in Heimaturlaub wollte. So wurde ich also für Salaga im heißen Norden bestimmt.

Dieser Entscheidung ging allerdings ein schmerzliches Ereignis voraus. Bei der Untersuchung auf Tropentauglichkeit wurde bei meiner Frau Tuberkulose festgestellt. Der Einsatz in Ghana war plötzlich fraglich. Margret mußte dringend in ein Sanatorium. Sie schrieb aber schweren Herzens an den Afrikasekretär Raaflaub, daß wir unsere Kinder während meines Afrikaaufenthaltes gut bei meinen Geschwistern unterbringen könnten. Sie wollte meiner Ausreise nicht im Wege stehen, daheim wäre

ich ja auch unversorgt. Das fiel meiner Margret sicherlich nicht leicht. Sie meinte in ihrem Brief an Raaflaub sogar: »Ich glaube, Sie würden uns beiden helfen.« Das war eine Entscheidung des Herzens und des Glaubens, die ich dankbar annahm.
Die Kirchenleitung in Accra stimmte zu. Ich packte meine Koffer mit dem Nötigen, außerdem mein gutes altes Feldbett und einen Tropenblechkoffer mit genügend Bettwäsche. Der Abschied von meiner Margret im Sanatorium auf der Charlottenhöhe im Schwarzwald und von den Kindern war gewiß nicht leicht. Magdalene und Heidi kamen zu meiner Schwester Johanna nach Gammertingen, wo ihr Mann Hans Wirth als Pfarrer tätig war. Cornelia kam zuerst nach Botnang zu den Großeltern und dann nach Gießen zu meiner Schwester Berta, wo Siglinde bereits untergebracht war. Berta war mit ihrem Mann, Ernst Engel, viele Jahre im Dienst der Basler Mission in China tätig gewesen. So zerrissen die Familie jetzt auch war, so wurden die Kinder doch alle gut versorgt, obgleich sie immer wieder Heimweh nach ihrer Mutter hatten. Siglinde bat einmal ihre Tante Berta hinauszugehen, sie wolle allein beten. Berta aber lauschte an der Türe und hörte, was Siglinde betete: »Lieber Heiland, mach doch mei Mütterle wieder gsond ond schenk mir en läbendiga Hond!«
Nun konnte ich getrost aufbrechen und frohgemut nach vorne blicken. Am 7. Januar 1958 kamen mein Vater, mein ältester Bruder Christian und Pfarrer Otto Dilger von der Basler Mission zum Flughafen nach Echterdingen. Der Abschied war kurz, aber ich wußte, diese Männer befürworteten meine Ausreise und standen hinter mir. Als das Flugzeug abhob und zum Steilflug ansetzte, war es ein Losreißen, das mein ganzes Wesen zum Vibrieren brachte. Es war mein erster Flug. Als wir uns den schneebedeckten Schweizer Alpen näherten, hatte ich mich wieder beruhigt, und große Freude übermannte mich beim Anblick der Berge, die, von der Sonne bestrahlt, in völliger Klarheit aufleuchteten. Als ich durch die Fenster Aufnahmen machte, kam die Stewardeß zu mir und lud mich ein, ins Cockpit zu kommen, was ich begeistert annahm. Der Pilot steuerte den Flug so, daß wir ziemlich nahe am Matterhorn vorbeiflogen. Ein unvergeßliches Erlebnis.
Bald lag das winterliche Europa hinter uns, wir näherten uns der Küstenregion Nordafrikas und überflogen Algier, die Hauptstadt Algeriens. Der Flug über die Wüste enthüllte einen Riesenhorizont nach allen Seiten, tief unter uns dehnten sich Sanddünen in allen Schattierungen aus. Hin und wieder konnte ich Pisten entdecken, und ich stellte mir vor, wie

schwer und gefährlich es sein mußte, durch die unendliche Wüste den Weg etwa nach dem damaligen Obervolta oder nach Niger zu finden. Von den Beschreibungen her wußte ich, wieviel menschliche gebleichte Skelette die Karawanenpisten säumten, oft von Sklaven stammend, die gedungen wurden, um ihre Herren auf der Pilgerreise nach Mekka zu begleiten oder Dienste bei den Handelskarawanen zu leisten. Zahllose Menschenschicksale!

Bald erreichten wir Ghana. Ich entdeckte die ersten Siedlungen. Anfangs sah alles recht kahl aus, fast ohne Bäume oder Sträucher. Ich fragte mich, wie es möglich war und ist, daß Menschen seit Jahrhunderten in solchen Siedlungen leben konnten. Was für eine Kraft hielt sie zusammen? Wie würde ich Zugang finden zu diesen Menschen? Was konnte ich von ihnen lernen, und würde es eine offene Tür für das Evangelium von Christus geben?

Die Swissair-Maschine setzte planmäßig zur Landung in Accra an. Pfarrer Kwansa holte mich ab und brachte mich ins Gästehaus der Presbyterianischen Kirche. Am nächsten Tag wurde ich von der Kirchenleitung empfangen, die mir auch meinen Auftrag in Salaga darlegte, den ich gerne annahm. Missionar Rytz freute sich, daß ich ihn ablöste. Wir kauften zusammen noch einige Lebensmittel ein und fuhren dann mit einem Pritschenwagen los durch den Urwald, die Monsunwälder hinauf in die Sahelzone und kamen nach langer Fahrt mit braunrotem Staub bedeckt in Salaga an, wo uns seine liebe Frau mit einem erquickenden kühlen Trunk herzlich begrüßte. Nun war ich also in Salaga, meinem neuen Bestimmungsort.

Wieviel Frauen hat ein Christ?

Salaga ist das Zentrum des ehemaligen Gonjareiches und Gonja auch heute noch die Umgangssprache. Der Islam ist in Salaga und im ganzen Gebiet ziemlich verbreitet. In Salaga selbst gibt es eine mittelgroße Moschee. Die Muslime sprechen meistens Hausa und waren bis ins neunzehnte Jahrhundert sicherlich nicht unbeteiligt am Sklavenhandel nach Norden und Süden. Im Zentrum von Salaga stand bei meiner Ankunft noch ein uralter Sklavenbaum, ein Baobab, auch Affenbrotbaum genannt. Hier wurden die Sklaven zum Abtransport gesammelt und gefesselt.

Auf dem Weg zum Markt

Beim Kochen von Maisbrei

Einbringen der gedroschenen Hirse auf einem Bauernhof in Nord-Ghana

Afrikanischer Heiler in Big Babanki

Mbengwi

Bororo-Familie

Vugah II., Mfon von Big Babanki (mit einigen seiner Kinder)

Junge Bororo-Frau

Bezirksleiterin der christlichen Frauen

Hirten-Mädchen der Bororo

Ein Blumenstrauß für Margret

Schülerinnen nach dem Gottesdienst

Auf dem Weg ins Krankenhaus

Der Mfon von Andek trommelt eine Nachricht dem Häuptling im Nachbardorf

Mädchen schwer beladen auf dem Weg zum Markt

Dorf im Urwald: Die Hütten unter den Öl- und Kokospalmen sind mit Palmblättern gedeckt

Pfarrfrau

Dschato Häuptling und zugleich Fetischpriester

Pfarrer-Ehepaar in Tamale (Nord-Ghana)

Dörfer im Grasland Ghanas

Geschnitzte Türrahmen mit Ahnenfiguren

Eingang zum Häuptlingspalast, dem Ahnenhaus in Big Babanki

Frisch geweihter Mfon (Dorfoberhaupt) mit seinem Ratgeber

Töpferin ▶

◀ *Der Markt kann beginnen: Knollenfrüchte, Melonen, Bohnen, Mais und andere Produkte*

Mütter graben das Fundament für die Kirche in Bonanyang ▼

Gottesdienst in Big Babanki und in Kumbo

Eine multikulturelle Gesellschaft: Margret mit Siglinde und Cornelia inmitten der einheimischen Jugend

Besuch bei den Bororo

Hornbläser beim Lelafest, dem jährlich begangenen Versöhnungsfest in Bali

Margret mit Sonntagsschülern

Mutter mit ihren Kindern im Santa-Gebiet

Hirtenfrauen auf den Bergen bei Acha-Tugi

Sprecher des Oberhäuptlings der Bali-Nyonga mit dem Sprecherstab

Margret und Cornelia bei den Bororo

Rundhütte vor einem Affenbrotbaum (Baobab) mit Früchten

Christliche Frauengruppe im Grasland

Unweit dieses fatal geschichtsträchtigen Baumes hatte Otto Rytz eine Kapelle mit etwa 60 Sitzplätzen gebaut. Am Sonntag nach meiner Ankunft stellte mich Rytz der Gemeinde und ihrem Evangelisten vor, ebenso dem deutschen Arzt, Dr. Symank, der mit seiner Ziehharmonika die Lieder begleitete. Ich war überrascht, daß nur etwa fünfzehn Gemeindeglieder am Gottesdienst teilnahmen und fragte, warum so wenige kämen. Rytz sagte, viele Männer hätten eine zweite Frau genommen und würden sich deshalb fernhalten, da sie ja auch zum Abendmahl nicht mehr zugelassen würden. Also wieder das alte soziale Problem der Vielehe.
Als Otto Rytz in Urlaub gefahren war, fragte ich den Evangelisten, ob er die Christen alle kenne, die eine zweite Frau geheiratet hätten? Er sagte, er kenne alle. Ich forderte ihn auf, zusammen mit mir in den folgenden Tagen alle christlichen Polygamisten zu besuchen. Wenn sich einer nach der alten anerkannten Sitte für eine zweite Frau entschieden hatte, ist dies noch lange kein Grund, Gottes Wort nicht mehr zu hören. Auch war es nicht meine Aufgabe, in gesetzlicher Weise mit dem Finger auf sie zu zeigen. Die Besuche waren sehr interessant und herzlich. Wir besuchten alle, und ich habe keinem einen Vorwurf gemacht, sondern sie mit ihrer ganzen Familie zum Gottesdienst eingeladen. Und sie kamen! Die Bänke reichten nicht mehr, neue mußten gezimmert werden.
Jeden Sonntag predigte ich in der Kapelle. Der Evangelist Addai übersetzte mich in die Hausasprache. Mitten im Predigen wurde ich öfters von einer Frau unterbrochen, die einen meiner Predigtsätze singend wiederholte und die Gemeinde mit einem dazu passenden Chorus einfallen ließ.
Bald kamen auch Muslime in ihren weißen Gewändern und umringten die Kirche; oft waren es bis zu fünfundzwanzig, die zuhören wollten. Ich bin gesandt worden, das Evangelium zu verkündigen und nicht das Gesetz. Dem Geist Gottes mußte ich zutrauen, daß er verändernd in das Leben der Glaubenden hineinwirkt. Mit menschlichem Eifer konnte ich dies nicht forcieren.
Vor seiner Heimreise wollte Otto Rytz mich noch durch die meisten der sehr weit verstreuten Gemeinden führen. Wir packten unsere Feldbetten, Kochkisten und Fahrräder auf den Pritschenwagen und fuhren zur Fähre, die uns über den Voltastrom nach Yeji brachte. Dort parkten wir bei einem Gemeindeglied unseren Wagen und fuhren auf unseren schwerbeladenen Fahrrädern auf schmalen, steinigen Pisten in eine Gemeinde am Strom. Wir waren schon eine Stunde bei großer Hitze

unterwegs, fuhren durch eine kahle Gegend mit abgebranntem Gras und stacheligen, verrußten Sträuchern – allein auf der Strecke. Kaum ein Afrikaner ist in der Mittagshitze unterwegs. Doch wir Europäer meinen, es zu können. Als wir ankamen, war Otto Rytz am Ende und konnte sich kaum in der Hütte einrichten. Obwohl ich erst aus der Winterkälte gekommen war, hielt ich durch. Gott sei Dank!
Überall, wo wir hinkamen, erwartete uns auch der Evangelist des Bezirkes. Insgesamt waren es drei Bezirke mit etwa 50 Dörfern. Viele Dörfer waren mit dem Auto oder auch zu Fuß zu erreichen, andere aber lagen am Voltastrom und konnten nur mit einem Kanu aufgesucht werden.

Brot mit Ameisen

Als Otto Rytz mit seiner Familie in den Heimaturlaub abgereist war, fühlte ich mich einsam in dem großen Bungalow. Zum Glück war der Koch von Frau Rytz bereit, bei mir zu bleiben. Rytz hatte Anfang der fünfziger Jahre den Bungalow mitten in den Busch hinein gebaut, etwa einen Kilometer vom Städtchen Salaga entfernt. Das Haus hatte eine breite Veranda, auf der ein großer Eßtisch stand, ein Wohnzimmer, ein Schlafzimmer, Büro und ein Gästezimmer. Die Wände waren aus porösen Vulkansteinen und nicht verputzt und die Fenster in allen Räumen ohne Glas. Es gab nur Läden. Rytz hatte mir noch gesagt: »Du mußt nie die Fenster schließen und brauchst keine Angst zu haben.«
Das probierte ich auch aus. Doch schon nach wenigen Nächten wurde es lebhaft. Draußen vor dem Schlafzimmer stand ein weitausladender Akazienbaum. Am Abend zogen sich etwa zwanzig Perlhühner auf die Äste zurück, kicherten noch eine Weile und dösten in die Nacht hinein, wurden aber am frühen Morgen wieder munter mit glucksendem Geräusch, flatterten dann herunter und marschierten in langer Reihe hintereinander in den Busch. Auf einem Ast saß eine prächtige Zwergohreule mit gesprenkeltem Gefieder und durchdringenden Augen. Fast lautlos flog sie dann und wann ins Schlafzimmer und schnappte sich eine naschende Maus. Ich bedankte mich bei ihr.
Aber einmal wurde es ungemütlich. Ich war schon eingeschlafen, als plötzlich ein Schuß die Nacht durchdrang. Ich schreckte auf, kümmerte mich aber nicht darum und schlief bald wieder ein. In der nächsten Nacht fiel wieder ein Schuß, diesmal dicht neben meinem Schlafzimmer.

Ich rannte hinaus und traf auf einen Jäger mit einer Scheinwerferlampe auf der Stirn. Empört fragte ich ihn, was er so tief in der Nacht da mache. Er erwiderte völlig gelassen: »Ich jage Kaninchen.« Das konnte ich verstehen, bat ihn aber, dies nicht mehr vor meinem Fenster zu tun.
Ich hatte bald genug von dem offenen Schlafraum, vor allem auch, weil mir eines Morgens auf dem Weg zum Duschraum eine schlanke Mamba in ihrem olivgrünen Schuppenkleid begegnete. Das war zwar ein wunderschöner Anblick, aber im Schlafzimmer ist sie mir nicht gerade willkommen. Besondere Not bereiteten die gefräßigen Termiten. Sie nagten ständig an den hölzernen Fensterrahmen, obgleich diese mit Petroleum bestrichen waren. Die Füße meines Bettes standen in Blechdosen, die auch mit Erdöl gefüllt waren; doch winzige, sehr bissige Ameisen fanden trotzdem ihren Weg zu meinem Kopfkissen und plagten mich fürchterlich. Ich entdeckte, daß sie über die Schnur des Moskitonetzes, das an der Wand befestigt war, ihren Weg fanden. Also mußte ich diese Schnur mit einem Gift bestreichen. Das wirkte. Von da an hatte ich Ruhe und konnte ungestört schlafen, bis morgens etwa um halb sechs die Wildtauben ein ununterbrochenes Gurren und Girren und Turteln begannen. Offenbar war ich gerade in die Paarungszeit hineingeraten. Nur selten begegnete ich Schimpansen. Nachts konnte ich gelegentlich auch das kreischende Hohngelächter von Fleckenhyänen hören.

Mein Koch war ein Mullah und hieß Mamman. Er war freundlich und sehr korrekt. Er sprach Hausa, das ich zum Glück im Internierungslager einigermaßen gelernt hatte. Morgens gab es Kaffee, Brot und Marmelade. Das Brot hatte er immer im Kühlschrank aufbewahrt, der leider nicht ganz dicht schloß. So fanden jede Nacht dieselben winzigen Ameisen ihren Weg zum Brot. Wenn Mamman das Brot herausnahm, legte er es erst eine halbe Stunde in die Sonne, bis die Ameisen verschwunden waren. Dann bekam ich mein Frühstück.
Otto Rytz und seine Frau hatten einen schönen Gemüsegarten angelegt, in dem es Salat, Blumenkohl, Weißkraut und allerlei Küchenkräuter gab. Da es kaum regnete, mußten wir in der Nähe des Städtchens aus einem Teich Wasser holen. So fuhren wir öfters mit Blechtonnen hin, um Wasser zu schöpfen. Aber wir waren nicht allein. Es kamen viele Leute. Sogar Kühe und Kälber standen regelmäßig dort, um ihren Durst zu löschen. Eines Tages war der Teich leer und der Regen blieb immer noch aus. Mein Koch fragte mich, was wir jetzt machen sollten. Ich sagte ihm: »Jetzt wird eben das Gemüse halbgewachsen gegessen.«

In Tamale, einer Stadt mit etwa 65 000 Einwohnern in der nördlichen Region, konnte ich gelegentlich einige Dosen Fleisch und andere wichtige Lebensmittel einkaufen. An Trinkwasser fehlte es zum Glück nicht. Rytz hatte die ganze breite Veranda zum Wassertank ausgebaut, der sich in der Regenzeit füllte. Ein voller Tank reichte für zwei Jahre. Während der Dürreperiode kamen in dieser außerordentlichen Trockenzeit fast täglich halbnackte Buben und Mädchen, hielten die Hand vor den Mund und baten so um Wasser. Natürlich durften sie alle ihren Durst stillen.

Dschato Konkomba

Als Missionar Rytz noch da war, kam ein blinder junger Mann namens Badziba, geführt von seiner Braut, wiederholt auf unsere Station und bat mich, nach Grubi zu kommen, um seinem Vater und dem ganzen Dorf das Evangelium von Jesus Christus zu bringen. Sein Vater, Dschato Konkomba, war ein gefürchteter Fetischpriester und Großhäuptling in einer Person. Wir teilten dem jungen Mann schließlich mit, er solle uns bei seinem Vater anmelden, wir kämen an einem bestimmten Tag. So fuhren wir eines Morgens los, zunächst nach Sabongida, wo der Evangelist wohnte, den wir als Dolmetscher mitnahmen. Dann ging es weiter nach Grubi. Badziba war durch eine amerikanische Mission zum Glauben gekommen und hatte den einen großen Wunsch, daß auch sein Vater den Weg zu Christus finden möge. Nachdem Badziba das Abitur bestanden hatte und als Medizinstudent für Deutschland bestimmt war, erblindete er zunehmend. Schließlich erhielten er und seine zukünftige Frau ein Stipendium für die Blindenschule in Akropong. Für seinen Vater betete er viel. Wir hatten uns in der Stille gut vorbereitet für die Begegnung mit dem Dschato und seinem Volk. Als wir ankamen, begrüßten wir zuerst den Häuptling, der uns bereitwillig aufnahm. Nach und nach versammelte sich das ganze große Dorf auf dem Marktplatz vor dem Palast. Vor uns stand der gefürchtete Dschato. In einem großen Kreis versammelten sich Kinder und Frauen, und in den hintersten Reihen standen wehrhafte Männer mit aufgepflanzten Speeren und Gewehren. Die Lage sah ziemlich bedrohlich aus. Als Bote Christi wußte ich, daß ich nie etwas ausrichten konnte, so packend und anschaulich meine Worte auch sein mochten, ohne Jesus Christus selbst. »Er gibt den Worten Kraft und Nachdruck ohn' Verdruß«, heißt es in einem Licd.

Otto Rytz bat mich, zu sprechen. Ich erzählte von Jesus, den Gott gesandt hatte, um alle zu suchen, die den Weg verloren und sich verirrt hatten, daß er vielen Menschen zu einem neuen, sinnvollen Leben verhalf und wie Jesus einem Mann namens Zachäus begegnete, den alle Leute fürchteten. Zachäus saß im Geäst eines Maulbeerbaumes, damit er Jesus gut sehen konnte, aber zugleich der Menschenmenge entrückt war. Jesus hatte ihn gleich entdeckt, rief ihn herunter und sagte ihm, daß er heute noch bei ihm zu Hause einkehren möchte. Die Leute, die Jesus umgaben und ihm folgten, waren entsetzt und konnten es nicht begreifen, daß er bei diesem gefürchteten und verachteten Gauner einkehren wollte. Zachäus nahm ihn auf. Doch als Jesus bei ihm eingekehrt war, wurde es jenem unheimlich. Er spürte: Vor diesem Jesus kann ich nichts verbergen. Und er bekannte Jesus seine Untaten und versprach, daß er alles wieder gutmachen wolle; niemand solle mehr unter ihm leiden.

Als ich mitten in meiner Ansprache war, gab der Dschato einigen jungen Männern, die schon Christen waren, den Weg frei in die Palasträume, um alle Fetischgegenstände und Zaubermittel herauszuholen. Die Brüder des Dschato wollten sich noch einige magische Dinge schnappen, aber er riß sie ihnen aus der Hand und warf sie auf den Haufen direkt vor meinen Füßen. Der Dschato hatte selber sogar Zaubergegenstände herausgetragen. Als nun alle diese Dinge, die dem Fetischpriester doch wertvoll waren, vor mir lagen, fragte ich ihn: »Willst du Jesus in deinen Palast aufnehmen, wie einst Zachäus ihn aufnahm und große Freude erlebte?«

In dem Augenblick verschwand der Neffe des Dschato blitzschnell in den Palast und brachte das Wertvollste: den Fruchtbarkeitszauber, zwei Schildkrötenpanzer, aus denen Büffelhörner, Stachelschweinborsten und viele andere »machtgeladene« Dinge herausschauten. Jetzt aber kam Unruhe auf. Die Augen des Dschato blitzten wutentbrannt. Er riß dem Neffen den Zauber weg und trug ihn wieder hinein. Der Neffe holte ihn wieder heraus. Der Dschato trug ihn wieder hinein. Der Tumult steigerte sich. Die jungen Männer bestürmten mich und fragten: »Kannst du denn nicht verstehen, daß von diesem Fruchtbarkeitszauber das ganze Wohl unseres Stammes abhängt? Wie sollen wir denn Nachkommen haben ohne diesen Zauber? Wohin sollen Frauen gehen und Hilfe finden, wenn sie jahrelang vergeblich auf Kinder, auf Söhne warten?«

Ich fragte die jungen Männer: »Habe ich mit einem Wort euren Häuptling aufgefordert, diese Dinge herauszugeben? Wenn aber Gottes Geist den Dschato dazu bewegt, kann ich es dann hindern?«

Auf die Bitte seines Sohnes zogen wir uns einen Augenblick zurück unter

einen der großen Schattenbäume, sahen dem harten Kampf von der Ferne zu und beteten, daß Jesus Christus alles zum besten lenken möge. Nach etwa 15 bis 20 Minuten wurden wir gerufen. Der Fetischpriester schaute uns an und deutete auf den Fruchtbarkeitsfetisch, der nun auf dem Haufen der Zaubermittel lag. Das Geschrei, die Empörung seiner Brüder und des ganzen Volkes war verstummt. Es war eine unheimliche Stille eingetreten. Wir dankten Gott und übergaben den Fetischpriester und Oberhäuptling Jesus Christus.
Plötzlich ging ein Erschrecken durch alle Anwesenden hindurch. Der Neffe des Dschato kam mit einer Flasche Benzin. Einer meinte, ich könne doch ein paar Dinge mitnehmen und in meiner Heimat zeigen, was ich mit Empörung ablehnte. Ehe aber alles angezündet wurde, sprachen wir noch ein Gebet. Der Dschato schloß mit seinen Frauen einen Kreis um die Gegenstände. Auch einige seiner Kinder standen dabei. Sein Neffe sprach ebenfalls noch ein inbrünstiges Gebet, dann goß er das Benzin über den Zauber. Im Nu loderten die Flammen hell auf. In diesem Augenblick stürmten die bewaffneten Männer und das ganze Volk entsetzt davon. Sie hatten Angst, daß jetzt die Rache der Geister losbrechen würde.
Unter den Hallelujarufen der paar Christen und unter dem Schrecken des Volkes versank die jahrzehntelange Macht des Priesters in Asche. Gleichzeitig zerschmolz auch sein Ansehen vor dem Volk. Als noch einige Gegenstände glühten und schwelten, wandte sich der Häuptling zu mir und sagte: »Du warst mir ein Fremder. Gestern sah ich dich zum ersten Mal; aber nun bist du mein Bruder! Gott hat mir meine Sünden vergeben!«
Später durfte ich in der kleinen aus Lehm gebauten Rundkirche 25 junge Männer und Frauen taufen im Beisein des Oberhäuptlings, der ja nun auch zur Gemeinde gehörte. Nach der Taufe kamen die prächtigen jungen Männer auf mich zu und fragten zu meinem Erstaunen: »What are the rules?« (Welche Regeln gelten für uns jetzt?) Nun, das war die Aufgabe des Evangelisten, sie weiter einzuüben in den christlichen Glauben. Früher hatten sie viele Tabus beachten und einhalten müssen, wie man sich gegenüber den Ahnen, den lebenden Toten, verhielt. Nun waren sie frei vom Zauber, frei von der Macht des Fetischpriesters, frei von den Forderungen der Geister und Ahnen.

Dorf-Evangelisation

Eines Tages fuhr ich nach Sabongida, der Station eines der drei Evangelisten. Ich wollte mich zuerst in dem großen Dorf umsehen und vor allem den Häuptling und Fetischpriester besuchen. Der Häuptling gab mir die Erlaubnis, am Abend, wenn alle Leute von ihren Äckern nach Hause gekommen waren und gegessen hatten, das Wort Gottes zu verkündigen. Als ich auch noch zu dem Fetischpriester gehen wollte, meinte der Evangelist, das habe doch keinen Sinn, der sei sowieso gegen die Gemeinde Jesu. Ich erwiderte: »Gerade deshalb möchte ich ihn sprechen und ihn einladen.« Wir gingen also zu ihm und grüßten ihn. Als ich ihn einlud, sagte er: »Ich komme!« Er war eine sehr markante, drahtige Gestalt.

Nach und nach kommen Männer und Frauen von ihren Yamsfeldern heim. Die Kinder bringen noch etwas trockenes Feuerholz mit nach Hause. Zunächst wird Wasser gekocht, damit sich der Herr der Familie in einem mit Matten umhüllten Baderaum gründlich waschen kann. Während die Frau, müde von der Arbeit und Hitze des Tages, das Essen zubereitet, Mais oder Yam stampft und kocht, setzt sich der Ehemann erfrischt und in sauberem Gewand vor den Hütteneingang und wartet darauf, daß er zuerst sein Essen bekommt, dann die Buben, danach erst die Mutter mit den Töchtern. So sah ich es überall.

So war es auch an jenem Abend. Im Mörser wurde gestampft und auf drei Steinen gekocht. Als alle soweit fertig waren, kamen sie nacheinander und versammelten sich auf dem großen Dorfplatz, auf dem inzwischen einige junge Männer ein großes Feuer entfacht hatten. Manche Mütter hatten ihr Baby auf den Rücken gebunden, oder eines der Kinder hatte das jüngere Geschwisterchen auf dem Rücken. Da waren sie sicher. Zu Hause konnte man kein Kind lassen, schon wegen des offenen Feuers nicht.

Es war jetzt finstere Nacht. Der Schein des ruhig flackernden Feuers erhellte die Gesichter in den vorderen Reihen etwas. Mittendrin saß der Häuptling auf einem Büffelfell mit seinen Frauen und seinem Stab. Alle waren bereit zum Hören. Der Evangelist machte den Anfang. Er stellte mich auch der großen Menge vor. Ich sprach dann von Jesus, der gekommen ist, um uns von aller Angst zu befreien, der alle Menschen zur Umkehr und zum Glauben an Gott aufgerufen und die frohe Botschaft verkündigt hat, daß Gottes Herrschaft ganz nahe ist, nahe in ihm selber, und daß alle anderen Mächte ihm untertan werden.

Da kam eine Stimme aus der Nacht: »Wenn unsere Jugend auf deinen Christus hört und ihm folgt, muß sie sterben!« Ich fragte: »Wieso? Woher weißt du das?« Die Stimme meinte, weil sie dann keine Blätter und Kräuter mehr sammeln dürften. Ich erwiderte: »Wer hat dir denn diesen Unsinn erzählt? Hör mal zu! Meine Mutter kannte sich in den Heilkräutern sehr gut aus. Wenn wir als Kinder krank wurden, ging sie auf die Wiesen und in den Wald und sammelte Kräuter und bereitete uns Tee und Saft zu, die uns Heilung brachten. Und sie half auch den Nachbarn. Das dürft ihr doch auch. Wenn natürlich der Fetischpriester die falschen oder gar giftige Kräuter mischt und jemand dann erst recht krank wird oder stirbt, dann ist dies eine teuflische Sache.« Während ich so redete, gab mir der Evangelist einen Rippenstoß und warnte: »Paß auf, das ist doch der Fetischpriester!« »Das macht nichts«, sagte ich.

Termitenhügel

Als wir später noch im Hof des Evangelisten saßen, kam der Sprecher des Fetischpriesters und sagte mit kräftiger Stimme: »Ich will auf diesen Jesus hören und ihm folgen, ich und meine Frauen und meine zehn Kinder.« Das war eine freudige Überraschung! Wir beteten mit ihm und dankten Gott und luden ihn zur Morgenandacht um halb sechs ein. Und tatsächlich, er kam und meinte es ernst.

Der Evangelist hatte mir in einem kleinen Raum ein Bett zurechtgemacht. Natürlich gab es keine Bettvorlage. Es war ja ein guter Lehmboden. Ich konnte gut schlafen, aber als ich früh zur Andacht aufstehen wollte, hatten die Termiten über Nacht einen Hügel von etwa 30 cm vor meinem Bett aufgetürmt. Ich fand das lustig, machte mich fertig und ging mit meiner Buschlampe zur Andacht in den Hof, wo bereits etwa 15 Leute saßen und der Sprecher des Fetischpriesters mit seiner Familie. Es ist doch wunderbar, wie Gottes Geist am Werk ist, auch wenn wir gebrechliche, oft genug auch kränkliche Boten sind.

Am hellen Tag sah ich mich noch etwas um. Eigentlich bekam ich ein schlechtes Gewissen. Ich fragte mich, warum ich in einem schönen Bungalow mit betoniertem Boden und Wassertank wohnen soll und der Evangelist in einem Haus, in dem die Termiten überall hausen. Als ich nach Wochen wiederkam, brachte ich zwei Sack Zement und etliche Obstbäume mit. Wir riefen einige Männer, die uns halfen, die Löcher für die Bäume zu graben. Da der Fetischpriester auch gerade da war, gab ich ihm einen Spaten, damit auch er mithelfen konnte, was er gerne tat. Der Zementboden wurde hergestellt und hielt den Termiten stand. Auch fabrizierten wir aus Wellblech eine Dachrinne und einen Tank. Jetzt durfte es nur noch regnen.

»Bringt dein Christus Frieden?«

Ich besuchte mit dem Evangelisten ein anderes Dorf in seinem Bezirk. Hier gingen wir ähnlich vor wie in Sabongida. Wieder versammelte sich das ganze Dorf um ein offenes Feuer. Ich sprach davon, wie das Evangelium zu uns nach Europa und in mein Land kam. Vorher hatten wir keine Ahnung von Gott. Wir hätten allerlei Göttern und Göttinnen gedient und uns vor bösen Mächten und Geistern gefürchtet. Aber dann wurde uns die Botschaft von Jesus Christus gebracht, und viele fingen an, ihren Göttern abzusagen und glaubten an Christus, den Gott gesandt hatte. »Ich bin nicht zu euch gekommen, weil ich alles besser weiß, nein, sondern weil dieser Jesus Christus mich zu euch gesandt hat, denn sein Evangelium von dem einen Gott, dem alle Mächte untertan sind, sogar der Tod, ist für alle Menschen, auch für euch, die ausgestreckte Hand Gottes.«

Als ich ausgeredet hatte, meldete sich der Häuptling und bedeutete: »Du kannst wiederkommen. Wir wollen jetzt nachdenken und darüber schlafen.« Ich erwiderte: »Das ist gut, daß ihr darüber schlafen und euch Zeit zum Nachdenken nehmen wollt. Aber vielleicht sagst du mir, was dich besonders bewegt.« Darauf erklärte er: »Weißt du, wir wissen jetzt noch nicht, ob dein Christus uns Friede bringt oder Streit. Das müssen wir bedenken. Vor einiger Zeit kam ein Inder zu uns, der uns einen mächtigen Fetisch anbot, der jede Krankheit heile und sogar gegen den Tod mächtig sei. Wir glaubten ihm, verkauften alle unsere Kühe und sammelten noch viel Geld dafür. Der Inder brachte den Fetisch, nahm das Geld und verschwand. Seither haben wir Streit und Unruhe in unserem Dorf. Der Fetisch rührt sich nicht, was immer wir ihm auch opfern.« »Jetzt verstehe ich, warum ihr euch Zeit zum Nachdenken nehmen und darüber schlafen wollt. Es ist auch gut, wenn ihr nicht übereilig seid. Dann darf ich also wiederkommen?« »Du darfst!« Ich stieg ins Auto und fuhr nach Hause. Die Perlhühner saßen schon alle auf dem Akazienbaum und gluckerten noch ein bißchen. Ich setzte mich noch in mein Büro, meditierte eine Weile über das Geschehene und legte mich zur Ruhe.

Herr über den Regen

Die Trockenheit hielt an. Die Bauern klagten. Die Muslime zündeten ein Stück Busch an und schrieen zu Allah: »Allahu Akbar! Siehst du denn nicht, wie dürr der Busch und wie kümmerlich das Gemüse auf unseren Feldern ist? Wir hungern. Bitte, schick uns Regen!« Die Kühe des Metzgers, des reichen Mannes, drangen in die Felder, sogar in meinen Garten ein und suchten nach Blättern. Die Menschen wurden immer hagerer und matter. Die Hunde streunten klapperdürr durch die Gegend, und die Kühe stellten alle Knochen heraus, manche verendeten sogar.
An einem Morgen kamen zwei Kirchenälteste von der Gemeinde in Kalandi und fragten mich, was sie tun sollen. Der Fetischpriester habe sie aufgefordert, am nächsten Tag Hühner zu bringen. Er wolle durch ein gemeinschaftliches Opfer die Geister besänftigen und um Regen bitten. Alle müßten mitmachen. Wer kein Huhn habe, hätte einen Schilling zu bezahlen. »Was meinst du dazu?« Ich entgegnete: »Als Christen wenden wir uns an Gott den Schöpfer, dem Wind und Wetter gehorchen. Ihr müßt aber selber entscheiden.« Dann gingen sie in ihr Dorf zurück, versammelten sich mit der ganzen Gemeinde in der Kirche und beteten die ganze Nacht. Und Gott erhörte das Flehen der Christen. Noch ehe die Nacht vorüber war, regnete es in Strömen, und zwar nur im weiten Umkreis von Kalandi. Die Christen erlebten zum ersten Mal das Eingreifen Gottes. Der Fetischpriester war überrascht, auch der Häuptling kam aus der Verwunderung nicht so schnell heraus.

Erntedank für die Ahnen?

Ein Gemeindeglied ist mit der Tochter eines traditionellen Priesters verheiratet. Das junge Ehepaar, also auch der christliche Partner, darf im Haus des Priesters aus- und eingehen. Die Ehefrau ist aber noch nicht getauft, und es ist auch nicht sicher, ob sie Christin werden möchte. Beide besuchen die Kirche. Die kritische Frage für die Frau ist aber, ob sie in dem traditionellen Kulturkreis mit seinen bestimmten Festen und Ordnungen bleiben kann oder ob es zu einem Bruch kommen und was dieser Bruch für Folgen haben wird. Eines Tages, es war nahe der Erntezeit, erhielt sie von ihrem Vater, dem Priester, einen Brief. Mit innerer Bewegung und Angst las sie, was ihm Sorge bereitete: »Wenn du von der neuen Yamsernte nimmst und eine Mahlzeit bereitest und davon ißt, ehe wir unseren Ahnen und Gott gedankt haben, darfst du mein Haus nicht mehr betreten.« Das traditionelle Erntedankfest ist heilig. Wenn Menschen zuerst an sich denken, ohne Gott und in diesem Fall den Ahnen gedankt zu haben, dann kann sich dies auf die nächste Ernte negativ auswirken. Hier haben die Christen und die christlichen Gemeinden, besonders in den Agrargebieten, eine großartige Gelegenheit, innerhalb ihrer alten Kultur auf den einen Geber aller Gaben hinzuweisen. Schon dem Volk Israel ließ Gott durch seinen Diener sagen: »Das Beste von den Erstlingen deines Feldes sollst du in das Haus des Herrn, deines Gottes, bringen.« Die Frage war aber, ob es für Christen weiterhin nötig ist, den Ahnen dafür ein Dankopfer zu bringen. Die christliche Botschaft befreit uns alle eindeutig davon und lenkt unseren Dank ungeteilt auf den einen Gott, den Schöpfer und Geber aller Gaben, hin.

Taufprobleme

Der Evangelist von Sabongida hatte über ein Jahr hin etwa zehn Taufbewerber vorbereitet. Nun sollte ich kommen und sie taufen. Es waren zugewanderte Konkomba, große, stattliche und stolze Menschen. Ein Sippenvater namens Gbindo hatte alle nichtchristlichen Bindungen abgebrochen und war bereit, sich mit seiner ganzen großen Familie taufen zu lassen. Sie wollten Christus angehören, den Gott allen Menschen zum Heil gesandt hatte. Es war eine sehr schöne Feier inmitten einer großen Gemeinde. Als ich seine Söhne getauft hatte, fragte Gbindo, der zwei Frauen hatte: »Was ist mit mir? Werde ich nicht getauft?« Der Evan-

gelist beruhigte ihn und sagte ihm, er käme auf alle Fälle später dran. Innerlich ergrimmte ich: So lieblos kann es nicht weitergehen. Warum kann ein Polygamist, der alle heidnischen Bindungen abgebrochen hat und in die christliche Gemeinde aufgenommen werden möchte und auch unterrichtet worden ist, nicht getauft werden? Soll er um der Taufe willen etwa eine der beiden Frauen, die er nach geltendem Recht geheiratet hatte, auf die Straße schicken? Setzt die christliche Taufe solch fragwürdige Bedingungen voraus? Schon der Stationsmissionar Rytz hatte deswegen ein theologisches Memorandum verfaßt und der Kirchenleitung geschickt. Doch darauf gab es kein Echo. Dies veranlaßte mich, meinerseits in einem gründlichen theologischen Memorandum darzulegen, wie verkehrt, widerbiblisch und lieblos eine solche Forderung sei. Ich erhielt eine ausgiebige Antwort, die so lautete: »Sie haben recht, aber weil wir mit anderen Kirchen ökumenische Gespräche führen, müssen wir uns an diese Ordnung halten, die auch in den anderen Kirchen unverbrüchlich gilt. Die Polygamisten aber sind bei uns willkommen und wir schätzen sie als *adherents,* als Anhänger.«
Doch das ist nicht die Lösung. Ein Polygamist, der aller nichtchristlichen religiösen Praxis abgesagt hat, die ihm Sicherheit und Schutz gegeben hatte, bedarf einer neuen Bindung – eben der Bindung an Christus, die durch das Zeichen der Taufe geschieht.
Immer wieder mußte ich feststellen, wie verkehrt europäische Kirchen, auch manche Missionsgesellschaften, die Polygamie beurteilten als eine Art wilde, zügellose Ehe. Doch war die Polygamie eine gesetzlich verankerte, geordnete, geschützte Lebensform in diesen afrikanischen Agrargesellschaften.
Sonntags ging ich öfters in die Mittelschule, die ein Internat war, um mit einer Gruppe Schüler und Schülerinnen Gespräche über biblische Inhalte zu führen. Manchmal kamen sie auch zu mir auf die Veranda. Sie wollten fast alle auf die Taufe vorbereitet werden. Der Evangelist hatte auch regelmäßig mit ihnen gesprochen. Doch vor dem Taufsonntag wollte ich mit den Eltern sprechen. Der Vater eines Jungen war ein Fetischpriester. Als ich ihn besuchte, lag er sauber gewaschen vor seinem Fetisch, von dem er Heilung erwartete. Er war von einem gefährlichen Skorpion gestochen worden. Ich sprach eine Weile mit ihm und sagte: »Dein Sohn möchte Christ werden und am kommenden Sonntag getauft werden; hast du etwas dagegen?« Darauf erwiderte er: »Ich habe nichts dagegen. Bei uns gibt es ein Sprichwort: ›Wenn du einen beerdigst, lassen wir nicht die Beine herausschauen.‹« Danach besuchte ich den Vater

eines anderen Jungen. Dieser war Muslim und ein bekannter Minister. Als ich ihm sagte, daß sein Junge Christ werden wollte, gab er mir zur Antwort: »Wir leben in einer Demokratie. Mein Junge kann die Religion wählen, die ihn am meisten anspricht.« Diese Haltung findet man gewiß nicht überall. Die Taufe war ein großes Fest in der Gemeinde und hatte einen guten Widerhall im ganzen Dorf.
Einmal kamen einige leicht verschleierte Frauen auf die Station, die ein Gespräch mit mir suchten. Sie meinten: »Es ist schade, daß du so weit weg wohnst. Wir möchten gerne öfters mit dir reden.« Es war gewiß ein großer Fehler, daß die Missionsstation weit vom Dorf entfernt in den Busch gebaut worden ist.

Sputnik und Ramadan

Eines Abends sahen wir den ersten Satelliten sehr deutlich in unglaublicher Höhe vorbeischweben. Als ich mit meinem Koch zum Himmel schaute und ihm erklärte, was da oben vor sich geht, brach er in Staunen aus und sagte: »Jetzt kommt Christus bald wieder!« Bald darauf besuchte mich ein sehr feiner, älterer Muslim und meinte: »Die Zeit scheint nahe zu sein, daß Christus wiederkommt, dann wird er Mohammed nachfolgen und eine Familie gründen, und alles wird besser auf der Erde.« Ich erwiderte: »Weißt du, wenn Jesus wiederkehrt, dann wird er euren toten Mohammed auferwecken. Dann gibt es für Muslime und Christen große Überraschungen. Es wird alles anders sein, als wir es uns vorgestellt hatten.« »To, shi ke nan!« (so wird es sein) stimmte er zu.
Immer wieder gibt es Zeiten, besonders solche moralischen Niedergangs, in denen Muslime den verheißenen Mahdi, den sie oft auch mit Christus in Verbindung bringen, nahe glauben. Manchmal hatte sich auch einer als Mahdi ausgegeben und war es doch nicht. Aber daß Muslime eine ausgesprochene Enderwartung haben, gibt uns Christen eine feine Gelegenheit, mit ihnen über die verheißene Wiederkunft Christi zu sprechen.
Auf der Missionsstation in Salaga erlebte ich den Alltag und den Fastenmonat der Muslime auf verschiedene Art und Weise. Mein Koch sprach, wenn die vorgeschriebene Zeit kam, sein Gebet. Er wusch sein Gesicht bis hinter die Ohren, reinigte sie, spülte den Mund, schneuzte die Nase, wusch seine Hände und Arme bis zu den Ellenbogen und seine Füße bis

über die Knöchel. Dann legte er ein sauberes Gewand an, setzte seinen Fez auf und fing an, das Gebet nach einem bestimmten, vorgeschriebenen Ritus zu sprechen. Im Fastenmonat aß er den ganzen Tag nichts. Nach Sonnenuntergang ging er nach Hause und durfte wieder essen und trinken.

Der Stationsgärtner tat dasselbe. Nur unterschied er sich von meinem Koch darin, daß er sowohl nichts aß oder trank, als auch seinen Speichel nicht ausspie, also hinunterschluckte. Vielleicht war dies ein besonderes Verdienst.

Einmal kam ein muslimischer Junge von etwa acht Jahren zu mir. Er war so ausgehungert, verdurstet und erschöpft. Ich wollte ihm frisches Wasser zum Trinken geben, aber er lehnte ab. Dann legte er sich einfach auf ein Mäuerchen beim Haus und schlief sehr schnell vor Schwäche ein. Als er nach etwa einer Stunde aufwachte, bot ich ihm wieder Wasser an, aber er lehnte ab. Nun war es offenbar Zeit zum Gebet. Mühsam machte er die rituellen Übungen, schaffte aber nicht alle und legte sich nochmals hin. Gegen Abend stand er auf und ging noch vor Sonnenuntergang ausgezehrt und wankend nach Hause zum Abendessen.

Nach diesem Ereignis nahm ich mir vor, wann immer ich abends zu Hause war, den Koran in englischer Sprache zu studieren. Der Ramadan ist ja der heilige Fastenmonat, der neunte Monat des islamischen Mondjahres, in dem der Koran »herabgesandt« wurde als Licht und Wegweisung für alle Menschen. So hat es der Prophet Mohammed verstanden. Gelegentlich setzte ich mich auch neben einen alten Mullah, der vor der Moschee im Koran las. Ich konnte manche Begriffe, die eine Beziehung zur hebräischen Sprache haben, verstehen und mit ihm darüber sprechen. Manchmal dachte ich: Wenn wir Christen nur auch mit solcher Hingabe täglich die Bibel lesen würden.

Eines Tages machte sich das Oberhaupt von Salaga auf und flog mit einer seiner Frauen nach Mekka, um einer der fünf Pflichten des Islam nachzukommen. Als er zurückkam, gab es ein großes Fest in seinem Palast. Nun war er ein geachteter El Hadsch, ein Mekkapilger, und seine Frau eine El Hadschia. Ich ging mit dem Evangelisten in den Palast, um ihn zu grüßen. Er zeigte mir begeistert einige Schriften, die er von Mekka mitgebracht hatte. Ich schenkte ihm dann eine Bibel in der Hausa-Sprache, die er ja fließend beherrschte. Nur die lateinische Schrift konnte er nicht lesen. Ich sagte ihm aber, sein Sohn, der Rektor der Mittelschule, könne ihm daraus vorlesen, darin würde er noch mehr über die Propheten und über Jesus erfahren.

Die Mullahs wollen mich hören

Kpembe, nur einige Kilometer von Salaga entfernt, war ein Zentrum der Muslime im Salaga-Bezirk. Als ich hörte, daß dort die Mullahs sich regelmäßig um ihren Imam versammelten, dachte ich, es wäre unhöflich, wenn ich an diesem Ort vorüberginge. Also fuhr ich eines Morgens dorthin und wollte das Oberhaupt des Dorfes besuchen. Als ich mich meldete, hieß es, der Imam sei noch nicht zu sprechen, er würde im Augenblick im Palast das Morgengebet sprechen. Das beeindruckte mich von vornherein. Als der Häuptling dann herauskam, grüßte er mich herzlich und nannte mir einen Termin, an dem ich zu allen sprechen konnte. Ich durfte an einem Spätnachmittag kommen.

Wie ich mit dem Evangelisten Addai erschien, waren bereits viele Muslime anwesend. Sie kamen in ihren weißen Togen und weißen Käppchen. Nachdem offenbar fast alle versammelt waren, bat ich den Evangelisten, mich vorzustellen und ein kurzes Wort zu sagen. Ich hatte mir lange überlegt, wie ich die Aufmerksamkeit der Mullahs gewinnen könnte, und die Geschichte von Josef und seinen Brüdern war mir in den Sinn gekommen, die im Koran auf zwölf Seiten ausführlich geschildert wird, daß ich von der Gestalt des Josef zu Jesus Christus hinführen und auf diese Weise die Aufmerksamkeit der Muslime gewinnen könnte. Als ich diese Geschichte kurz zusammengefaßt schilderte, betonte ich eine überraschende Wendung in ihr: Josef gab seinen Brüdern wohl eine demütigende Lehre, so daß in ihnen die Erkenntnis ihrer schweren Schuld erwachte und sie um ihr Leben bangten. Aber er rächte sich nicht, sondern nahm ihnen die Todesangst und sagte: »Ich fürchte Gott!« Er hatte ihnen vergeben.

Dann erzählte ich, wie eines Tages Jesus, der Sohn der Jungfrau Maria, der mit dem Geist Gottes ausgerüstet war und im Koran sogar der Gesalbte Gottes genannt wird, nach Jericho kam. Als die Menschen ihn sahen, breitete sich sofort das Gerücht von seiner Ankunft aus. Und alle, die gehen konnten, ließen alles liegen und rannten so schnell sie konnten auf die Straße, Jesus entgegen. Jeder wollte ihn sehen, vielleicht sogar mit ihm sprechen. Ein blinder Bettler, der abseits am Eingang zur Stadt saß, fragte die Vorübergehenden, was denn los sei. Sie sagten ihm: »Jesus von Nazareth kommt eben.« Sofort rief der Blinde voll Erregung und Hoffnung: »Jesus, du Sohn Davids, erbarme dich mein!« Die Leute schrieen ihn an, er solle still sein und nicht stören. Doch der Blinde schrie noch lauter: »Du Sohn Davids, hab' Erbarmen mit mir!« Und auf ein-

mal, zum Erstaunen der Menge, blieb Jesus stehen und sagte zu einigen, die um ihn standen, sie sollten den Mann zu ihm bringen. Als sie den jammervollen Bettler brachten, fragte Jesus ihn: »Was willst du von mir?« Er sprach: »Herr, gib mir wieder gesunde Augen. Ich möchte wieder sehen!« Dann streckte Jesus seine Hand aus, heilte ihn und sagte: »Dein Glaube hat dir geholfen.«
In Jericho lebte auch der Zöllner Zachäus, der im Volk Israel viele Menschen ausgebeutet hatte und deswegen von allen gehaßt wurde. Für ihn gab es keinen Platz mehr im Tempel, er betete nicht mehr.
Ich erzählte den Mullahs dann, wie die Begegnung mit Jesus dessen Leben veränderte, in seine Familie und sein Geschäftsleben Friede und Gerechtigkeit einkehrte und er wieder zum Glauben an Gott zurückfand. Jesus hatte ihm seine Schuld vergeben. Ich erläuterte: Wo Jesus einzieht und wo Menschen ihn aufnehmen, kann niemand mehr derselbe bleiben. Die frommen Leute ärgerten sich zwar zuerst, daß Jesus bei so einem Gauner eingekehrt war, aber nachher waren sie doch überrascht, daß Zachäus ein neuer, gottesfürchtiger Mensch geworden war und man vor ihm keine Angst mehr zu haben brauchte.
Ich fuhr fort: »Das Ziel Jesu war, verlorene und verachtete Menschen zu retten – die frommen und oft hartherzigen Gläubigen rief er zur Barmherzigkeit auf. Deshalb sagte Jesus schon am Anfang seines Wirkens: ›Kehrt um und glaubt an das Evangelium von der Herrschaft Gottes.‹ Im Koran steht doch, daß Gott Jesus das Injil, das Evangelium, für die Menschheit gegeben hat, als eine frohe Botschaft. Sonst wird darin nicht allzuviel über Jesus und seine Tätigkeit berichtet. Deshalb bin ich zu euch gekommen, um euch darüber zu berichten. Vergeßt nicht: Als Josef seinen geängsteten Brüdern sagte: ›Ich fürchte Gott‹, da änderte sich ihr Leben. Sie gewannen Vertrauen. Wer Jesus in sein Haus aufnimmt, bleibt nicht derselbe. Wohl dem, der sagen kann: ›Ich fürchte Gott!‹ Alle, die es mit einem solchen Menschen zu tun haben, merken es.«
Als ich meine Ansprache beendet hatte, rief einer: »Du kannst wiederkommen!« Dann verabschiedeten wir uns sehr herzlich. In diesem Augenblick fielen auch einige Regentropfen. Blitzschnell hatten sich zwei alte Muslime neben mich im Schneidersitz ins Auto gesetzt. Ungeschickterweise rief der Evangelist noch zurück: »Jesus ist doch Gottes Sohn!« Doch das war nicht der Zeitpunkt für ein dogmatisches Gespräch.
Ich freute mich immer und dankte Gott, wenn sonntags, während ich in der Kapelle Salagas predigte, viele Muslime sich außen um die Kirche

herum versammelten und zuhörten. Auch wenn ich von der Kreuzigung Jesu sprach oder von ihm als dem Sohn Gottes, weil er von keinem Mann, sondern nur durch Gottes Willen und Geist geschaffen wurde – sie blieben stehen und hörten zu.

Am Voltastrom

Zum Arbeitsgebiet von Salaga gehörten auch viele Dörfer auf beiden Seiten des Voltastromes. So fuhr ich einige Male mit Feldbett und Küchenutensilien zu dem Fluß und setzte mit der Fähre über nach Yeji. Mein Koch begleitete mich immer auf diesen Reisen. Als wir einmal wieder übersetzten, trieben gleichzeitig einige Hirten eine große Zeburinderherde über den Strom. Sie mußten aufpassen, daß keine der Kühe vom Fluß weggerissen wurde. Glücklicherweise waren in dieser Gegend keine Krokodile, wogegen es stromaufwärts nur so von ihnen wimmelte. Als wir auf der anderen Seite ankamen, erwartete uns der Evangelist Fomuson bereits. Wir fuhren nach Brumasi, wo auch der Evangelist seinen Sitz hatte. Ich richtete mich in einer geräumigen Rundhütte aus Lehm ein. Mein Koch baute eine Feuerstelle auf und kümmerte sich um das Abendessen, während ich mit dem Evangelisten die Dorfchefs besuchte. Manchmal sind es mehrere. Wir gingen auch in die umliegenden Ortschaften. Ich sah, wie in einem kleineren Dorf junge Männer Brunnen gruben und eifrig dabei waren, ihre Lehmhäuser auszubessern, vor allem das Grasdach. Man konnte den Fleiß einer Familie an den Dachgrasbündeln erkennen, die vor dem Haus aufgestellt waren.
Als ich dann am Nachmittag in Brumasi vor meiner Hütte saß, besuchte mich einer der Häuptlinge. Es war schon ein älterer Herr mit feinen Gesichtszügen. Wir plauderten ein wenig. Ich fragte ihn nach dem Leben in seinem Dorf. Schließlich fing er an, über den Wassermangel zu klagen. Daraufhin wollte ich sein Alter wissen. Er meinte, er sei schon über siebzig. »Ja, schon so alt, und ihr habt noch keine Brunnen gegraben?« wunderte ich mich. Er sagte: »Nein!« Das schockierte mich, zumal ich am frühen Nachmittag in dem anderen Dorf gesehen hatte, wie sie dort Brunnen gruben. »Ich würde mich an deiner Stelle schämen«, rügte ich den Häuptling und erzählte ihm, was im Nachbardorf vor sich ging. Daraufhin ging er weg, ohne ein Wort zu sagen. Als ich

am nächsten Morgen ins Dorf kam, sah ich, wie junge Leute dabei waren, Brunnen zu graben. Manchmal bedarf es eines kleinen Anstoßes. Der Evangelist Fomuson wohnte in einem schlichten Häuschen. Ich brachte ihm Wellblech für einen Tank und eine Dachrinne. Es ging ihm sonst nicht schlecht. Er klagte mir zwar, er hätte kaum mehr ein Huhn. Die Leute würden ihm nachts nacheinander die Hühner stehlen, die sie für Opfer beim Fetischpriester bräuchten.

In einem Dorf begegneten wir einem kleinen Mädchen mit struppigem, zerzaustem Haar. Fomuson sagte mir, dies sei ein Fetischkind. »Was heißt das?« wollte ich wissen. Er sagte: »Du denkst vielleicht, der Fetischpriester habe mit der Frau dieses Kind gezeugt. Dem ist aber nicht so, sondern die Frau hat lange Zeit Opfer gebracht. Der Priester gab ihr bestimmte Kräuter. Schließlich wurde sie schwanger und gebar dieses Mädchen. Und weil dies durch die Opfer des Priesters an bestimmte Geister bewirkt wurde, ist es mindestens für einige Zeit ein Fetischkind, und die Mutter muß sich an bestimmte Tabus halten, damit es am Leben bleibt und gesund heranwachsen kann.«

In einem andern Dorf besuchten wir Christen und Nichtchristen und auch den Fetischpriester. Er stand vor einem anderthalb Meter hohen Lehmaltar, auf dem noch die Blutspuren der Opfer zu sehen waren. Außerdem lag ein Kupferring auf dem Altar. Ich fragte, was der Ring bedeute. Fomuson sagte mir: »Hier wird er mit Kraft aufgeladen, und zwar mit einer magischen Kraft. Der Ring steigert dann nicht nur die Kraft des Trägers oder der Trägerin, sondern ist auch ein Schutzamulett.«

Ein anderes Mal fuhren wir in einem Kanu stromaufwärts. Der Muslim, dem das Boot gehörte, stakte es unweit des Ufers mühsam vorwärts. Die Hitze war unerträglich. Obwohl ich meine Lippen regelmäßig einfettete, bekam ich häßliche Krusten. Sehr unangenehm waren die Stechmücken, vor allem die Tsetsefliege, die die Schlafkrankheit verbreitet. Ich hatte laufend mit einem Zweig die Fliegen weggejagt. Der Evangelist kündigte an, wir würden heute an einem interessanten Dorf anlegen. Der Häuptling sei uns sehr freundlich gesinnt. Auch gäbe es dort schon viele Christen.

Als wir unser Boot festgemacht hatten, ging zuerst der Evangelist das Ufer hinauf ins Dorf hinein, um den Häuptling zu grüßen. Als er zurückkam, machte er ein enttäuschtes Gesicht und sagte. »Die haben heute ihren Schnapstag und sind alle besoffen!« Wir mußten aber trotzdem übernachten, denn es war schon spät geworden. Mir wurde eine etwas größere rechteckige Hütte angewiesen, wo ich mein Feldbett aufschlagen konnte. Dafür gab es nur noch eine Ecke, da in dem Raum schon drei breitere Betten nebeneinander standen.

Als ich etwas gegessen hatte, schaute ich mich noch ein wenig um und sah, wie am Ende des Dorfplatzes vor einer schlichten Hütte ein Muslim in sauberem Gewand saß, aus dem Koran rezitierte und seine Gebete sprach. Mir fiel auf, wie einige Betrunkene sich ihm näherten und ihn nachäfften und verspotteten. Aber das kümmerte ihn wenig. Ich fragte ihn, was er hier mache. Er sagte: »Ich gehe von Ort zu Ort und flicke die Schuhe und Sandalen der Leute.« Ich bekam großen Respekt vor diesem Muslim, der durch sein Verhalten seinen Glauben unerschrocken bezeugte. Die Nacht in der Hütte war unangenehm. Es roch nach Urin. Später kamen drei Betrunkene herein und schliefen bald röchelnd ein.

Am nächsten Morgen versammelten wir uns auf dem Dorfplatz und hatten noch Gelegenheit, zu den Leuten zu reden. Ich wurde von einer Muslimin übersetzt. Als ich über ein Gleichnis Jesu gesprochen hatte, fragten mich zwei junge Männer, wo diese Geschichten denn stünden. Ich sagte es ihnen und fragte sie: »Seid ihr Christen?« Sie antworteten: »Ja, wir sind Christen und kommen vom Süden und verkaufen Waren in den Dörfern!« Ich wollte wissen, warum sie denn nicht ihre Bibel oder wenigstens das Neue Testament bei sich hätten. »Seht da drüben den Muslim, der geht offenbar nie ohne seinen Koran auf Reisen. Wir können von ihm etwas lernen!« Vor unserer Weiterfahrt kamen noch eine Reihe junger Männer und baten mich um Tabletten gegen Kopfschmerzen. Ich gab ihnen zur Antwort: »Dafür habe ich keine Tabletten. Die Kopfschmerzen gehören zum Genuß von Schnaps.«

Wir besuchten noch ein letztes Dorf am Oberlauf des Voltastroms. Dort wurden wir sehr freundlich aufgenommen. Ich konnte mich in einer kleinen, reizenden Bambushütte einrichten. Es war gerade Platz genug für mein Feldbett und einen Klappstuhl. Der Boden war mit feinem weißen Sand bedeckt. Ich mußte mich etwas bücken, aber es machte mir Spaß, zum ersten Mal in einer Hütte zu wohnen, deren Wände aus daumendicken grünen Bambusstäben bestanden. Am Nachmittag setzte ich mich in meinen Stuhl vor die Hütte, las in meiner englischen Bibel und überlegte mir, was ich am Abend der Dorfgemeinschaft sagen sollte. Als ich einmal aufschaute, entdeckte ich eine wunderschön gezeichnete fingerdicke Schlange, etwa einen Meter lang. Sie kroch an meinem linken Absatz vorbei hinein in die Hütte und wollte sich unter meinem Feldbett einnisten. Ich rief jemand herbei und bat, die Schlange zu entfernen.

Entsetzt bemerkte dieser, daß es eine sehr giftige Art sei. Er holte sich eine Stange, weil er sich nicht zu nahe heranwagte, und es gelang ihm, sie zu töten.
Einige Schritte von meiner Hütte entfernt wohnte eine kleine junge Familie. Bevor die Nacht sich herabsenkte, mußte der Ehemann hinaus auf den Strom, um mit Hilfe einer Lampe während der Nacht Fische zu fangen. Seine Frau hatte ihm vorher noch eine Mahlzeit bereitet. Ehe er sich mit seinem Netz in sein Kanu setzte, opferte er eine Münze an der Opferstelle links vom Eingang zu seiner Hütte. Als er draußen auf dem Strom war, saß seine junge Frau im Hof auf einem Hocker mit dem Baby auf dem Arm. Es dauerte nicht lange, dann kam sie zu mir und klagte, dem Kleinen ginge es nicht gut, ob ich ihr nicht helfen könne. Ich war froh, daß ich geeignete Medizin dabei hatte. Am Morgen berichtete die Mutter, es ginge dem Kind wieder besser. Sie dankte mir: »Du hast den Segen Gottes mitgebracht.« Sie blieb in der Nacht noch lange draußen sitzen und bangte um ihren Mann. Sie dachte wohl, hoffentlich wird ihn der Strom nicht fortreißen und wird er auch einige Fische mitbringen.
Ich saß an jenem Abend noch eine Weile am Ufer und betrachtete den wunderbaren Sternenhimmel. Es war eine klare Nacht. Die Sterne erschienen groß und von besonderer Leuchtkraft. Das Kreuz des Südens strahlte zum Greifen nahe über uns. Tief beeindruckt von der Herrlichkeit der Schöpfung legte ich mich zur Ruhe und schlief unter dem Rauschen des Stromes bald ein. Gegen fünf Uhr in der Frühe hörte ich den Gebetsruf: »*Allahu Akbar. La Illaha Illa Allah!*« (Gott ist groß. Es gibt keinen Gott außer ihm.) Ich ging ein wenig vor meine Hütte und sah, wie ein afrikanischer Muslim aus seiner Hütte trat und das rituelle Gebet sprach. Seine Frau, ebenfalls sauber gekleidet, blieb am Hütteneingang und kniete zum Gebet. Wie beeindruckend ist es doch, zu erleben, wie Menschen weit ab von den Städten in großer Einsamkeit Gott die Ehre geben. Vielleicht bewegte die Leute auch, was ich ihnen am Abend vorher von Jesus sagen konnte, der mit großer Hingabe, ja mit der Hingabe seines Lebens, im Namen des einen Gottes den Menschen diente und ihnen ewiges Heil und Heilung brachte.
Nun hatte ich mit dem Evangelisten fast alle Dörfer besucht. Jetzt mußten wir im Kanu wieder flußabwärts. Der Strom war breit. Von den Ufern ragten große Bäume herein. Manche gestürzte und verrottende Stämme schauten gespensterhaft aus dem Wasser. Unser Bootsmann ruderte sein Boot ruhig vorwärts. Es war ein langer Weg. Nach einer Stunde steuerte er eine kleine Insel an und sagte, er müsse jetzt sein

Gebet sprechen. Wir legten an und stiegen aus. Zuerst hatte er noch schnell umhergeschaut, ob nicht etwa Krokodile im Gras lagen. Zum Glück sahen wir nur noch die frischen Spuren. Sie waren alle kurz vor unserer Ankunft in den Strom zurückgewatschelt. Dennoch mußten wir sehr vorsichtig sein und durften uns nicht zu nahe am Ufer aufhalten; denn oft liegen dort die Krokodile unbeweglich und getarnt dicht am seichten Ufer. Nur die Nasenlöcher und Augen erheben sich kaum wahrnehmbar über den Wasserspiegel. So lauern sie gepanzert und mit fürchterlichem Gebiß auf ein Opfer. Nicht nur Tiere, die zur Tränke gehen, sind gefährdet, sondern oft genug auch Kinder, die Wasser schöpfen, oder Frauen, die Wäsche waschen wollen. Blitzschnell schießen Krokodile hervor und zerren ihr Opfer mit unwiderstehlicher Gewalt in den Fluß.
Unser Bootsmann vollzog zuerst die rituellen Waschungen und sprach dann sein Gebet. Ich holte meine Bibel hervor und betete einen Psalm. Dann fuhren wir weiter. Schon nach kurzer Zeit türmten sich Wolken auf, wurden schwarz und bedrohlich. Plötzlich zuckte ein Blitz, dann tat der Himmel seine Schleusen auf. Wir waren mitten auf dem Strom und hielten uns vor Angst ganz ruhig. Der Bootsmann war auch ängstlich geworden. In Ästen, die kaum aus dem Wasser ragten, sah er zuerst Krokodile, meinte, es sei auf dieser Stromstrecke schon gefährlich, sie werde auch »Dakin kaduna« (Haus der Krokodile) genannt. Wie froh waren wir, als wir Yeji erreicht hatten und bald mit dem Auto übersetzen und nach Salaga zurückfahren konnten.

Christus – die neue Tür

Es fand jährlich eine Konferenz der einheimischen Pfarrer, Missionare und Evangelisten statt. Da konnte man Erfahrungen aller Art austauschen, und vor allem lernte man sich auch persönlich kennen. Ich wurde gebeten, ein Referat über die Evangelisation zu halten, was mir nicht nur Freude machte, sondern mich auch zwang, selber in die Bibel hineinzuhören, darüber nachzudenken, welche Methoden Paulus auf seinen Missionsreisen angewandt hatte, und kritisch zu fragen, ob unsere Methoden die richtigen waren. Dabei denke ich an ein eklatantes Beispiel, das mir Otto Rytz erzählt hatte.
Als er mich noch vor seiner Heimreise mit verschiedenen Dörfern und Gemeinden bekannt machte, erreichten wir einen Ort, in dem es einen einzigen Christen gab, auf den er mich besonders hinwies. Es war ein

geschlossenes Dorf von mehreren Sippen, die alle Gehöfte mit einer hohen Lehmmauer umfriedet hatten. Es gab immer nur einen Eingang, und dieser war mit Opfern geschützt. Links davor sah man auf einer gewissen Höhe an der Mauer einen blutigen Fleck: in Ritzen steckten Federn der Opfer. Durch diesen Haupteingang kam man zu einer weiteren Pforte, die ebenfalls geschützt war. Diese öffnete sich auf den gemeinsamen Platz, um den herum eine Reihe schöner, mit Gras gedeckter Rundhäuser stand. Jeder Hauseingang war nochmals geschützt. Im Hof stand ein dreigabeliger Baumstamm, der eine große, halbe Kalebasse als Opferschale trug. Gelegentlich sah ich auch einen Grabhügel, auf dem eine Gin- oder Whiskyflasche stand, ein Zeichen dafür, daß hier dem Verstorbenen ein Trankopfer dargebracht worden war. Außerhalb der Mauer erhob sich ein mächtiger, auffallend schöner Kapokbaum, dessen Stamm mit einem breiten, weißen Tuch umwickelt war – ein Hinweis darauf, daß in diesem Baum ein Geist wohnte, der zu achten sei und dem um des Wohles der Gemeinschaft willen Opfer zu bringen waren. Auf vielerlei Weise war hier das Leben der Bewohner gesichert. Dafür hatte jeder gewisse Taburegeln zu beachten.

In diesem Dorf hatte Otto Rytz einem jungen Mann die Augen für Christus öffnen dürfen, der dann auch getauft werden wollte. Nach der Taufe wollte er nicht mehr durch die von Opfern geschützten Tore ein- und ausgehen, da er ja jetzt sein Vertrauen auf Jesus Christus setzte, der die bösen Mächte überwunden hatte. Und weil dieser Jesus Christus auch zu den Toten und Ahnen hinabgestiegen und siegreich auferstanden und über alle Mächte gesetzt ist, wollte er sich einen eigenen Eingang durch die Mauer bauen. Und das tat er. Die übrigen Bewohner befürchteten aber, daß durch diesen nicht sichtbar geschützten Eingang böse Mächte einziehen könnten. Doch der junge Mann war überzeugt, daß Christus gegenwärtig und ein besserer Schutz ist als alle diese Opfer. Wie sich die Sache weiter entwickelte und ob dort eine größere Gemeinde entstanden ist, konnte ich nicht mehr verfolgen.

Nach der Konferenz nahm mich ein schottischer Missionar mit nach Sandema. Dort war gerade Markttag und eine günstige Gelegenheit, zum Volk zu reden. Es war sehr heiß, und der Harmattan, dieser warme Wüstenwind, wehte uns feinen Sand in die Augen. Es knirschte zwischen den Zähnen. Wir waren umgeben von vielen jungen Menschen. Die jungen Männer hatten ein Hüfttuch umgelegt, während die flüggen Mädchen völlig nackt waren. Ich staunte, wie problemlos sich die jungen Männer mit den Mädchen unterhielten. Die Mädchen fühlten sich absolut sicher und ohne Scham, und die jungen Männer wußten, wie sie sich zu verhalten hatten. Wir besuchten dann einen schwerkranken Mann, der an einem gefährlichen Starrkrampf litt. Sein Lehmhaus hatte, wie alle anderen, einen kleinen, runden, wohlgeschützten Eingang, durch den wir kriechen mußten. Fenster gab es keine. Wir schoben den Kranken durch die Öffnung, luden ihn auf unser Auto und brachten ihn ins Krankenhaus nach Bawku. Ich fuhr dann wieder zurück nach Salaga, um die Zeit vor der Rückkehr von Otto Rytz noch zu nützen.

»Der Imam war vor dir da.«

Ich besuchte noch einige Dörfer diesseits des Voltastromes, ziemlich weit entfernt von der Station. Daher mußte ich mein Feldbett mit Moskitonetz und meine Küchenkiste mitnehmen. Wo ich auch predigte, saß mein Koch, der Mullah, auf meinem Klappstuhl außen am Eingang zur Kirche. Als wir in einem der Dörfer bei unserer Ankunft zum Häuptling gingen, war zu meiner Überraschung bereits ein Imam bei ihm. Als ich ihn fragte, ob ich am Abend Gottes Wort verkünden könnte, meinte er: »Der Imam war vor dir da. Er kommt heute abend dran, und du kannst morgen früh sprechen.«
Der Abend kam schnell herbei. Das Volk strömte zusammen und lagerte sich. In einem der hohen Bäume hingen Fledermäuse. Vor seinem Palast ließ sich der Häuptling mit seinen Frauen auf einem Büffelfell nieder. Sein Diener goß Palmwein in sein Büffelhorn, dann wartete er gelassen auf die Botschaft des Imam. Einige junge Männer brachten dem Imam einen Sessel, auf den er sich wie ein Fürst niederließ und sein prächtiges blaues Gewand zurechtstreifte. Nun fing er an zu reden und sprach zu den »Heiden« von den Sitten und Gebräuchen, nach denen sich alle zu richten hätten, die dem Islam folgen wollten. Die Frauen sollten nicht nur ein schmales Schamtuch tragen; sie sollten sich vollständig kleiden, auch den Oberkörper, sogar die Arme sollten sie bedecken. Der Häuptling spuckte einige Male kräftig aus und sagte: »Man kann es auch anders machen! Für uns ist es nicht anstößig, wenn die Frauen bei der großen Hitze unbedeckt sind.« Der Abend ging zu Ende. Was mögen die Frauen und Mädchen gedacht haben, als der Imam ihnen ein Schamgefühl beibringen wollte, das sie so nicht kannten? Frauen und Mädchen, aber auch die jungen Männer, zeigten ja durchaus ein Schamgefühl – in der Achtung voreinander.

In der Nacht brach ein schweres Unwetter über das Dorf herein. Der Sturm rüttelte an den Bäumen. Einige Hütten brachen zusammen. Am nächsten Morgen lagen dürre Äste und Zweige am Boden. Als die Sonne aufging, kamen der Häuptling und der Imam und eine Anzahl Leute, um mich zu hören. Ich nahm Bezug auf das Unwetter und erzählte, was Jesus denen sagte, die ihm zugehört hatten: Wer seine Rede hört und nicht danach handelt, der ist einem törichten Mann gleich, der sein Haus auf Sand baut. Als das Unwetter kam und an das Haus stieß und die Wassermassen es umspülten, brach es zusammen. Wer aber nach seinen Worten handelt, der ist gleich einem Mann, der sein Haus nicht auf Sand, sondern auf einen Felsen baut, dem ein Unwetter nichts anhaben kann. Natürlich mußte ich auch noch den Inhalt der Rede Jesu darlegen – in aller Kürze, denn die Leute wollten möglichst bald auf ihre Felder. Als ich fertig war, gab mir der Häuptling die Hand und sagte: »Wir haben unser Haus Schicht um Schicht mit Lehm gebaut. Die Wände sind fertig und steinhart.« Damit wollte er sagen, daß sie sich dem Islam zugewandt hätten, was aber nicht hieß, daß ich nicht mehr kommen durfte. Als ich mich verabschiedet hatte und wegfahren wollte, kam der Imam und bat mich, ob ich ihn nicht ins nächste Dorf mitnehmen könnte. Ich überlegte einen Augenblick und ließ ihn dann einsteigen. Er bedankte sich und verließ mich im nächsten Dorf.

Auf dem Weg nach Hause fuhr ich vorbei an Männern und Frauen, die ein Lehmhaus bauten. Ich hielt kurz an. Plötzlich sah ich einen vorübergehenden jungen Mann. Er wandte sich den Bauleuten zu und deutete mit der hohlen Hand vor dem Mund an, daß er Durst habe. Eine Frau schaute ihn an und zeigte mit ihrem Finger auf eines der Rundhäuser, in dem er einen großen Topf mit Wasser finden könne, um seinen Durst zu löschen. Als er getrunken hatte, wandte er sich der Frau zu, verneigte sich und ging weiter. Eine schöne Geste, wenn man bedenkt, daß die Leute oft sehr weit gehen müssen, um Wasser zu schöpfen.

Einige Tage später machte ich eine Tagestour und besuchte ein kleineres Dorf, das wie ausgestorben aussah. Vielleicht waren die Leute auf ihren Äckern. Als aber der Evangelist rief: »Wir sind nicht gekommen, um Steuern einzuziehen, sondern um das Wort Gottes zu verkündigen«, dauerte es nicht lange, bis sich eine größere Schar einfand. In diesem Dorf sprach ich über das Gleichnis von den beiden Söhnen. Als ich erwähnte, wie elend es dem Sohn des reichen Vaters in der Fremde ging, nachdem er sein ganzes Erbe mit Frauen und beim Spiel vertan hatte, und daß er schließlich als Schweinehirt seinen Hunger nicht einmal vom

Viehfutter stillen durfte, waren die Leute und selbst der Häuptling gespannt, wie die Geschichte wohl ausgehen würde. Es überraschte sie aber zu hören, daß dieser verkommene Kerl zur Besinnung kam und an seinen Vater dachte, der viele Knechte hatte, denen es gutging. Also machte er sich auf den Weg nach Hause, was ihm sehr schwerfiel. Sein Vater sah ihn von weitem kommen.

Hier stoppte ich und fragte den Häuptling: »Was hättest du getan, wenn dieser dein Sohn wäre und käme so zerlumpt und verarmt zurück?« »Ich hätte ihn fortgejagt«, war seine prompte Antwort. Ich sagte ihm: »Sein Vater hat ihn nicht fortgejagt, sondern freute sich riesig, ging ihm entgegen und nahm ihn in seine Arme und dankte, daß sein verlorener Sohn heimgekommen war. So freut sich Gott, wenn wir umkehren, wenn wir der Sünde den Rücken kehren und bei ihm ein neues Leben finden.« Der Häuptling war außer sich vor Verwunderung und sagte mir: »Das mußt du auch im nächsten Dorf erzählen!«

Tags darauf fuhr ich in ein anderes Dorf, in dem ich einen Kranken besuchen wollte. Man zeigte mir das Lehmhaus, in dem der Kranke lag. Ich ging hinein. Er lag auf einer sauberen Pritsche. Neben ihm stand sein Spucknapf. Alles war so rein und ordentlich. Schließlich war er bereit, mit mir zu kommen. Eigentlich eine prächtige Gestalt, aber durch seine Tuberkulose ziemlich abgemagert. Seine Frau hatte einige Sachen zusammengepackt. Mühsam richtete er sich auf, wandte sich seiner Frau zu und sagte: »Frau, ich verlasse dich jetzt.« Wir betteten ihn auf meinen Pritschenwagen und fuhren los. Als wir das nächste Dorf erreichten, ging ich schnell zum Häuptling und bedeutete ihm, daß ich heute leider nicht Gottes Wort in seinem Dorf verkündigen könne. Er meinte: »Du hast bereits gepredigt.« Ich fragte: »Wie meinst du das?« Er gab zur Antwort: »Daß du dich dieses schwerkranken Mannes annimmst, das ist deine Predigt!«

Heimflug

Es ging auf Weihnachten zu. An einem Adventssonntag hielt ich meinen letzten Gottesdienst in Salaga. Anschließend fuhr ich mit dem Evangelisten nach Kalandi, wo sich bereits eine große Gemeinde versammelt hatte. Es war bis dahin die einzige Gemeinde, in der einige Kirchenvorsteher die Schriftlesungen und Gebete übernehmen konnten. Mit großer Hingabe hatte Otto Rytz ihnen Leseunterricht gegeben, und dies mit erfreulichem Erfolg. Nach dem Gottesdienst hielten mich die Kirchenvorsteher zurück. Sie bedauerten, daß ich nicht jeden Sonntag zu ihnen kam, rügten mich sogar und sagten, ich würde sie vernachlässigen. Doch dies war nicht der Fall. Ich schlug ihnen vor, daß sie selber nach ihrem Gottesdienst andere Dörfer besuchen und ihren Landsleuten die frohe Botschaft von Jesus Christus bringen sollten. Darauf meinten sie, man würde sie bloß auslachen und verspotten, was man mir gegenüber nicht offen wagen würde. Ich ließ das nicht gelten, sondern ermunterte, das Evangelium, über das sie so froh waren, selber weiterzutragen. Sie haben es dann getan und erzählten mir, wieviel Freude sie dabei erlebten. So ist dieser Ort zu einer missionierenden Gemeinde geworden, zu einer Gemeinde in Bewegung. Dies ist das Ziel der Missionsarbeit.

Meine Koffer waren schnell gepackt und auf dem Auto verstaut. Die lange Fahrt auf verhältnismäßig guten Straßen konnte beginnen. Mein Koch Mamman begleitete mich. Er war ein treuer und moralisch fundierter Mann. Bald erblickten wir den Volta, setzten zum letzten Mal über und erreichten nach langer Fahrt Accra. Im Gästehaus der Presbyterianischen Kirche trafen wir bereits Otto Rytz, der dann am nächsten Tag mit seiner Frau nach Salaga fuhr. Ich dagegen gab meine Koffer auf und wartete auf mein Flugzeug.

Es herrschte Unruhe auf dem Flughafen. Überall Militär und Polizei, schwerbewaffnet. Ich fragte einen Polizisten, was denn los sei. Er wies mich mürrisch ab. Später fragte ich nochmals. Ein Soldat sagte mir: »Kwame Nkrumah fliegt in einer Stunde nach Indien. Man befürchtet ein Attentat.« »Wen verdächtigt ihr denn?« wollte ich wissen. Er meinte, ein hoher Offizier habe Leute gewonnen, die ihn vor dem Abflug umbringen sollten.

Plötzlich ging eine Erregung durch die Menge. Kwame Nkrumah fuhr unter motorisierter Bewachung zum Flugzeug. Als er die Brücke hinaufging und sich nochmals umdrehte, schrien einflußreiche, mächtige Frauen in ihren prächtigen, langen Gewändern: »Kwame, hab keine Angst! Gute Reise! Wir warten auf dich!« In wenigen Minuten verschwand sein Flugzeug im bewölkten Tropenhimmel.

Es dauerte dann nicht mehr lange, bis ich mit vielen anderen Leuten in eine Maschine der Swissair eingewiesen wurde. Der Flug war ruhig. Je näher wir Europa kamen, desto stärker fieberte ich am ganzen Körper, denn daheim wartete meine liebe Margret mit den Kindern. Die Swissair nahm die deutschen Gäste nur bis Lissabon mit, wo eine Maschine der Lufthansa uns nach Echterdingen bringen sollte. Leider klappte die

Verbindung nicht. Ich mußte im Hotel George V. übernachten. Diese Unterbrechung war angenehm. Am nächsten Morgen holte uns die Lufthansa ab, die aber wegen dichten Nebels nicht in Echterdingen landen konnte, wo mein Schwager Rolf auf mich wartete. Wir mußten nach Frankfurt weiterfliegen. Dort waren die Landeverhältnisse besser. Wir hatten eine gute Landung. Die Lufthansa wollte uns per Bus weiterbefördern nach Stuttgart. Dies lehnten alle Stuttgarter Passagiere ab, da die Straßen vereist waren und wenige Tage vor uns ein solcher Bus verunglückt war, in dem der berühmte Pianist Gieseking mit seiner Frau saß. Die Frau war dabei ums Leben gekommen.

Wir durften schließlich mit dem Zug weiterfahren, was uns beruhigte. In Stuttgart stieg ich um, fuhr nach Korntal und kam zur großen Freude aller zu Hause in der Josenhansstraße 17 an. Es war schon spät geworden, doch endlich war die Familie wieder beieinander. Meine liebe Margret war wieder gesund und froh zurück vom Sanatorium und empfing mich mit den vier Töchtern. Das war ein großes Fest! Auch die Gemeinde freute sich mit. Gleich am kommenden Sonntag predigte ich in der Oswaldkirche. Der Kirchenchor wirkte mit, und Dorle Krämer, die Frau des Kantors, sang mit weicher, ausdrucksvoller Stimme den 34. Psalm: »Ich will den Herren loben allezeit; sein Lob soll immerdar in meinem Munde sein.«

Wenn man längere Zeit in einer ganz anderen Welt, in einer anderen Kultur und unter anderen Menschen verbracht hat, ist es nicht leicht, sich wieder einzuleben. Doch das bevorstehende Weihnachtsfest hat mich wieder in die heimische Welt zurückgebracht, obwohl Afrika mit seinen christlichen Gemeinden in meinem Herzen weiterlebte. Die Gemeinde Christi umspannt die ganze Welt, so verschieden sie auch sein mag.

HESSISCHES

Umzug nach Wiesbaden

Als ich noch in Ghana war, erhielt ich einen Brief von der Leitung, die mich fragte, ob ich nach meiner Rückkehr bereit wäre, nach Wiesbaden umzusiedeln, um die Missionsarbeit in Südnassau aufzunehmen. Missionar Walter Ringwald sei herzkrank und könne den Dienst dort nicht mehr fortsetzen. Er hatte nebenher eine Doktorarbeit geschrieben und zu wenig für seine Gesundheit getan. Seine Dissertation über die Religion der Akan in Ghana ist sicherlich eine wertvolle Hilfe für alle, die nach Ghana reisen und dort arbeiten wollen. Ich stand also vor der Entscheidung und natürlich erst recht Margret und die Kinder. Schließlich willigten wir ein und mußten uns aus vielen Bindungen losreißen, nicht ohne Schmerzen für die ganze Familie und für viele, mit denen wir freundschaftlich verbunden waren.

Vor dem Umzug nach Wiesbaden wurde ich von der Stiftskirchengemeinde in Stuttgart gebeten, einen Diavortrag über die missionierende Kirche in Ghana zu halten. Der Abend fand in der Kirche statt und war sehr gut besucht. Ich konnte ein neues Bild von Ghana und der Kirche unter rein afrikanischer Leitung geben. Es wurde auch deutlich, wie afrikanische Frauen, Männer und Jugendgruppen in einer damals sozialistischen Atmosphäre ihren Glauben an Christus mutig bezeugten und wie geschickt sie ihre afrikanische Kultur in den Gottesdienst einbrachten und auch zu ihr Stellung nahmen. Außerdem konnte ich manches aus meiner Tätigkeit in den Dörfern berichten. Als ich meinen Vortrag beendet hatte, meinte eine ältere Dame: »Es hat sich doch sehr viel verändert gegenüber früher; aber ich bleibe beim Bild von früher!« Es wird also Zeit brauchen, bis die Missionsgemeinde und nicht nur sie, sondern auch die Kirchen Europas den ungeheuren Wandel in Afrika und dessen Bedeutung für uns an wohlwollendem Umdenken und engagierter Verantwortung verstehen.

Anfang Mai 1959 zogen wir um nach Wiesbaden ins »Haus Afrika« in der Walkmühlstraße. Dort hatte Ringwald mit seiner Familie gewohnt und außerdem Missionar Immanuel Kies, der vor dem Krieg in Nordghana eingesetzt war und unseren Kindern ein lieber Gesprächspartner wurde, der viel zu erzählen hatte. Nun wohnten wir also in der berühmten Kurstadt mit ihrem schönen Kurpark, breiten Straßen, Alleen aus Platanenbäumen und prächtigen Bauten der Wilhelminischen Zeit. Unsere Kinder mußten sich in der Schule an einen anderen Dialekt gewöhnen. Beim Metzger sollten sie Saitenwürstchen kaufen, wurden aber nicht verstanden. »Ach so, ihr meint wohl Frankfurter Würstchen.« Beim Bäcker verlangten sie »Weckla« und wurden auch nicht verstanden. Unsere Siglinde genierte sich, aber Heidi hatte ihren Spaß und sprach oft bewußt schwäbisch.

Margret hatte es auch nicht leicht, obwohl wir mit vielen Leuten, besonders in den Missionskreisen, guten Kontakt bekamen. Anfangs fühlte sie sich doch sehr einsam. An den jährlichen Missionsbasaren führte sie mit unseren Kindern kleine Theaterstücke auf. Sie spielten und sangen sich in die Herzen vieler Frauen. Auch bekamen wir schnell guten Kontakt mit den Sammlerinnen des Kollektevereins.

Nur Märchen?

Die beiden jüngeren Töchter besuchten noch den Kindergottesdienst. Einmal kamen sie entsetzt und verwirrt nach Hause und erzählten, daß der Pfarrer gesagt habe, die Geschichte von David und Goliath sei nur ein Märchen. Ich nahm mir den Pfarrer vor: »Was dem David gelang, konnten meine afrikanischen Schüler genauso. Sie holten sich in der großen Pause gelegentlich mit der Schleuder einen Vogel von einem der hohen Bäume, nahmen ihn aus und brieten ihn. Der Unterschied ist trotzdem gewaltig. Als David dem Riesen Goliath gegenüberstand, sagte er: ›Du kommst zu mir mit Schwert, Lanze und Spieß, ich aber komme zu dir im Namen des Herrn Zebaoth, des Gottes des Heeres Israel, den du verhöhnt hast. Heute wird dich der Herr in meine Hand geben‹.« Das war die Botschaft der Geschichte! Mancher Pfarrer müßte einmal eine Zeitlang unter und mit Afrikanern leben, dann fände er schneller Zugang zu schwierigen biblischen Texten.

Einmal war die Geschichte vom Kindermord in Bethlehem dran. Unsere Kinder kamen heim und erklärten, der Pfarrer habe gesagt, auch diese Geschichte sei ein Märchen. Herodes sei doch nicht so dumm gewesen und hätte seine zukünftigen Soldaten umgebracht. Offenbar hatte der Pfarrer keine Ahnung von der brutalen Macht von Herodes dem Großen, der nicht davor zurückschreckte, Glieder seiner eigenen Familie und alle, die irgendwie verdächtig waren, zu foltern und umzubringen. Dieser Tyrann schreckte vor nichts zurück, wenn seine Macht bedroht war. Aus Angst, daß niemand nach seinem Tod um ihn trauern würde, rief er angesehene Juden aus allen Teilen des Landes zu sich und ließ sie ins Hippodrom von Jericho sperren. Sie sollten nach seinem Tode umgebracht werden, damit wenigstens Trauer im Lande wäre. Glücklicherweise konnte dies verhindert werden.

Wäre es nicht klüger gewesen, wenn der Pfarrer darauf hingewiesen hätte, wie Gott mitten in solch schrecklichen Gefahren die heilige Familie beizeiten herausrief und auf die Flucht nach Ägypten schickte? So legte der Pfarrer in die jungen Herzen Zweifel an manchen Berichten, was schließlich zum Zweifel an wesentlichen Grundaussagen der Bibel führte. Was aber ist denn die Aufgabe eines Pfarrers?

Unterwegs in Südnassau

In einem Rundschreiben wurde ich der Kirchenleitung und der Pfarrerschaft von Südnassau vorgestellt. Ich nahm dann an Dekanatstreffen teil und kam in Kontakt mit den Beauftragten der Dekanate für die Weltmission. Es war gut, daß es diese Beauftragten schon gab, denn dadurch wurde klar zum Ausdruck gebracht, daß Mission Sache der Kirche ist und der Missionar der Kontaktmann zu den Kirchen in Afrika und anderen Ländern. In jedem Dekanat gab es auch einen besonderen Missionstag, den ich zusammen mit dem Beauftragten vorbereitete. Oft gelang es mir, Gäste aus den Kirchen in Afrika, Indien oder Indonesien zu gewinnen. Wichtig war auch, daß die Repräsentanten unserer Kirche mitwirkten, wenn es ihnen möglich war. Wiederholt habe ich mit Kirchenpräsident Martin Niemöller, später mit Professor Wolfgang Sucker und zuletzt noch öfter mit Kirchenpräsident Helmut Hild Missionstage gestaltet. Sonntag um Sonntag besuchte ich nacheinander die Gemeinden bis nach Limburg und über St. Goarshausen hinaus, auch in Richtung Frankfurt bis nach Bad Homburg und auch zum Teil in Rheinland-Pfalz. Fast jeden Sonntag predigte ich reihum in den Kirchen. Ich fuhr beizeiten los, denn ich mußte ja das jeweilige Gotteshaus, besonders in den Städten, erst suchen. Einmal landete ich in der katholischen Kirche, weil ich einfach den Kirchgängern nachgefahren war, bis ich merkte, daß es verkehrt war. Doch schnell hatte ich mich mit den Orten vertraut gemacht. Ich freute mich auch, daß die Gottesdienste im allgemeinen sehr gut besucht waren. Nur im Taunus gab es Gemeinden, wo der

Besuch schlecht war. Einmal hatte ich eine Pfarrerin zu vertreten, die dann an dem Sonntag mit ihrem großen Hund in Urlaub fuhr. Nur vier Leute kamen, und die wollten auf der letzten Bank sitzen. Ich bat sie aber, nach vorne zu kommen und hielt statt einer Predigt ein Gespräch. Man hatte mir schon im voraus gesagt, daß der Taunus im allgemeinen nicht kirchlich sei. Dennoch durfte ich auch dort gut besuchte Gottesdienste erleben.

Zu einer Dekanatskonferenz in Usingen hatte der Dekan Kirchenpräsident Niemöller eingeladen. Einige Pfarrer waren sehr frustriert und meinten, es lohne sich heute kaum mehr, eine Predigt vorzubereiten und im Winter für die wenigen Gemeindeglieder, die noch kämen, die Kirche zu heizen. Niemöller hörte sich die Klagen ruhig an. Dann aber wurde er deutlich und sagte: »Ich war mal ein Jahr in Amerika. Selbstverständlich ging ich sonntags zum Gottesdienst. Aber ich hatte bald herausgefunden, welcher Pfarrer mich ansprach, eine Botschaft für seine Gemeinde hatte. Hier füllte sich die Kirche, während andere nicht so gut besucht waren. Also, meine Brüder, es hängt von Ihnen persönlich ab, auch von Ihrem Verhältnis zu Jesus Christus. Die Frage ist doch, ob Sie etwas Wesentliches zu sagen haben; wenn nicht, können Sie nicht erwarten, daß die Leute kommen.« Einige der

Martin Niemöller mit einer indischen Ärztin auf Schloß Assenheim (1953)

Pfarrer waren sehr betroffen. Sie wagten nicht, dem Kirchenpräsidenten zu widersprechen, denn er schöpfte aus reicher Erfahrung.

Missionsabend in Wiesbaden

Ich hatte den jährlichen Missionsabend in Wiesbaden vorbereitet und dazu in den großen Friedrich-Naumann-Saal der Marktkirche eingeladen. Dekan Kirchner hatte sich sehr dafür engagiert. Ich ließ attraktive Plakate drucken, die ich an vielen Orten anbrachte. Da ich für diesen Abend den Präsidenten der Presbyterianischen Kirche von Ghana bei mir hatte, dazu einen afrikanischen Rektor von Nairobi und einen Pfarrer aus Sumatra, dachte ich, daß es am besten wäre, wenn Kirchenpräsident Niemöller den Abend leiten würde. Glücklicherweise konnte er zusagen.

Der Abend kam. Der Saal füllte sich. Viele drängten sich noch in den Gängen. Martin Niemöller begrüßte den presbyterianischen Präsidenten, Pfarrer Odjija aus Ghana, und ich übersetzte. Pfarrer Odjija hatte schnell die Aufmerksamkeit aller gewonnen. Er sprach lebhaft und überzeugend vom Wachsen und Werden der Kirchen in Ghana, von den vielen engagierten Kreisen, etwa den Frauen, die das Evangelium weitertrugen und sogar in die Gefängnisse gingen, um den Gefangenen Essen und die Botschaft von Jesus Christus zu bringen. Er sprach von den Aufgaben der Kirchenvorsteher, von Jugendkreisen und von den Gemeinden im Norden, die nur als missionarische Gemeinden leben konnten, und ermunterte auch uns in Deutschland, nicht müde zu werden, das Evangelium in Wort und Tat zu verkündigen.

Niemöller dankte Pfarrer Odjija und bat den Gast aus Sumatra, zu sprechen. Dieser berichtete, wie die Pionierarbeit Ludwig Nommensens Früchte trug, der bis zu seinem 85. Lebensjahr unter großen Schwierigkeiten und Widerständen das Evangelium den Batak eingeprägt hatte. Sein Motto war: »Tole!« (Vorwärts!) Es war der Geist Gottes, der ihn vorwärts trieb. Auch heute geht nichts, wenn nicht Gottes Geist uns bewegt.

Der Lehrer aus Nairobi, ein Kikuyu, sprach vom Leiden der Kirche, die anfangs der fünfziger Jahre unter der Mau-Mau-Bewegung der Kikuyu in die Enge getrieben wurde. Die Mau-Mau wollten das Volk mit Hilfe eines rituellen Schwurs zusammenschweißen gegen die britische Kolonialregierung. Christen, die diesen gefährlichen Geheimschwur ablehnten, kamen in große Bedrängnis, und viele verloren ihr Leben.

Der Abend schloß mit dem bekannten Missionslied: »Die Sach' ist dein, Herr Jesu Christ«. Niemöller betonte zum Schluß, daß wir der weltweiten Kirche Christi angehören und mit den Kirchen aller Völker verantwortlich sind für die Mission Christi in der Welt. Deshalb sind heute Boten aus vielen Völkern unterwegs mit dem Evangelium von Jesus Christus. Wir sind nicht mehr allein, aber wir bleiben in der Stafette der Boten.

Wer ist der Wilde?

Eigentlich war ich fast die ganze Woche unterwegs. Viele Pfarrer luden mich ein, nachmittags mit den Konfirmanden ein Gespräch über die Mission der Kirche zu führen. Oft tat ich dies anhand von Dias. Es gab Gruppen, die mit Jugendlichen in Kamerun und Ghana Kontakt aufnehmen wollten. Es wurden illustrierte Hefte angelegt und ausgetauscht. Im Schulunterricht zeigte ich an der Tafel, wie zum Beispiel Afrikaner in Großfamilien wohnen, die Anlage eines Gehöfts und die Schutzvorrichtungen und Opferstätten. Ich beantwortete die Frage, warum wir als Missionare gesandt werden und was unser Auftrag ist. Manchmal hatte ich einen Afrikaner oder auch einen Madegassen dabei. Dadurch konnten wir der Jugend klarmachen, daß das Evangelium von Christus auch aus Afrika oder Asien wieder zu uns zurückkommen kann. In Afrika findet die Sonntagsschule in der Regel direkt nach dem Gottesdienst statt oder ist in diesen vor und nach der Predigt integriert. Dabei geht es nicht nur um Erzählen oder Basteln und Malen, nein, entscheidend ist, die geeigneten biblischen Geschichten des Alten und des Neuen Testaments kindgerecht zu vermitteln. Ich habe in Ghana und Kamerun Kindergottesdienste erlebt, die für uns in unseren Gemeinden vorbildlich sein könnten. Erstens kamen große Scharen, die in Gruppen eingeteilt wurden, von denen jede eine Helferin oder einen Helfer hatte. Ich war erstaunt, wie viele Lieder die Kleinen schon singen konnten und mit welcher Begeisterung sie das taten. Die Kinder wurden so zu kleinen Missionaren, die im Lied die Botschaft Jesu nach Hause brachten.

In unseren deutschen Gemeinden fand ich als Opferbüchse gelegentlich noch das nickende Negerlein, das den Kindern hier Spaß macht. Zum Glück hatte Missionar Schneider, der ja viele Jahre in Kamerun war, als Alternative schon früh ein schmuckes Missionskirchlein mit Glockentürmchen hergestellt, das in vielen Gemeinden eingeführt wurde: Wir alle, die wir in Afrika waren, wissen, daß der Afrikaner nicht nickt und daß die »nickende« Opferbüchse seiner nicht würdig ist, besonders wenn man die Geschichte Europas mit Afrika kennt.

Es war wichtig, daß wir die Kinder in das Leben der afrikanischen Kinder hineinblicken ließen und ihnen klarmachten, daß diese, die in einer so ganz anderen Welt leben und es meistens nicht so schön haben wie sie, an denselben Gott und denselben Heiland glauben. Manchmal stellten mir die kleinen Zuhörer Fragen. So zum Beispiel ein siebenjähriger Junge: »Hast du schon mal einen Wilden gesehen?« Ich fragte zurück: »Was stellst du dir denn unter einem Wilden vor?« Überraschend kam die Antwort: »Na, der hat nur Pfeil und Bogen oder einen Speer, wir aber haben einen Trommelrevolver!« »Ja aber, wer ist dann der Wilde?«

NEUES ALTES AFRIKA

Zurück nach Kamerun

Nun waren wir schon fast drei Jahre in Wiesbaden, und ich hatte mich gut in meine Arbeit in Südnassau eingelebt und kannte viele Pfarrer und Gemeinden. Da kam auf einmal der Ruf zurück nach Kamerun. Der Afrikasekretär sagte: »Du bist Kameruner und mußt wieder dorthin!« Das war schnell gesagt, auch sehr erwünscht, aber nicht so leicht durchzuführen. Die beiden älteren Töchter, Magdalene und Adelheid, sollten ins Gymnasium und also daheim eine entsprechende Unterkunft finden, während wir die beiden jüngeren, Siglinde und Cornelia, nach Kamerun mitnehmen wollten. Wir konnten Magdalene und Adelheid schließlich bei Familie Ertle, guten Korntaler Freunden früherer Zeiten, in Altensteig unterbringen. Hermann Ertle, der Gründer und Leiter der Stuttgarter Hymnus-Chorknaben, war inzwischen Direktor des Gymnasiums in Altensteig geworden.
Siglinde brachten wir vorübergehend nach Gießen zu meiner Schwester Berta, da Margret und ich zunächst für einige Wochen nach England mußten. Margret konnte in einem Kursus ihre englischen Sprachkenntnisse vertiefen, während ich an theologischen Vorlesungen und besonders auch an Seminaren über den Islam teilnahm, die Professor Sweetman hielt, ein Mann, der viele Jahre in Beirut tätig gewesen war. Ende Februar verließen wir England und reisten mit den beiden jüngeren Kindern nach Basel.
Margret erhielt den Auftrag, das geplante Kinderheim in Mbengwi als Hausmutter zu leiten, während der Afrikasekretär mir meinen Arbeitsauftrag überreichte, den er im Einverständnis mit der Kirchenleitung in Kamerun ausgearbeitet hatte. Am 10. März 1962, unserem 14. Hochzeitstag, flogen wir über Paris nach Duala. Wir konnten dort im Heim der Pariser Mission bei Familie Helmlinger übernachten. Am nächsten Tag holte uns der Basler Missionar Fred Schwarz ab und fuhr uns mit dem Missionswagen die alte, lange Strecke nach Buea, wo wir nach zwei Reifenpannen in der Nacht ankamen. Unsere Kinder hatten schon Angst, im Urwald übernachten zu müssen und wurden bereits von den ersten Moskitos gepiesackt, obgleich ihnen die Leuchtkäferchen, die um

uns herum einen kleinen Sternenhimmel auf die Erde zauberten, große Freude machten.

In Buea, dem Sitz der Kirchenleitung und des Präses der Basler Mission, konnten wir einige Tage in einem der Gästebungalows unterkommen. Willi Bachmann, der Präses, stellte uns der Kirchenleitung vor, der ich ja nicht unbekannt war. Der Moderator, Pfarrer Ngole, nahm uns herzlich auf. Wir erhielten auch eine Einladung vom Ministerpräsidenten Muna zu einer Party führender Leute. Es war schon etwas Besonderes, nach 22 Jahren Abwesenheit in eine völlig neue Situation zurückzukommen. Kamerun war zwei Jahre zuvor unabhängig geworden. Auf der Party bei Ministerpräsident Muna saß mir gegenüber am Tisch ein englischer Beamter, derselbe, der mich 1940 interniert hatte. Ich erkundigte mich nach seiner Tätigkeit. Er meinte, er sei strafversetzt. Ich fragte ihn, ob während seiner Zeit die Straße durch den Westen des Landes noch ausgebaut worden sei. Er erwiderte: »Was gibt es denn da zu holen?« Offenbar war dies vom wirtschaftlichen Standpunkt aus nicht lohnenswert.

Wir wohnten noch einige Tage im Gästebungalow, bis wir unsere Reise nach Mbengwi antreten konnten. Da im Jahr unserer Ankunft in manchen Gegenden noch bewaffnete Auseinandersetzungen stattfanden, fragte ich den Ministerpräsidenten nach der Sicherheit. Er beruhigte uns, wir bräuchten keine Angst zu haben, wir sollten aber nirgends anhalten, sondern immer zügig fahren.

Willi Bachmann übergab mir ein Auto, einen Willis, zunächst ohne Werkzeug, das er dann aber doch noch in einer großen Autowerkstätte unweit von Buea bekommen konnte. Am 18. März fuhren wir in guter Stimmung los, freuten uns am Urwald und den interessanten Dörfern, den vielen spielenden schwarzen Kindern, kauften uns gelegentlich Bananen und Orangen. Die Kinder genossen die Früchte und fanden, die würden doch besser und aromatischer schmecken als daheim. Wir konnten natürlich nicht schon an einem Tag Mbengwi erreichen, sondern steuerten Fotabe im Urwald an, wo die Rathkes, eine österreichische Missionarsfamilie, uns herzlich aufnahmen. Siglinde und Cornelia fanden sich sehr schnell zurecht. Ein kleiner Schimpanse und das Töchterchen Rathkes wurden willkomme Spielkameraden.

In einem Raum gab es viele Käfige. In jedem war eine besondere Schlangenart untergebracht: die Sammlung eines Schweizer Lehrers. Frau Rathke erzählte uns, der Schimpanse habe einmal alle Käfige aufgemacht, so daß die Schlangen im ganzen Zimmer sich umherschlängelten. Als sie aus der Küche ins Zimmer trat, sah sie ihr Töchterchen spielend mitten unter den Reptilien sitzen, die sich züngelnd und tastend um die blonde Kleine bewegten. Obgleich Frau Rathke weiß vor Schreck wurde, ließ sie sich nichts anmerken, sondern bat ihr Töchterchen mit ruhiger Stimme, sie möchte doch mal in die Küche kommen. Die Kleine bahnte sich durch die umherkriechenden Tiere den Weg und kam unversehrt bei ihrer Mutter an. Später kam der Schweizer und sammelte seine Schlangen wieder ein.

Am nächsten Tag verabschiedeten wir uns und fuhren weiter, kamen langsam aus dem Urwald heraus und auf vielen Kurven und Serpentinen hinauf ins Grasland. Hin und wieder lagen durchlöcherte Autowracks am Wegrand. Einige Ortschaften vor Bafoussam wurden wir von einem Soldaten angehalten, der uns bat, ihn bis zu dieser Stadt mitzunehmen, was wir nicht verweigern konnten. Er meinte, wenn wir Glück hätten, könnten wir in Bafoussam noch einige Menschenköpfe auf Pfählen sehen. Auf solch ein makabres Schauspiel verzichteten wir gerne. Die Andeutung des Soldaten bezog sich auf die blutige Auseinandersetzung zwischen den Regierungsparteien im Kampf um die Präsidentschaft.

Bald öffnete sich das Grasland immer mehr, und der Horizont weitete sich rundherum. Wir fühlten uns freier und freuten uns, dem Ziel langsam näherzukommen. Als wir den Höhenzug, die Santa, erreichten, versperrte uns eine Schranke den Weg. Ein afrikanischer Sergeant kam auf mich zu und wollte uns kontrollieren. Als er mich aber zu meiner Überraschung als seinen früheren Lehrer erkannte, war die Freude groß, und die Schranke öffnete sich fast von selbst. Nun ging es vorbei am alten deutschen Fort mit seinen gebrannten Ziegelbauten und auf Serpentinen hinunter in die Ebene hinein in die Hauptstadt des Graslandes von Westkamerun: Bamenda.

Wir ließen uns den Weg zur Missionsstation zeigen und erreichten sie ohne große Mühe. Fritz Hofmann, der damalige Präses des Graslandes, und seine Familie nahmen uns herzlich auf. Am nächsten Tag begleitete er uns auf den Markt, wo wir noch Früchte, Gemüse und Mehl und manches Notwendige einkaufen konnten. Dann fuhren wir los nach Mbengwi, er voraus in seinem Wagen und wir in unserem Willis. Welche Freude und Neugier bei unserer Ankunft! Gottfried, der Koch, wartete schon gespannt auf uns; der Steward Samuel kam bald darauf und freute sich riesig, als er hörte, daß wir von Deutschland gekommen waren.

Wieder in Mbengwi

Die Station hatte noch dasselbe Gesicht, die Bungalows zeigten sich unverändert und gut erhalten. Nur die Bäume, die ich vor 22 Jahren gepflanzt hatte, waren riesengroß geworden: Die Orangen- und Grapefruitbäume hingen voll mit goldgelben Kugeln; die südafrikanischen Kirschensträucher, die *Pytanga Cherry*, trugen süße Früchte. Es gab Kapstachelbeeren und australische Himbeeren, und wir freuten uns auf den erfrischenden Schmaus. Besonders überraschend waren die Eukalyptusbäume. Als kleine Pflänzchen hatte ich sie in die Erde gesenkt, und nun standen sie mächtig vor mir mit ihren silberglänzenden und duftenden Blättern und Früchten. Mancher Stamm wies einen erstaunlichen Umfang auf. Innerhalb von zwei bis drei Jahrzehnten hatte der Eukalyptus die ganze Gegend, ja weithin das Grasland erobert. Viele pflanzten die jungen Bäumchen in engen Reihen und konnten schon nach 5-6 Jahren kleine Stämme ernten und als Dachsparren verwenden.

Der Baumeister der Basler Mission hatte mir nach unserer Ankunft einen Plan vorgelegt und gesagt: »So sieht das Haus aus, das du jetzt bauen mußt. Darin werdet ihr wohnen.« Dieser Bau wurde notwendig, weil der alte große Bungalow als Heim für die schulpflichtigen Kinder der Missionsleute eingerichtet werden mußte, während der kleinere, obere Bungalow als Wohnung für die Lehrerin auszubauen war mit einem Raum als Schulzimmer.

Präses Hofmann kam einige Male und übergab mir die Buchhaltung und das Schulmaterial, die Liste der Schulen und der Lehrer. Es waren 22 Schulen mit insgesamt 150 Lehrern und einigen Hilfskräften. Nachdem ich mir einen Überblick verschafft hatte, fing ich an, die Schulen nacheinander zu besuchen. Nebenher mußte ich mich um den Neubau kümmern. Der Baumeister kam hin und wieder und gab den Bauleuten die notwendigen Anweisungen. Die Grundmauern und Wände waren bald erstellt, aber dann brauchten wir Holz. Zum Glück konnten wir einen der mächtigen Eukalyptusbäume fällen. Zwei geübte Säger kamen und hoben zuerst eine mannstiefe Grube aus und setzten zwei Querbalken darüber. Dann sägten sie den Baumstamm in zwei bestimmte Längen und legten ein Stammstück auf die Querbalken. Nun konnte die Arbeit beginnen. Ein Säger mußte in die Grube, der andere stand oben. Mit einer großen Bandsäge sägten sie Balken um Balken, und bald hatten sie die Pfette und die Dachsparren und Latten für die Dachkonstruktion. Dann konnte das Wellblech aufgenagelt werden. Die Zimmerleute leisteten gute Arbeit, und die Schreiner stellten Fensterrahmen, -läden und Türen her. Der gefällte Baum lieferte noch viel Feuerholz für die Küche. Es dauerte nicht allzulang, bis wir in den neuen Bungalow einziehen konnten. Natürlich mußte auch eine genügend große Sickergrube für Bad und Toilette ausgehoben werden.

Empfang vor der Schule in Mbengwi

Auf der Station und in den vielen Schulen waren manchmal bis zu vierzig Schreiner und Maurer beschäftigt. Immer wieder mußte ich Bretter zur Herstellung von Schulmöbeln kaufen. Fritz Hofmann hatte mir bei unserer Ankunft schon einen Vorrat schön gesägter Bretter übergeben. Auch in den Schulen lagerten da und dort Holzvorräte und auch Wellblech; alles war registriert und mußte kontrolliert werden. Dafür waren jeweils die Rektoren verantwortlich.
Einmal brachte ich fünfzehn Sack Zement für den Bau weiterer Schulhäuser nach Bonanyang. Ich hatte den dortigen Rektor und den Dorfchef gebeten, genügend Männer zum Abladen und Wegtragen zu schicken. Ich fuhr dann die Last bis zum Fußpfad, der zur Schule führte. Als ich ankam, waren keine Männer da, sondern nur Frauen – zum Teil Mütter mit Babys auf dem Rücken. Ich traute meinen Augen nicht, als

die Frauen nacheinander einen Sack Zement auf den Kopf hievten und wegmarschierten. An Markttagen kann man beobachten, daß die Frauen, meistens Mütter, die Lastträgerinnen des Volkes sind. Die Männer tragen die Kalebassen mit dem Palmwein. Außerdem schlagen sie die ausgewachsenen Raffiarippen und tragen sie bündelweise als Baumaterial nach Hause. Die Hauptlast aber liegt auf den Schultern und Köpfen der Frauen.

Auf der Station hatten wir einen Gärtner, der alles in Ordnung halten mußte, auch den langen Zaun, der das Anwesen umgab. Auch mußten die Wege sauber gepflegt werden und die Wassergräben. In der Regenzeit wurden manche Wege stark mitgenommen. Immer wieder mußten Löcher mit Lateritkies aufgefüllt werden. Der Gärtner hatte also genug zu tun.

Eine originelle Gestalt war der Nachtwächter Robert. Er sollte nachts einen Rundgang durch die ganze Station machen. Eines Morgens zählte ich die Bretter nach und stellte fest, daß es statt 30 nur noch 29 Stück waren. Ich fragte Robert, wie denn dies möglich war, daß während der Nachtwache ein Brett entwendet werden konnte. Er behauptete steif und fest, daß es immer nur 29 Bretter gewesen seien. Ich argumentierte nicht weiter. Er wußte von da an, daß ich alles im Auge hatte.

Manchmal ging ich nachts auf die Veranda und rief den Nachtwächter. Es dauerte oft sehr lange, bis er anwortete. Offenbar war er eingeschlafen. Wenn ich wiederholt seinen Namen rief, antwortete er, indem er in der Ferne in eine entgegengesetzte Richtung »Yes, Sir!« rief, um mich zu täuschen. Einmal kam ich nachts aus dem Schlafzimmer und sah glücklicherweise, wie im Waschraum ein Feuer auflorderte. Ich rief den Nachtwächter, der nach einer Weile herbeigeeilt kam und mit mir das Feuer löschte. Immer wieder sagte er mir: »You are a wonderful

Nachtwächter Robert

man!« Das hieß natürlich nicht, ich sei ein wunderbarer Mensch, sondern, daß ich ein geheimnisvolles Gespür für gewisse Dinge hätte. Dies sprach sich überall herum und hatte zur Folge, daß nie mehr etwas abhanden kam.

Eines Morgens kam unser Steward Samuel und sagte mir, daß eine Gruppe junger Männer bis tief in die Nacht meine Person kritisch beurteilt habe. »Wieso?« fragte ich. Er berichtete: »Sie haben hin und her diskutiert und sich gefragt, ob Sie eine Persönlichkeit seien, ein Mann, der etwas kann oder nicht. Schließlich entschieden sie, daß Sie es sind und auch, daß Sie umgänglich seien.« Diese Entscheidung hatte mir sicherlich die Türen geöffnet.

Einheimische Lehrerkinder zu Siglinde und Cornelia: »Ihr seid jetzt unsere Schwestern.«

Im Spätherbst konnten wir in den neuen Bungalow einziehen. Wir waren nun gut untergebracht. Ein besonderer Fortschritt war fließendes Wasser in Bad und WC. Die Helfer mußten nicht mehr zum Bach hinunter, um Wasser zu schöpfen und auf dem Kopf heraufzutragen. Ich hatte neben dem Bungalow der Lehrerin einen Wassertank gebaut, unten am Bach eine Pumpe installiert und Leitungen in die Bungalows gelegt. Es war ein großes Ereignis, als in der Küche zum ersten Mal Wasser aus dem Hahn lief. Gottfried, der Koch, führte einen Freudentanz auf. Nun machte ihm das Kochen wesentlich mehr Spaß.
Ich staunte, wie problemlos sich Margret in die neue Situation einlebte und wie schnell sie guten Kontakt mit den afrikanischen Hilfskräften bekam, die ihrerseits auch sehr gerne mit ihr zusammenarbeiteten. Siglinde und Cornelia fanden sich auch rasch zurecht, suchten Kontakt mit den afrikanischen Schülerinnen. Margret gab sich große Mühe, die Zimmer für die Kinder wohnlich einzurichten. Solange die Lehrerin aus der Schweiz noch nicht da war, unterrichtete sie Siglinde und Cornelia, die sich immer freuten, wenn die Schulstunden zu Ende waren und sie hinausspringen konnten, um mit den afrikanischen Kindern zu spielen, vor allem mit den Kindern der Lehrer, die mit ihren Familien auf der Station wohnten.

Im »Office«

Früher gab es in dieser Gegend noch kein Auto. Wir waren immer mit dem Pferd unterwegs gewesen, bergauf und bergab, besonders der Gemeindemissionar. Jeder hatte sein Pferd. Jetzt sah man fast nur noch Hirten auf Pferderücken. Ich erhielt bald einen Landrover, mit dem ich viel unterwegs war auf oft unmöglichen Pisten. In der Regel hatte ich mein Feldbett bei mir, während meine Küchenkiste nicht mehr notwendig war. Samuel, der mich überallhin begleitete, kochte entweder auf drei Steinen oder auf einem Blech mit Füßen. Ich staunte immer, wie flott und gut er ein Essen zubereiten konnte und wie schnell der erquickende Schwarztee bereit war. Samuel war ein sehr erfahrener Koch, der schon bei englischen Beamten gedient hatte, zuletzt bei einem deutschen Pflanzer tätig, der von Ceylon Teepflanzen nach Kamerun gebracht hatte. Er war ein integrer Charakter und absolut zuverlässig. Ein Vorgänger sagte mir einmal, er habe Samuel große Geldsummen anvertrauen können; es habe nie etwas gefehlt.

Bald wurde ich mit Briefen von Lehrern überschüttet, die mir von Schülern überbracht wurden. Sie waren meistens einige Seiten lang, so daß ich gleich am Anfang ein Rundschreiben hinausgab, daß Briefe, die länger als eine Heftseite seien, nicht angenommen oder gelesen würden. Freitagnachmittags und samstags kamen oft Lehrer, um allerlei vorzutragen oder zu erfragen. Manche erbaten einen Gehaltsvorschuß, weil sie heiraten oder ein Haus bauen wollten. Einige waren sehr redegewandt und wiederholten ihr Anliegen oft zwei oder gar drei Mal, so daß ich bat, in aller Kürze zur Sache zu kommen.
Einmal im Monat war Zahltag. Nacheinander erschienen die Lehrer oder ihre Boten, um ihr Gehalt abzuholen. Tags zuvor hatte ich auf der Bank in Bamenda das Geld abgehoben und über Nacht auf der Station im Safe verstaut. Das Auszahlen verlief gut. Ich mußte allerdings immer nachschauen, ob der betreffende Lehrer nicht Schulden hatte, die abzuziehen waren.
Einmal kamen zwei flotte, sportliche Lehrer in mein Büro, die mir gegenüber ausfällig wurden. Ich sagte ihnen, ich sei letztlich im Dienst ihres Kultministers und schickte sie hinaus, sie könnten aber wieder hereinkommen, wenn sie sich überlegt hätten, wie man mit einem Dienstältesten umgeht, einerlei ob er schwarz oder weiß sei. Es dauerte nicht lange, bis sie wieder hereinkamen und wie verwandelt waren. Wir wurden gute Freunde. Beide sind später leider bei politischen Auseinandersetzungen vergiftet worden. Junge, prächtige Menschen!
Ein andermal kam ein junger Hilfslehrer und wollte sein Gehalt abholen. Er war etwa 1,50 m groß. Natürlich trug er seine Tasche nicht selber, sondern hatte einen Burschen, der etwa 1,85 m groß war und ihm seine Tasche trug. Als Hilfslehrer hielt er es für unter seiner Würde, sie selber zu tragen. So war es ja auch im allgemeinen in der Stammesgesellschaft: Ein älterer Mann hatte immer einen Burschen bei sich, der ihm seine Tasche trug, manchmal auch seine Frau. Diese Einstellung hat sich in einem Sprichwort niedergeschlagen: »Ntǜn mun bǫ ntsa u, u leb bam i.« (Streite nicht mit dem, der dir überlegen ist, sondern trag ihm seine Tasche.) Als der Hilfslehrer sein Gehalt eingesteckt hatte, nahm er seinen Stock und marschierte los. Sein baumlanger Begleiter folgte ihm. Den Hilfslehrern gab ich manchmal ein lehrreiches Buch mit und bat sie, mir beim nächsten Mal darüber zu berichten.

Der Schulinspektor kommt

Nachdem ich die Zentralschule in Mbengwi besucht hatte, fuhr ich eines Morgens los zur nächstgelegenen Schule in Mbemi. Rektor Fombad war ein sehr zugänglicher Mensch. Es gab vier Hauptklassen und ebenso viele Parallelklassen. Ich setzte mich in einzelne Klassen und verfolgte den Unterricht. Außerdem inspizierte ich die Schulgebäude und Lehrerwohnungen. Die Gebäude waren in einer ziemlich breiten Ebene angesiedelt, die Toiletten an einen Abhang gebaut. Glücklicherweise floß ein schmaler Bach direkt durch diese Räume. In allen Schulen mußte ich auch die »stillen Örtchen« auf ihre Sauberkeit prüfen. Dies tat sogar der Kultusminister, wenn er zu Besuch kam. Dazu gehörte auch ein Schulgarten, in dem verschiedene Gemüse angebaut wurden. Der Garten bot viel Stoff für den Unterricht in Botanik und Ernährungskunde.
In Mbemi gab es noch eine besondere Überraschung. Der Rektor stellte mich einem der großartigsten Trommler vor: Kuchambi. Geistig war er etwas gestört, und man hatte ihn wiederholt gefesselt, doch mit unmenschlichen Kräften sprengte er jedesmal die Fesseln. Ich bat ihn, mir etwas vorzutrommeln. Er hatte seine Sprechtrommel auf zwei gegabelten Stützen aufgebaut und fing an, mit atemberaubender Fertigkeit zu trommeln. Gleichzeitig sprach er dazu mit klangvoller Tenorstimme ein Gebet.
An einem anderen Tag, während der Trockenzeit, fuhr ich ins Ngie, in ein sehr gebirgiges Gebiet. Mein Auto mußte ich am Wegrand stehen lassen und noch einen Kilometer zur Schule in Bonanyang marschieren. Dort wurde ich erwartet. Die Schulgebäude waren aus Bambus und Lehm gebaut und machten zum Teil einen jämmerlichen Eindruck. Trotzdem versuchten die wenigen Lehrer ihr Bestes. Manchmal saßen in den Klassen auch Mädchen, die ihr jüngstes Schwesterchen oder Brüderchen in einem Fell auf dem Rücken hatten.
Die Lehrer, aber auch der Mfon von Bonangyang, drängten mich, ihnen zu helfen, stabile Schulhäuser zu bauen. Dazu hatte ich mich auch entschlossen, und es dauerte nicht lange, bis die Bewohner des Dorfes Steine gruben und herbeitrugen. Bald kamen auch die Maurer, nachdem ich Zementsäcke herbeigeschafft hatte. Natürlich mußte das Dorf auch Eigenleistung erbringen.
Die Geschichte dieses Dorfes ist sehr spannend. Als Missionar Dr. Adolf Vielhauer mit Zachäus, einem der ersten Katecheten, den Ort besuchte, um dort das Evangelium zu verkündigen und sich beim Mfon gemeldet

hatte, ließ dieser ausgiebig trommeln, so daß es weit und breit von den Leuten auf ihren Feldern gehört werden konnte. »Was trommelt denn der Mfon?« fragte Vielhauer etwas stutzig seinen Begleiter. Dieser war plötzlich sehr verängstigt und sagte ihm: »Wir müssen sofort weg von hier, so schnell wir nur können. Der Mfon hat verkündet: ›Kommt alle, es ist zartes, weißes Fleisch angekommen!‹ Also fort!«
Es gab ja das Gerücht, daß Bewohner dieses Gebietes »Menschenfresser« waren. Bei meinem ersten Aufenthalt hatte ich einige Schüler des Internats in Mbengwi gefragt, wie denn Menschenfleisch schmecke, worauf sie prompt antworteten: »Very sweet!«, also sehr schmackhaft. Nach späteren Erkundigungen an Ort und Stelle sagten mir Lehrer aus verschiedenen Stämmen, daß die Leute eines Stammes oft die eines andern als Kannibalen beschimpften.
Einige Jahre später besuchte Missionar Uloth wiederholt Bonanyang und konnte sogar eine kleine christliche Gemeinde gründen. Die Christen hatten sich ein Lehmhaus gebaut für ihre Zusammenkünfte. Als Uloth eines Tages wieder nach dieser jungen Gemeinde sah und sie alle mitten im Gottesdienst waren und fröhlich sangen: »Ba ni ṅgyeti Ba Yawe, Halleluyah« (Laßt uns loben den Herrn), kam der Mfon und stellte sich mit einer Anzahl Männer, alle mit Speeren bewaffnet, vor der Kirche auf. Der Häuptling rief Uloth heraus und sagte ihm: »Wir wollen keine christliche Gemeinde hier und wollen auch von deinem Christus nichts wissen! Sieh diese Männer! Ich kann dich umbringen lassen, wenn ich will. Ich habe die Macht!«
Uloth, der selber noch größer war als der Mfon, richtete sich auf, hob die Hände gen Himmel und entgegnete: »Ich melde deinen Entschluß meinem himmlischen Herrn.« Tat es, packte seine Sachen und ging. Vierzehn Tage später ließ der Mfon den Missionar bitten, er möge sofort kommen und für ihn beten, er sei todkrank. Doch es war schon zu spät: Er starb, ordnete aber noch vor seinem Tod an, daß niemand mehr der christlichen Gemeinde etwas antun dürfe. Gott hatte geantwortet.
Heute ist dort eine blühende Gemeinde. Ich habe hier wiederholt vor einer großen Schar gepredigt und war anschließend im Kindergottesdienst mit mehr als hundert Kindern und einigen Helfern. Man muß diese Kinder singen hören! Sie lernen Lieder und singen alles auswendig mit kräftigen Stimmen. Hier fühlt man sich nicht mehr als Fremder, sondern ist aufgenommen wie ein Bruder und freut sich der Gemeinschaft im Glauben.
Noch viele Schulen warteten auf meinen Besuch. Einige Kilometer ober-

halb Bonanyang liegt Tinestong. Dort gab es eine kleinere Schule. Als ich ankam, war fast kein Mensch zu sehen, nur der Trommler. Er sah mich zum ersten Mal und wollte erst wissen, wer ich sei und was ich wolle. Als ich ihm alles geschildert hatte, nahm er zwei Schlegel und bearbeitete eine große Sprechtrommel. Jeder konnte verstehen, wer in ihrem Dorf angekommen war, wie ich aussah und was ich wollte. So eine Sprechtrommel ist ein phantastisches Telefon! Es wird aus einem Baumstammstück hergestellt. Dieses wird ausgehöhlt, doch so, daß die eine Seite etwas dünner, die andere etwas stärker wird. Der Schlitz in der Mitte ist etwa 25-30 cm lang, je nach Länge der Trommel. Die beiden verschieden dicken Wände der Trommel erzeugen beim Schlagen verschiedene hohe und tiefe Töne. In der Trommelsprache haben sie alle – auch die Zwischentöne – eine bestimmte Bedeutung. Der Trommler muß nun die Melodie seiner Botschaft so erzeugen, daß sie verstanden werden kann.
Von der Höhe von Tinestong konnte man weit übers Tal hinüberblicken zu den Bergen, die auch noch auf mich warteten. Zuerst aber mußte ich ins Tal hinunter nach Andek. Dort stand bereits eine voll ausgebaute Hauptschule. Die Schulhäuser waren aus Stein, aber die Mauern waren bei einigen etwas brüchig geworden. Auch mußten weitere Klassen gebaut werden. Präses Fritz Hofmann hatte mir bei der Übergabe mitgeteilt, wieviel Bretter und wieviel Wellblech, Nägel und anderes Material dort bereits lagerten, auf das ich zu achten hätte.
Als ich ankam, ging der Rektor mit mir zum Mfon. Wir riefen die maßgebenden Leute zusammen und sprachen über die Weiterentwicklung der Schule. Der Häuptling begrüßte mich als Neuling. Ich sagte ihm, daß ich mich dafür einsetzen müsse, daß die Gebäude repariert und ein neues Schulhaus sowie ein Lehrerhaus gebaut werden. Es seien ja genug Bretter, Wellblech und Balken da, und er, der Mfon, solle mit dazu beitragen, daß die Sache vorangehe. Darauf ergriff der Mfon das Wort und sagte: »Ich habe verstanden, was du gesagt hast, nur weiß ich jetzt noch nicht, ob du ein guter oder ein schlechter Mensch bist. Das muß ich erst herausfinden!« Ich antwortete: »Ich hoffe, du wirst bald herausfinden, daß ich es gut mit deinem Volk meine. Was ich zu tun habe, tue ich für euch und nicht für mich.« Es dauerte nicht lange, bis wir gute Freunde wurden und er mich häufig besuchte.

Wegen Zauberei geschlossen

Meistens übernachtete ich in Andek und ging am anderen Morgen weiter. Von der Schule aus blickte ich hinüber zum Gebirge. Dort mußte ich hinauf. Zunächst balancierte ich auf einem glitschigen Baumstamm über den Fluß, und dann ging es bergauf, steil und immer steiler auf Serpentinen. Die Sonne brannte schon ungehemmt auf die Bergseite. Ich mußte nach Nkon, das hoch oben in den Bergen lag und über einige Höhenzüge erreicht werden mußte. Fritz Hofmann hatte mir gesagt, daß er dort schon Schwierigkeiten gehabt hätte. Also mußte ich mutig voraus. Ein Schüler trug meine Aktentasche auf dem Kopf, und Samuel, mein Koch und Begleiter, war immer in meiner Nähe. Nach einigen Stunden kamen wir verschwitzt, müde und durstig an. Die Überraschung und Enttäuschung ließen nicht lange auf sich warten.
Als ich nach den Lehrern schaute und sie begrüßen wollte, kam mir nur einer entgegen, Sama, ein kräftiger junger Mann. Es sollten aber vier Lehrer sein. Als ich nach den anderen fragte, sagte er: »Sie alle sind geflohen aus Angst vor den Hexen und Zauberern.« »Aber du hattest keine Angst?« »Oh!« sagte er, »ich hatte große Angst letzte Nacht. Als ich von meinem Bett aus nach etwas greifen wollte, wurde meine Hand festgehalten. Der Schweiß brach mir aus. Böse Geister waren in meinem Raum!«
Im Schulhof tummelten sich noch einige Kinder. Ich bat den Lehrer, sie nach Hause zu schicken. »Nein«, sagte er, »das sind Kinder der Hexen und Zauberer. Wenn ich sie wegschicke, habe ich die Eltern gegen mich. Ich muß ihnen etwas zu essen geben.« Da stand ich nun vor dem Bankrott einer vierklassigen Volksschule und hatte es offenbar mit bösen Mächten zu tun. Ich schickte jemanden zum Häuptling und ließ ihm sagen, er solle am Abend noch trommeln lassen, daß am Morgen schon bald nach Sonnenaufgang das ganze Dorf zum Schulhof kommen solle. Samuel bereitete mir ein Abendessen vor, während ich mein Feldbett aufschlug. Es dauerte nicht lange, bis der Mfon trommeln ließ. Es war inzwischen Nacht geworden. Noch ehe ich mit dem Essen fertig war, brach ein schweres Gewitter los. Die Blitze zuckten mit großem Knall am Nachthimmel und erhellten die Bergkuppen ringsum. Der Donner rollte fürchterlich, und plötzlich fing es an zu hageln. Der Sturm hatte das Dach von meiner Hütte weggerissen, und die Hagelkörner lagen schwer auf meinem Bett. Als das Gewitter sich beruhigt hatte, streifte ich das Eis weg und legte mich zur Ruhe. Noch ehe ich einschlief, konnte

ich den blankgefegten Himmel mit seinen leuchtenden Sternen betrachten und Gott danken, daß ich nicht den bösen Mächten ausgeliefert war, sondern mich seinem Schutz und seiner Macht anvertrauen durfte.

Am nächsten Morgen hörte ich wieder die Trommel. Die Nachricht wurde verstanden. Nacheinander kamen der Mfon und die Leute, viele junge kräftige Männer und Frauen. Zuerst versammelten sich die Christen und sangen einige Lieder und beteten. Ein Gemeindeglied leitete die Gruppe. Dann hielt ich eine kurze Ansprache über Psalm 96, den ich in ihre Situation übertrug: Gott fordert uns alle auf, ein neues Lied zu singen und unter den Nichtchristen, den Traditionalisten und auf der ganzen Welt unter allen Völkern zu erzählen von der Herrlichkeit und Macht Gottes – von dem einen großen Gott, der Macht hat über alle Götter der Menschen, sogar über die bösen Geister, über Hexen und Zauberer. »Er hat Jesus Christus in die Welt gesandt«, sprach ich, »der aus Menschen böse Geister ausgetrieben und sogar den Tod bezwungen hat. Bei euch gibt es offenbar Hexen und Zauberer, die sich sogar an die Lehrer der Schule heranwagen. Ich kann euch aber im Namen dieses Gottes sagen, daß ihr auf der Seite der bösen Mächte seid, die Jesus Christus besiegt hat, und ihr werdet euch einmal vor ihm verantworten müssen. Warum wollt ihr den bösen Mächten dienen und nicht Jesus Christus? Ihr seid auf der falschen Seite. Kehrt den bösen Geistern den Rücken und wendet euch dem einen lebendigen Gott zu, der mehr zu fürchten ist als alle Götter und bösen Geister und euch sein Heil und seinen Frieden geben will!«

Als ich fertig war, ging ich unter die Menge, und gab denen, die ich als Hexen und Zauberer vermutete, die Hand, blickte ihnen unerschrocken in die Augen und fragte sie: »Habt ihr mich verstanden? Wendet euch zu dem Gott, der heilig und barmherzig ist!«

Ich hatte noch genügend Zeit und schaute mich in dem Bergdorf um. Vor allem wollte ich mit dem Mfon ins Gespräch kommen. Als ich ihn besuchte, entdeckte ich die vielerlei Schutzzauber, die er an seinem »Palast« angebracht hatte, ebenso den Fetisch, seine »Schutzmacht«, die aus allerlei Vogelfedern, Leopardenzähnen, Stacheln vom Stachelschwein und Schlangenköpfen bestand. Ich fragte ihn: »Was hast du denn für Probleme als Mfon?« Er klagte mir: »Wir haben Landprobleme. Der Nachbarstamm mißachtet immer wieder unsere Stammesgrenze und hat sich bisher über jeden Schutzzauber hinweggesetzt.« – »Was hast du denn bisher dagegen getan?« fragte ich. – »Wir haben den stärksten Zauber eingesetzt und einen Hund bei lebendigem Leib direkt an der

Grenze begraben, aber der Mfon des anderen Stammes fürchtet sich vor gar nichts.« Ich gab ihm den Rat, dies doch vom einheimischen Gerichtshof regeln zu lassen.

Am Abend legte ich mich zur Ruhe. Es dauerte eine Weile, bis ich einschlafen konnte nach all dem Erleben in einer Gegend, in der Menschen in Angst vor dem Einbruch des Bösen leben. Dann wachte ich plötzlich erschreckt auf. Drei Gewehrschüsse krachten direkt hinter meiner Hütte. Ich scherte mich aber nicht lange darum und schlief wieder ein. Am andern Morgen fragte ich meinen Steward, was denn los war. Er sagte: »Die Hexen und Zauberer haben an der Wegkreuzung hinter deiner Hütte, wo die Geister sich versammeln, Gewehrschüsse abgefeuert und geschworen, daß sie der Schule und den Lehrern nichts Böses mehr antun werden.« Gott sei Dank, die Schularbeit konnte weitergehen!

Doch es war sehr schwer, wieder Lehrer zu finden, die bereit waren, in Nkon zu unterrichten. Einer nach dem andern lehnte ab. Einer sagte: »Ich gehe nicht nach Nkon. Dort haben sie meinen Onkel umgebracht. »Balüm ka kwad ntu i!« Das heißt: Die Hexen haben meinem Onkel das »Herz« gefressen, sie haben ihm mit schwarzer Magie die Lebenskraft genommen. Ich mußte Lehrer von einem anderen Volksstamm einsetzen, die diesen Hexen und ihren Mächten widerstehen konnten.

Später bin ich noch einmal nach Nkon gekommen. Inzwischen waren dort vier neue Lehrer tätig. Einer von ihnen hat mir berichtet, daß das Dach des neuen Schulhauses trotz wiederholter Bitten nicht gedeckt werde. Nach meiner Ankunft ging ich zum Mfon und bat ihn, noch am Abend zu trommeln, daß am nächsten Morgen gegen acht Uhr das Schulhausdach gedeckt werden müsse und daß jeder mit Palmzweigen und entsprechendem Bindematerial zu erscheinen habe. Ich sagte ihm auch, daß ich, wenn dies nicht geschähe, die Schule schließen würde, was er auf jeden Fall verhindern wollte. Auch bat ich ihn, sich am nächsten Morgen neben mich in den Schulhof zu setzen, bis das Dach fertig wäre. Er trommelte dann am Abend und nochmals am Morgen in aller Frühe. Um acht Uhr saß ich mit dem Mfon im Schulhof. Nacheinander kamen junge Männer mit Palmzweigen. Einige stiegen aufs Dachgerüst, andere reichten die Zweige. Nach zweieinhalb Stunden war das Dach gedeckt und dicht. Ich fragte dann meinen Steward Samuel, was denn die jungen Männer über mich und die Schule denken. Er sagte, nach ihrer Meinung bräuchten sie keine Schule, ich solle mein Zeug zusammenpacken und verschwinden. Sicher scheint, daß das Volk in den Bergen hier, wo man ringsherum nur fruchtbare Palmen und Felder sieht, alles zum Leben hat. Man sagte mir auch, daß kein Polizist es wagen würde, nach Nkon hinaufzugehen, und schon gar nicht ein Steuereinzieher. Er würde nicht lebend wieder herunterkommen. Sicherlich wird auch für diese freien, unabhängigen Menschen der Augenblick kommen, wo sie sich dem Staat einordnen und ihre Pflichten wahrnehmen müssen. Dann allerdings wird die junge Generation froh sein über ihre Schulbildung.

Nwuchebon

In Nkon war ein Katechet namens Nwuchebon eingesetzt. Er hatte den Auftrag, die Christen tiefer in den christlichen Glauben einzuführen und Taufbewerber zu unterrichten. Aber offenbar war sein Glaube an Christus noch so schwach, daß er in ständiger Angst vor den bösen Geistern lebte. Er spürte den Druck dieser Mächte immer stärker, so daß er eines Nachts davonrannte. Aus Furcht vor der Zauberkraft ließ er alles zurück, seine Kleider, seine Bücher, seine Küchengegenstände, und rannte splitternackt hinunter nach Andek und hinüber in seine Heimat nach Adjei. Ich fragte einige Leute, wie es denn dazu gekommen sei.
Man erzählte mir folgendes: Nwuchebon sei gerne in den Trinkklub des Dorfes gegangen. Doch einmal blieb er zu Hause, weil er sich auf den Sonntaggottesdienst vorbereiten wollte. In der Nacht zum Sonntag nun hetzten Mitglieder des Trinkklubs, Männer und Frauen, die alle Zauberer und Hexen waren, böse Geister auf den Katecheten, die ihm so zusetzten, daß er davonrannte. Zum Gesang am Samstagabend im Klub wurde noch leidenschaftlich getanzt; es war ein Totentanz zum Gedenken an einen verstorbenen Christen. Unter den Mitgliedern des Klubs waren sogar Christen, die sich Zauberkraft angeeignet hatten und trotzdem noch zur Kirche gingen.
Einige Leute brachten Nwuchebon zu einer Muslimin, die sich auf traditionelle Medizin verstand. Diese gab ihm einen Absud von Kräutern zu trinken, der den bösen Geist aus ihm vertreiben sollte. Aber es half alles nichts. Offenbar hatten ihm auch die Hexen einen Trunk verabreicht, was zur Folge hatte, daß er oft die ganze Nacht durch sang und nicht aufhören konnte, obgleich ihn niemand verstand. Manchmal steckte er seinen Kopf in eine Schachtel und sang ununterbrochen. Sein Bruder, der auch Lehrer war, brachte ihn schließlich ins Krankenhaus nach Bamenda, aber schon in der Nacht brach er auf und rannte etwa

vierzig Kilometer zurück in sein Dorf. Ich traf ihn eines Tages, eine erbarmungswürdige Gestalt. Ich war tief erschüttert, wie dämonische Mächte einen Menschen an Leib und Seele ruinieren können, aber auch froh, daß vor Jesus diese finsteren Gewalten weichen müssen.

In Nkon wie auch an vielen anderen Orten gibt es heilige Haine, wo Dorfbewohner und Hexen vor einem Häufchen kleiner Steine Ahnen und Geister verehren, monatlich oder jährlich. Zuerst wird die Stätte gesäubert, dann wird das Opfer dargebracht: Palmwein, Fufu (eine Art Maisstampf), Melonen, Pfeffer und Öl. Anregende Kolanüsse werden gekaut und ein Teil davon geopfert. Auch wird ein Huhn oder ein Hahn geschlachtet und das Blut über die Opfersteine gesprengt, und der Priester, ein Familienglied oder das Sippenoberhaupt spricht ein Gebet. Der Zweck der Handlung ist, so sagten mir die Beteiligten, den Geist, der an dieser Opferstätte wohnt, zu besänftigen, damit er nicht ins Dorf kommt und Krankheit verbreitet. Dies hat mir der Bruder des gequälten Nwuchebon erzählt. Er berichtete mir auch, daß schon vor seinem Bruder ein Katechet durch den üblen Einfluß der Hexen ums Leben gekommen sei.

Wenn wir dies alles erleben, können wir nur froh und dankbar sein, daß sich über den Hirten in Bethlehem der Himmel auftat und die Boten Gottes ihnen die Angst nahmen und ihnen zuriefen: »Fürchtet euch nicht! Siehe, ich verkündige euch große Freude, die allem Volk widerfahren wird, denn euch ist heute der Heiland geboren, welcher ist Christus, der Herr«. Diesen Herrn dürfen wir überall verkündigen – und nur diesen, den Gott der Menschheit zum Heil gesandt hat.

Als ich wieder mal den Mfon in Andek besuchte und allerlei zu besprechen hatte, wollte ich von ihm wissen, ob er sich mittels seiner Sprechtrommel mit einem andern Mfon im nächsten Dorf unterhalten könne. Er erwiderte: »Natürlich kann ich das!«, setzte sich an seine Sprechtrommel, nahm in jede Hand einen Schlegel und fing an zu trommeln. Er rief auf diese Weise beim andern Mfon an und übermittelte ihm eine Botschaft. Ich hörte schon nach kurzer Pause, wie der andere antwortete. Als ich mich einem anderen Dorf näherte, hörte ich, wie auch dort eine Nachricht weitergegeben wurde. Mein Begleiter erklärte: »Ein Mann gibt bekannt, daß eben seine Frau gestorben sei und fragt, was er tun solle.« Seine Trauerbotschaft wird weit und breit gehört, und die Dorfleute wissen, daß sie am Leid dieses Mannes teilnehmen müssen und sich entsprechend vorzubereiten haben.

Schutzzauber

Ich wollte die Schule in Adjei besuchen. Als ich den Ortseingang erreicht hatte, kam ein großes Freudengeschrei auf. »Was ist denn los hier?« fragte ich erstaunt. Jemand hat ein Eichhörnchen lebend gefangen. Dieser Mann war als Dieb verdächtigt worden. Um seine Unschuld zu beweisen, mußte er ein Eichhörnchen lebend fangen und vorweisen. Das gelang ihm. Jetzt ist er frei; aber kann man so seine Unschuld beweisen? Eines ihrer Sprichwörter redet davon: »U bo̱ ntuṅ nu mbika̱d ɣa', a tu' fe'« (wenn du die Wahrheit hier begräbst, kommt sie dort heraus).
Am Ortsausgang kam ich an einem Zauber vorbei, ein weiß getünchter Topf mit allerlei zauberkräftigen Mitteln. Man sagte mir, wenn jemand im Dorf etwas gestohlen habe und hier vorbeigehe, würde sein Leib innerhalb von drei Tagen anschwellen, dann würde er sterben, es sei denn, daß er beim Anblick des Zaubers das gestohlene Gut ablege.
Eines Tages ging ich nach Njinikom, schaute mir die Schule an und sprach mit dem Mfon, einem Mann mit einem Lächeln in seinem glänzend schwarzen Gesicht. Breitspurig saß er bei den drei etwa ein Meter hohen Basaltsteinen, vor denen er normalerweise Gericht hält. Hier, wo mit der Gegenwart der Ahnen gerechnet wird, muß der Angeklagte sich vor seinen Klägern verteidigen. Ich interessierte mich für seinen Fetisch. Er führte mich in eine Hütte. In der linken Ecke war der ziemlich große Fetisch auf einem dreigabeligen Ast aufgebaut. Jeder wählt beim Aufbau eines Fetischs machtgeladene Gegenstände von wilden Tieren: Haut, Knochen, Zähne, Krallen, Haare, Hörner und Schlangenköpfe. Erst nachdem ein solcher Fetisch mit dem Blut eines entsprechenden Tieres geweiht worden ist, gilt er als mächtig und kräftig gegen böse Einflüsse. Es gibt auch einfache Schutzzauber. Immer wieder sah ich, daß jemand auf dem Markt seinen Stand für einen Augenblick verließ und ein Kuhhorn auf seine Waren legte. Die Frage ist, wieweit die junge Generation sich von diesen furchteinflößenden Dingen noch beeindrucken läßt.

Der Fetisch auf dem Marktplatz

Als ich wieder einmal nach Andek kam, bat ich den Mfon, er möge mir doch erzählen, wie der Marktplatz in seinem Gebiet angelegt wurde. Er

Magische Kultgegenstände

schilderte mir dann bis ins einzelne, wie dieser nach alter Tradition vor vielen Jahren gegen Diebe und Betrüger abgesichert worden war. Bei der Gründung wurde ein Hund lebendig eingegraben. Sein Kopf mußte so lange herausschauen, bis alle Familienhäupter, deren Sippen gruppenweise versammelt waren, nach allen Richtungen Flüche gegen Zauberer, Hexen und jegliches Übel geschleudert hatten. Danach wurde der Kopf des Hundes vollends zugedeckt. Dicht dahinter hatte man sofort einen Gummibaum gepflanzt, der noch dasteht, sehr knorrig mit vielen sichtbaren, nackten, weit verzweigten Wurzeln. So entstand ein heiliger Ort, ein Ort des Fluches und des Schutzes. Nicht weit weg von diesem Platz gibt es einen Fetisch, der von allen Oberhäuptern gesetzt worden war. Er besteht aus einer Anzahl flacher Steine, in deren Mitte sich ein Basalt von 50 cm Höhe erhebt. Dieser stammt von dem verstorbenen Vater des Mfon von Andek. Unter den flachen Steinen, die fast alle gleich groß sind mit einem Durchmesser von etwa 20-30 cm, liegen die besonderen runden verschiedener Größe direkt um den Hauptstein herum, für jeden Bezirk ein eigener Stein.

Wenn früher Opfertag war, entfernte jeder seine Steine und goß dann drei Kalebassen Wasser mit Palmwein vermischt in die Erdlöcher hinein, bis diese gefüllt waren. Danach warf jeder ein unfruchtbares Ei in sein

Loch und schaute sofort weg, während er Verwünschungen aussprach über Diebe, Räuber und Betrüger, die den Palmwein verwässern. Dann wurden die Steine wieder gesetzt. Dann brachte man den eigentlichen Schutzzauber in eine kleine Hütte – ein mit weißer Erde bemaltes Tongefäß, in dem verschiedene Gifte gemischt waren. Diebe, Betrüger und Lügner, die sich vor diesem Fetisch noch frech verteidigten, würden unfehlbar nach drei Tagen sterben.

Als ich mich einmal neben diesen Schutzzauber setzte, entdeckte ich verschiedene Dinge darauf. Mir wurde gesagt, daß man an diesem heiligen Ort sogar Geld hinlegen könne. Niemand werde es nehmen. Und wenn jemand aufs Feld geht und etwas vergessen hat, kann er seine Sachen dort ablegen und nach Hause gehen, um das Vergessene zu holen. Er wird auf jeden Fall die einstweilen zurückgelassenen Dinge wieder unversehrt finden.

Im Palast von Andek steht ein offenes, hochgemauertes Häuschen, in dem die große Sprechtrommel untergebracht ist. Sie wird nur im Krieg oder beim Tod des Mfon, bei dessen Totenfest oder Familienfest geschlagen. Darunter liegt ein blutbeschmierter runder Stein, der offenbar viel gebraucht wurde. Man legte die Schädel der Erschlagenen um diese Trommel. Sollte etwa entschieden werden, ob man in den Krieg ziehen sollte oder nicht, mußte das Orakel mit einem Opfer befragt werden. Vor dem runden Stein, der vor die Kriegstrommel gesetzt wurde, tötete der Priester einen Hahn. Fiel der Hahn auf den Rücken, so war es ein gutes Zeichen; der Sieg war sicher. Fiel er aber auf den Bauch, so war es ein schlechtes Omen.

Es gibt eine Unmenge alter Traditionen. Viele verlieren ihre Bedeutung und Wirkung, obgleich der Umgang mit geheimnisvollen Kräften und Mächten auch von den modernen Medien nicht verdrängt wurde.

Welche Kultur?

Unterwegs in die Dörfer begegnete ich vielen Jugendlichen, die einen kleinen Transistor bei sich trugen und Nachrichten und Musik hörten. Manche Missionen machen sich heute rückblickend viele Gedanken darüber, ob die Missionare »Zeugen gegen oder mit den Kulturen« seien. Die Frage müßte lauten, ob sie Zeugen des Evangeliums in den vorhandenen Kulturen waren. Natürlich bleibt zu klären, was unter Kultur verstanden wird und wieweit diese von der Religion oder Weltanschauung eines afrikanischen Volkes zu trennen ist. Nach meiner Erfahrung bilden beide eine Einheit. Hier beginnt für die Zeugen des Evangeliums von Christus die Schwierigkeit. Von Anfang an mußten sie zu vermeiden suchen, eine christliche Kultur europäischer Prägung einer afrikanischen überzustülpen. Ihr Auftrag war nicht, den »Heiden« in Afrika die abendländische Kultur und Zivilisation zu bringen, sondern das Evangelium von Jesus Christus. Die Afrikaner sollten nicht zu guten Franzosen, Deutschen oder Engländern herangebildet werden, sondern durch das Evangelium, bewegt vom Geist Gottes, zu einem neuen Leben finden und aus eigener Erfahrung im Glauben an Jesus Christus erkennen, was in ihrer Kultur erhaltenswert sei und was sich ändern müßte. Für den christlichen Boten aus Europa war es gewiß sehr schwierig, dem Afrikaner ein Afrikaner zu werden; das zeigte sich besonders deutlich in der Übersetzung des Evangeliums in die einheimischen Sprachen. Diese Zeugen des Evangeliums sind übrigens schon seit Jahrzehnten nicht mehr die einzigen, die mit der Kultur der Afrikaner in Berührung kommen. Neben dem Islam, der die »Heiden« als Kafir, als Ungläubige, die zu bekehren sind, betrachtet, nehmen auch die modernen Medien keine große Rücksicht auf die alten gewachsenen Traditionen.

Nach unserer Ankunft im März 1962 interessierte ich mich besonders für die einheimische Kunst, vor allem dafür, ob afrikanische Künstler christliche Gleichnisse oder Symbole ausdrucksvoll und sinngemäß zu schnitzen bereit wären. Ich hatte Kontakt zu einem meiner früheren Schüler bekommen, den ich dafür gewinnen konnte, das Gleichnis vom guten Hirten zu schnitzen, was er gerne versuchte. Beim Bau der Kirche in Nyen hatte ich den afrikanischen Pfarrer Fai ermutigen können, die Kanzel mit verschiedenen Symbolen anfertigen zu lassen. Es war ein guter Versuch. Die Maurer hatte ich angewiesen, rechts vor dem Altar einen geräumigen Platz für ein Orchester zu bauen. Auch hatte ich Pfarrer Fai gebeten, die einheimischen Musiker dort zu plazieren. Der Tag der Einweihung kam. Der afrikanische Pfarrer erlaubte den Musikern nicht, in der Kirche zu spielen, sondern nur außerhalb. Warum wohl? Sehr wahrscheinlich, weil die Instrumente und die Musik noch eine enge Beziehung zum Ahnenkult hatten.

Ich besuchte mit meiner Familie einmal den alten Mfon von Big Babanki, der uns sehr herzlich aufnahm. Wir bekamen auch Kontakt mit dem alten Pfarrer. Beide gehörten der alten Generation an, sozusagen der ersten, mit denen es Missionare zu tun hatten. Ich fragte den Mfon, der ein berühmter Schnitzer war, ob er nicht für die neue Kirche, an

deren Auf- und Ausbau ich beteiligt war, einen Altar und eine Kanzel mit christlichen Symbolen schnitzen wolle. Er war glücklich über meine Idee, zeigte mir seine Schnitzkunst und was er schon für die neue Kirche vorgesehen hatte. Leider sei der Pfarrer dagegen.
Es dauerte nicht lange, da kam der Pfarrer dazu. Ich begrüßte ihn und sagte ihm, wie sehr ich mich freue, daß der Mfon so ein begabter und geschickter Schnitzer sei. Es wäre schön, wenn er für die neue Kirche christliche Symbole schnitzen würde, etwa für den Altar oder für die Kanzel. Der Bann war gebrochen. Der Pfarrer zeigte auf einmal Verständnis für die christliche Kunst afrikanischer Prägung. Es begann für ihn eine neue Zeit.
Im Festgottesdienst, den ich später erlebte, war der Gesang von rhythmischen Bewegungen begleitet. Gegen Ende des Gottesdienstes kamen die festlich und bunt bekleideten Frauen und Männer reihenweise tanzend nach vorne und legten ihre Gabe mit beiden Händen in die Opferschale beim Altar. Wir schlossen uns den Opfernden an. Beim Schlußgesang tanzte die Gemeinde vor dem Altarraum und in den Gängen und sang fröhliche Loblieder, wozu die Trommeln und Pauken den Rhythmus schlugen. Wir überwanden das fremde Gefühl und wußten uns aufgenommen als Brüder und Schwestern der großen Gemeinde. Dabei stand die Vision des Johannes vor meinen Augen, die große Schar aus allen Stämmen, Völkern und Sprachen, die »Gott und dem Lamm« mit großer Stimme ihr Lob darbringt.
Was aber hinderte die Pfarrer der ersten und zweiten Generation daran, der einheimischen Kultur im christlichen Gottesdienst eine Möglichkeit der Gestaltung zu geben? Der Mfon von Bali-Nyonga beklagte mir gegenüber, die Mission habe zum Teil die einheimische Kultur zerstört. Meiner Ansicht nach redete er nur nach, was er während seines fünfzehnjährigen Aufenthaltes in Deutschland in so manchen Zeitschriften gelesen hatte. Er hatte nur noch wenig Ahnung von der alten Kultur seines Volkes. Ich antwortete ihm, daß er dies nicht einfach so sagen könne.
Als Solomon Muna, der Präsident der Nationalversammlung, einmal in Mbengwi zu Besuch war, scharten sich Tanzgruppen um ihn und wollten ihm zur Ehre singen und tanzen. Er genehmigte es unter der Bedingung, daß sie dies nicht in Verbindung mit den Ahnen täten, das heißt, sie nicht dabei erwähnten. Dies ist wohl einer der Hauptgründe, warum in der Anfangszeit die Pfarrer alte Tänze und afrikanische Musik nicht erlauben wollten. Heute ist es anders. Die christlich geprägte afrikani-

sche Kultur hat sich weithin von den Wurzeln der heidnischen Kultur gelöst, ohne dabei ihre afrikanische Ausdrucksform zu verlieren. Das Hineinwirken des Evangeliums in die afrikanische Kultur und deren Reinigung durch das Evangelium ist ein Prozeß, der seine Zeit braucht, sich aber vollzieht. Wenn die Missionare in der Vergangenheit Afrika christianisiert haben, so afrikanisieren heute Afrikaner das ihnen überbrachte Christentum vom Wesen des Evangeliums her.
Heute freuen wir uns, an afrikanischen Gottesdiensten teilzunehmen, freuen uns, wie sehr diese Menschen vom Geist Gottes ergriffen sind und das Evangelium bezeugen, auch vor den Mächtigen ihres Volkes. Afrikanische Christen sind uns im Westen zum Vorbild geworden und haben uns viel zu sagen. Sie sind es, die heute in ihrer einheimischen Gesellschaft das Evangelium von Christus als eine reinigende, verändernde und befreiende Kraft bezeugen – oft genug unter wirtschaftlich und politisch schwierigen Verhältnissen.

»Ich bin auch ein Mensch!«

Lange Zeit war die Rede von einem Krankenhaus. Pläne wurden entworfen. Die Frage war, ob der Bau finanziert werden konnte. Er sollte im Gebirge an der Nahtstelle dreier Volksstämme errichtet werden. Eines Tages, als ich unterwegs war und am einheimischen Gerichtshof vorbeikam, traf ich auf eine Gruppe führender Männer in ihren bunten Gewändern, die heftig miteinander diskutierten. Ich fragte sie, was sie da so leidenschaftlich besprachen. Einer sagte, es sei fraglich geworden, ob das Krankenhaus überhaupt gebaut werden könne. Ich konnte sie trösten und bat sie, bei ihrer nächsten Zusammenkunft darüber reden zu dürfen, was sie mir gerne gewährten.
So kam es, daß ich eines Morgens vor den Häuptlingen und Ratsherren im einheimischen Gerichtshof im Metagebiet reden konnte. Zuerst ließ ich keinen Zweifel daran, daß das Krankenhaus gebaut wird. Die Vorbereitungen laufen. Die ersten Bausteine werden auf meiner Station in Mbengwi hergestellt. Was die Finanzierung betrifft, so wird das Werk »Brot für die Welt« einen größeren Betrag zur Verfügung stellen. Ich erzählte, daß in der Adventszeit in allen Kirchen Deutschlands und der Schweiz von Reichen und Armen für »Brot für die Welt« und »Brot für Brüder« gespendet wird und daß durch diese Opfer viele solche Projekte in Afrika, Asien und Lateinamerika unterstützt oder überhaupt erst

ermöglicht werden. Am Ende atmeten alle Herren auf und freuten sich. Das war Anfang 1963.
Es dauerte nicht lange, bis muslimische Kaufleute mit einer Ladung Zement vorfuhren und abluden. Als der Händler mein Büro betrat, begrüßte ich ihn in der Hausasprache, worauf er begeistert antwortete. Nachdem ich die bedeutendste Sure des Koran, die Al Fatihah, zitierte, strahlte er auf, rannte hinaus und erzählte seinem Begleiter, wie er von mir begrüßt wurde, kam zurück und überreichte mir einen Auszug des Korans. Beinahe hätten wir das Geschäftliche vergessen.
Bald kamen Lastwagen mit Sand zur Station. Zu meinem Entsetzen fuhr der afrikanische Chauffeur über den Rasen, den mein Vorgänger so gut gepflegt hatte. Als ich meinem Ärger Luft gemacht hatte, erwiderte mir der Fahrer erhitzt: »Hör mal, ich bin auch ein Mensch!« Das traf mich wie eine Ohrfeige, und ich sagte ihm: »Es tut mir leid!« Dann war die Stimmung wieder gut. Von da an verlor mein Rasenidol an Bedeutung.
Nun wurden wochenlang Steine hergestellt. Es war ein reges Leben auf der Station. Einerseits arbeiteten die Maurer, die Bausteine formten, andererseits die Schreiner, die Bänke und Tische für die Schulen herstellten. Diese wurden dann von den Schülern in Kolonnen bergauf und bergab in die oft fern gelegenen Schulen getragen. Das war immer ein festliches Bild, wenn in den Schulklassen schöne Tische und Bänke Einzug hielten und die wackligen Hocker aus Raffiarippen ersetzten.
Bald fuhr ich mit einer Ladung Bausteine zur Baustelle nach Acha Tugi, später auch mit Zement. Es war sehr schwierig, auf den schlechten, rissigen Pisten die steilen Hänge hinaufzufahren. Manchmal mußten wir einige Säcke abladen und über die steilste Strecke tragen. Später konnten Lastwagen eine begrenzte Ladung zur Baustelle fahren, auch konnte Sand in nahe gelegenen Tälern gefunden werden. Der Schweizer Baumeister leistete eine ausgezeichnete Arbeit. Das Krankenhaus entstand, ebenso die Häuser der Ärzte und Schwestern. Im Advent 1963 konnte alles eingeweiht werden. Es dauerte nicht lange, bis Kranke aus den verschiedenen Volksstämmen kamen, Hilfe suchten und auch fanden.
Das Kinderhaus wurde fertig. Die schulpflichtigen Kinder der Missionsleute waren eingetroffen. Bald darauf fand sich auch die Schweizer Lehrerin ein. Sie hatte noch allerlei für die Ausrüstung des Kinderhauses mitgebracht. Die Basler Pädagogin hatte es nicht leicht, Kinder aus verschiedenen Schweizer Kantonen zu unterrichten und dazu noch zwei aus Wiesbaden in Hessen. Margret unterrichtete teilweise Siglinde, die bereits in der ersten Klasse des Gymnasiums war. Mit ganzer Hingabe

hat sich Margret in fröhlicher, mütterlicher Weise der Kinder angenommen und sie versorgt. Aber immer wieder vermißten wir die beiden älteren Töchter, die zu Hause bleiben mußten. Wir waren aber froh, daß wir sie in guten Händen wußten und brieflichen Kontakt hatten. Siglinde und Cornelia schrieben regelmäßig. Die Mutter sammelte die Briefe und überarbeitete sie, und Dr. Horst Quiring vom Missionsverlag gab sie heraus unter dem Titel »Margrets Kinder«.

Wer ist ein Dieb?

Auf den Fahrten zum Krankenhaus kam ich regelmäßig an dem großen Markt in Meta vorbei. Einmal hielt ich an, um einige Früchte zu kaufen. Plötzlich gab es in einer Ecke des Marktes einen Menschenauflauf. Ich eilte dorthin und sah, wie ein Mann an den Pfosten einer Marktbude gebunden und geschlagen wurde. Ich fragte, was er denn angestellt hätte. »Er ist ein Dieb«, schrien die Leute. Dann entdeckte ich, wie Samuel, mein Schreinermeister, der auch im Kirchenvorstand seiner Gemeinde war, den Dieb mit Fußtritten in den Bauch drangsalierte. Ich packte ihn am Kragen, drehte sein Gesicht zu mir und schrie ihn an: »Das ist nicht recht, was du hier tust. Laß das sein. Ruft die Polizei, sie soll die Sache in die Hand nehmen!« So geschah es auch. Doch am nächsten Tag ging das Gerücht um, der Missionar habe den Dieb gerettet. Hätte ich meinen Schreiner gefragt: »Hast du noch nie ein Stückchen Holz oder einige Nägel von der Arbeitsstelle mit nach Hause genommen?« hätte er vielleicht mit diesem Sprichwort geantwortet: »Tu̱ ma ni u̱ku n' kamkam bo̱!« (Ein Baum stirbt nicht, wenn man ein wenig Rinde entfernt, d. h. kleine Verluste können einen reichen Mann nicht ruinieren.) Es ist offenbar ein Unterschied, ob ein Fremder etwas stiehlt oder ein Mitarbeiter. Ein Diener, der seinen Mfon mit Palmöl einreiben muß, wird nachher nicht seine Hände waschen, sondern sie an seinem Körper abreiben. Ganz anders aber ist es, wenn einer im Dorf etwas stiehlt.
Einmal hatte ein junger Mann ein Huhn gestohlen, entweder weil er Hunger hatte oder weil er zum Fetischpriester wollte und ein Opfer bringen mußte. Er wurde aber auf frischer Tat ertappt und geschnappt. Man band ihm das Huhn um den Hals und jagte ihn durch alle Gassen, so daß er überall und öffentlich als Dieb gebrandmarkt wurde. Damit war sein guter Ruf dahin.

Kulinarische Tabus

Eines Morgens kamen einige Männer mit ihren Speeren in großer Aufregung auf die Station. Nach Atem ringend baten sie mich, ich möchte ihnen doch sofort folgen, sie hätten ein fremdes Tier erlegt, das niemand zuvor gesehen hatte. Gespannt brach ich mit Margret und der Lehrerin auf. Nach etwa dreißig Minuten erreichten wir das Dorf, wo sie das für sie fremde Tier auf Bananenblätter gelegt hatten. Ich war überzeugt, daß es ein Erdferkel war. Es hatte einen behaarten, plumpen Leib, einen langen Kopf mit weit vorgezogener Schnauze und einen kegelförmigen Schwanz. Die Pranken zeigten scharf schneidende Krallen, mit denen sie mühelos die zementharten Termitenburgen aufbrechen können. Mit ihrer leimrutenartigen Zunge schlürfen die Erdferkel die umherwirbelnden Termiten samt Larven und fressen sie auf.
Die Frage der einheimischen Männer war nun: »Kann man das Fleisch dieses Tieres essen?« Wir bejahten dies mit großer Selbstverständlichkeit. Doch dann wollten wir wissen: »Wer darf denn das Fleisch essen? Doch hoffentlich alle, die ganze Familie?« Die Antwort war ärgerlich: »Die Frauen werden das Fleisch kochen, aber essen dürfen es nur die Männer, auch die Sauce!« »Ja, wieso denn das?« fragten wir. »Was passiert denn, wenn die Frauen auch davon essen?« Sie meinten, der wilde Charakter des Tieres würde dann in den Frauen zum Vorschein kommen. Als die Beute geschlachtet wurde, kam aus ihrem Magen ein großer Klumpen Termiten hervor. So gesehen ist das Erdferkel ein sehr nützliches Tier. Doch die Tabus, die mit ihm verbunden sind, scheinen eher einen egoistischen Hintergrund zu haben.
Eines Sonntagmorgens begegnete ich einem Lehrerehepaar, das genüßlich miteinander aus einem Körbchen etwas knabberte. Ich grüßte sie und fragte, was sie denn da miteinander essen. »Ja, kennen Sie denn das nicht? Das sind Termiten, die schmecken sehr gut. Probieren Sie mal!« Ich aß eine, aber kam nicht auf den Geschmack. Manche rösten die Termiten und finden sie dann besonders gut. Sie dürfen von jedermann gegessen werden, zumal sie in Haus und Garten eine große Zerstörungskraft an den Tag legen.
Ganz anders verhält es sich mit Geflügel und Eiern. Der Mfon von Andek erzählte mir: »Früher durften die Frauen weder Hühnerfleisch noch Eier essen. Sie mußten sie schlachten, rupfen, ausnehmen und braten, aber kosten durften sie kein bißchen davon, nicht einmal die Sauce, und wenn sie es trotzdem heimlich taten und man sie dabei erwischte,

wurden sie streng bestraft oder sogar fortgejagt.« Den Grund dafür habe ich nicht herausfinden können. Vielleicht hing es damit zusammen, daß Hühner als Opfertiere eine Rolle spielten. Derselbe Mfon erzählte mir dann, daß er eine Zeitlang in einer europäischen Familie als Koch gearbeitet habe. Dabei konnte er beobachten, daß die Europäerinnen sehr gerne Hühnerfleisch und Eier essen und dabei gedeihen. Er fragte sich, warum die Afrikaner so merkwürdige Tabus haben, die gar nicht begründet waren. »Als ich Mfon geworden war, schaffte ich dieses Tabu sofort ab. In meinem Palast dürfen Frauen und Mädchen Hühnerfleisch und Eier essen und genießen. Es geht ihnen allen gut.«
Die vielen Tabus sind eine große Last in der Gesellschaft. Viele werden von der jungen Generation gar nicht mehr berücksichtigt, auch wird ihr Sinn nicht mehr erkannt. Der Umbruch im Denken begann schon, als aus verschiedenen Stämmen des Graslandes Arbeiter für die Gummi- und Bananenplantagen rekrutiert wurden und sie dort mit solchen aus anderen Volksstämmen zusammenlebten und arbeiteten.
Dieses Umdenken steigerte sich besonders im Zweiten Weltkrieg. Nicht wenige meiner Schüler kamen als Soldaten bis nach Asien. Später kamen die kleinen Transistoren ins Land. Ich begegnete vielen Jungen, die immer einen Transistor bei sich hatten, und die Lehrer benützen in ihren Lehm- oder Steinhäusern größere Radioapparate. Die Nachrichten aus der weiten Welt, fremde Sitten und Gebräuche drangen ins letzte Lehmhaus und forderten viele zum Nachdenken und Umdenken auf.
Dies spürte ich sehr deutlich, als ich 1962 wieder ins Grasland von Kamerun kam. Der weiße Mann hatte seinen Nimbus verloren. Der Kontakt zu den Afrikanern erforderte eine menschliche Qualität. Aber können Medien oder Kriege die Urangst vor Geistern und unsichtbaren und unheimlichen Mächten so wegnehmen, als ob diese nur Einbildung gewesen wären, oder werden sie nur verdrängt und tauchen plötzlich wieder auf?

Die Geister und die Wissenschaft

Margret liebte ihre Arbeit als Hausmutter und hatte auch eine gute und schöne Zusammenarbeit mit dem Personal. Gerne wären wir noch geblieben, doch neue Pflichten in der Heimat warteten auf uns. Margret übergab ihre Aufgabe einer Holländerin und ich die Schularbeit an deren Mann. Obwohl wir uns alle darauf freuten, wieder als ganze Familie bei-

Der Autor in einheimischer Tracht

sammen zu sein, fiel uns der Abschied doch sehr schwer. Cornelia und Siglinde wären am liebsten dageblieben. Siglinde zog es zu den Fulbe in die Berge. Ein freies Leben ohne Zwang, das wäre ideal gewesen! Doch die Wirklichkeit sah anders aus.

Die Lehrerschaft bereitete uns einen bewegenden Abschied. Sie dankte mir für meine Arbeit im Dienst der Kirche und des Volkes und kleidete mich in eine prächtige einheimische Toga. Ich dankte den Lehrern, besonders den Rektoren, für ihr gutes und verantwortungsvolles Zusammenwirken und bat um Verzeihung, wenn ich irgend jemandem ohne mein Wissen Unrecht getan hatte. Einige Tage später wurde in der Zeitung über den Abschied berichtet mit der dicken Überschrift »Ein Missionar entschuldigt sich.«

Eigentlich wären wir gern mit einem Schiff auf hoher See nach Deutschland zurückgefahren. Doch es waren schon alle Plätze ausgebucht. Andererseits wollten wir einer Einladung wegen über Ghana reisen und dort verschiedene Freunde besuchen. So flogen wir mit einem afrikanischen Linienflug nach Ghana. Bald lag der Kamerunberg hinter uns, und nach einem sonnigen, kurzen Flug landeten wir in Accra, in einem Land, das viel moderner erschien als Kamerun. Zuerst kamen wir nach Aburi. Dr. Juzi, die Direktorin des Lehrerinnenseminars, empfing uns sehr herzlich. Am folgenden Sonntag nahm sie uns mit zu einem nationalen Jugendtreffen in Accra. Der Einfluß der Sowjetunion war deutlich zu sehen. Die Jugend trug rote Halstücher. Die Lieder und Reden waren entsprechend.

Frau Juzi lieh uns ihren Wagen. Wir wollten ja unseren Freund, Dr. Asamoah, mit dem ich in Basel einige Jahre zusammen studiert hatte, besuchen. Er hatte als Direktor des Lehrerseminars in Akropong eine führende Stellung in der Kirche und setzte sich besonders mit der einheimischen Tradition theologisch auseinander. Wir hatten eine schöne und gute Fahrt durch den Urwald hinauf in die Berge. Als wir in Akropong ankamen, war das Klima schon wesentlich kühler. Jetzt konnte Margret das Haus sehen, in dem ihr Vater zur Welt gekommen war. Auch besuchten wir das immer noch gut gepflegte Grab ihres Großvaters, der schon in jungen Jahren an Schwarzwasserfieber gestorben war. Wir fuhren auch nach Begoro, wo ihre Tante Adelheid Mohr begraben liegt. Seit dem Einsatz dieser Missionarinnen und Missionare hat sich die Welt verändert. Die Kolonialmacht mußte weichen. Aus der Goldküste wurde Ghana, und an seiner Spitze wirkte der Afrikaner Kwame Nkrumah.

Dr. Asamoah

Das Gespräch mit Dr. Asamoah war sehr anregend und aufschlußreich. Wir unterhielten uns besonders über den Ahnenkult. Er meinte: »Weißt du, wir brauchen keine Missionare, die uns aufklären. Wir brauchen Missionare, die uns das Evangelium von Jesus Christus verkündigen. Heute haben wir schon viele einheimische Pfarrer und eine afrikanische Kirchenleitung. Wir müssen uns jetzt selber mit unserer Tradition auseinandersetzen. Es ist falsch, wenn die Kirche unsere Tradition mit den Augen der Wissenschaft betrachtet oder gar beurteilt. Die Leugnung der Existenz übernatürlicher Kräfte und Mächte finden wir nicht in der christlichen Bibel. Wenn führende Männer der Kirche Hexen, Zauberkraft und Geister ablehnen, dann tun sie dies als wissenschaftlich Gebildete, aber nicht als Christen. Tiefere naturwissenschaftliche Erkenntnisse können uns nicht ablenken von der Tatsache, daß es hinter den sichtbaren Erscheinungen der Natur übernatürliche Kräfte gibt. Wir anerkennen aber deren Grenzen in unserer traditionellen, afrikanischen Religion. Sogar die heidnischen Afrikaner wissen, daß diese Energien dem allmächtigen Gott untergeordnet sind. Auch wissen wir, daß manche davon böse und unheilvoll sind. Geister können Besitz von einem Menschen nehmen. Wenn wir aber diese Wesen und Kräfte, die Welt der Geister, als real existierend annehmen und über ihre untergeordnete Stellung wissen, dann ist es die Aufgabe des Verkündigers, seinen Mitmenschen überzeugend zu sagen, daß die überragende Kraft nicht in ihren Händen, sondern in Jesus Christus liegt. Dieser ist gekommen, Menschen aus dem Griff jener Mächte zu befreien, denn ›in ihm wohnt die ganze Fülle der Gottheit leibhaftig‹. Er ist ›das Haupt aller Reiche und Gewalten.‹«

Ich hatte auch noch Gelegenheit, in der Nähe von Akropong ein kleines Krankenhaus zu besuchen, das ein afrikanischer, wissenschaftlich gebildeter Arzt aufgebaut hat. Er führte mich in seinen Konsultationsraum und zeigte mir Mappen mit interessanten gepreßten Pflanzen. Er untersuchte sie, um ein Mittel gegen Aussatz, Krebs und Filaria zu finden. Die Filarien sind feine, fadenartige Würmer, die in die Blutbahn und Muskulatur dringen, einen starken Juckreiz verursachen und medizinisch nur schwer zu bekämpfen sind. Außerordentlich interessant war für mich, daß er mir seinen Mitarbeiter vorstellte, einen Mann, der keine wissenschaftliche Ausbildung hatte, aber über besondere Gaben verfügte, die der europäisch-wissenschaftlich gebildete Arzt, wie er sagte, verloren hat. »Dieser Mann ist ein afrikanischer Heiler. Er kennt die Psyche der Patienten oder versucht sie zu ergründen. Er geht an die Wurzel des Übels, denn die Krankheit spiegelt vielleicht die Gegenwart einer nichtmenschlichen Ursache in der Seele des Patienten wider.«

Der Arzt nannte den Heiler auch Medizinmann und meinte mit diesem Begriff dasselbe. Heilung hat nach der Erfahrung der Afrikaner oft mit geistigen Kräften zu tun, mit Gott und dem Teufel. Für sie ist der menschliche Körper nicht selten das Feld negativer, feindlicher Einflüsse. Ohne sie gäbe es keine Krankheit. Deshalb müssen diese bösen Kräfte daran gehindert werden, den menschlichen Körper zu belästigen. Hier übernimmt der Heiler eine wesentliche Aufgabe. Wenn er sie wahrnimmt aus dem Glauben heraus und in der Überzeugung, die Gott ihm gibt, müssen die negativen Kräfte und die bösen Geister weichen. Ich dankte dem Arzt für diese Einblicke in eine psychosomatische Behandlung besonderer Art und Dr. Asamoah für seine Ausführungen über die traditionelle religiöse Auffassung und die biblisch-theologische Stellungnahme, denen ich aus eigener Erfahrung nur zustimmen konnte.

»Glauben Sie an Geister?«

Wir mußten zurück nach Aburi, um den Wagen abzugeben, der uns eine große Hilfe gewesen war. Dort besuchten wir noch den Botanischen

Garten und hatten große Freude an der Allee der Königspalmen und den mächtigen Laubbäumen. Dann ging die Reise weiter, hinunter nach Accra, wo wir noch eine Nacht im Haus von Minister Dei Anang und seiner Familie verbringen durften. Er brachte uns zum Abschied, am Tag vor dem Abflug, ins Starhotel und wir bekamen als seine Gäste ein herrliches Zimmer. Am Abend saßen im Speisesaal zwei Schweizer in lockerer Kleidung bei einem Glas Bier. Der livrierte afrikanische Kellner bat sie, den Saal zu verlassen, da ihre Kleidung am Abend nicht in den Saal passe.

Am nächsten Morgen fuhr uns Herr Dei Anang zum Flughafen und schleuste uns problemlos durch den Zoll. Wie froh und dankbar waren wir für den angenehmen Flug nach Frankfurt. Unsere Korntaler Freunde standen am Flughafen und begleiteten uns in die Missionswohnung nach Wiesbaden. Das war am 16. Mai 1964. Schon bald holten wir Magdalene und Heidi in Altensteig ab, in wenigen Tagen war die ganze Familie wieder beisammen. Siglinde und Cornelia fanden es furchtbar langweilig und meinten: »Man sieht ja nur noch weiße Gesichter!« Cornelia wollte sich damit gar nicht abfinden und weinte noch lange. Doch bald ging alles wieder seinen gewohnten Gang. Ich war wieder unterwegs in Schulen und Gemeinden und fast jeden Sonntag zu Gottesdiensten in Südnassau.

Eines Morgens klingelte das Telefon. Ich meldete mich. »Sind Sie Missionar Stöckle?« »Ja, der bin ich!« Die Stimme fuhr fort: »Ich habe lange gesucht im Telefonbuch, weil ich Kontakt mit einem Missionar bekommen wollte. Darf ich Sie besuchen?« – »Aber gerne!« Schon am nächsten Tag kam der Herr. Ich hieß ihn herzlich willkommen. Er hatte mir schon am Telefon erzählt, daß er längere Zeit in Ghana gewesen sei. Als ich ihn bat, Platz zu nehmen, sagte er: »Ehe ich mich setze, möchte ich von Ihnen wissen, ob Sie an Geister glauben.« Meine Antwort war kurz und bündig: »Ich glaube nicht an Geister, aber ich leugne ihre Existenz nicht.« Daraufhin gab er mir die Hand, bedankte sich erleichtert und erklärte: »Sie sind der erste, der dies zugibt, die meisten Leute lachen darüber und halten einen für verrückt.«

Mein Gast war promovierter Geologe und mit noch einem Akademiker im Straßenbau in Ghana tätig gewesen. Er erzählte: »Als ich eines Abends nach der Hitze des Tages noch einen kleinen Spaziergang machte, um die Abendfrische in mich aufzunehmen, sah ich plötzlich vor mir eine leuchtende Gestalt. Ich erschrak und eilte in unser Quartier zurück. Mein Kollege fragte: ›Wie siehst du denn aus, was ist denn pas-

siert?‹ Als ich berichtete, daß ich wahrscheinlich einen Geist gesehen habe, lachte er mich aus. Ich aber bat ihn: ›Bitte, geh selbst hinaus den Weg entlang‹. Er tat es und kam schon nach wenigen Minuten zurück, kreidebleich. ›Du hast recht‹, gab er zu, ›auch ich habe den Geist gesehen!‹ Jetzt frage ich mich: Wie werden wir damit fertig? Wenn uns jemand begegnet, woran erkennen wir, ob es ein guter oder ein böser Geist ist?
Mein Gast erzählte weiter: »Einmal war uns beim Bau der Straße ein großer Baum im Wege. Er mußte weichen. Die Leute schrien und wehrten sich, dies sei ein Fetischbaum, in ihm wohne ein Geist. Man solle den Fetischpriester holen, der hier zuständig sei. So geschah es. Als dieser kam, weigerte er sich zuerst einzugreifen. Aber als wir ihm die Sache gründlich erklärt hatten, war er bereit, den Geist zu bitten, weiter weg von der Straße, im Innern des Waldes, in einem großen Baum Wohnung zu nehmen. Dies geschah, indem er geweihte Gegenstände, die am Fuß des Fetischstammes als Opferstätte gelagert waren, entfernte und am Fuße des statt dessen ausersehenen Baumes anbrachte. Dort wurde dann ein Hahn geschlachtet und die Stätte mit Blut besprizt und mit Federn geschmückt. Nun konnte der alte Wohnsitz, der entweihte Baum, der im Wege war, gefällt werden. Wir erhielten laufend Einblicke in eine fremde Welt, die aber für die Einheimischen sehr real ist, und wir bekamen dies zu spüren.«
Trotz des Verfalls der Sozialstrukturen und der alten Tradition scheint sich der Ahnenkult in Afrika zu behaupten, ebenso der Glaube an die Macht der bösen und guten Geister, die das Leben und Wohlergehen der Menschen positiv oder negativ beeinflussen.
Als ich Ende der achtziger Jahre mit einer Gruppe Ghana besuchte, wurden wir vom König von Akropong empfangen. In einem großen Innenhof waren Bänke stufenweise aufgestellt. Auf einem Thronsessel saß der König, neben ihm seine Mutter und ringsherum viel Volk. Der traditionelle Priester und seine Gehilfen traten in prächtigen Gewändern in die Mitte des Kreises. Der Priester hielt eine Kalebasse mit Palmwein in der rechten Hand. Er war offenbar bereit, ein Trankopfer zu bringen. Zuerst betete er, wandte sich an die Ahnen und an Gott, dankte, daß er die deutsche Gruppe wohlbehalten hierher gebracht hatte und bat darum, daß wir uns in Ghana wohl fühlen und gesund bleiben mögen. Dann goß er einen Teil des Weines aus. Anschließend bat er die Ahnen und Gott, daß sie uns beschützen und wieder wohlbehalten nach Hause bringen wollen. Dabei goß er den Rest des Weines aus. Anschließend wurde eine Fla-

sche mit Gin herumgereicht. Jeder erhielt einen Schluck davon. Mit dieser Zeremonie waren wir in die Gemeinschaft des Volkes aufgenommen und empfanden Dankbarkeit für die Gebete, soweit sie an Gott gerichtet waren.

DEIN REICH KOMME

Rückblick

Jesus Christus lehrte seine Jünger das »Vaterunser«. Darin richtet er die Blicke der Menschen auf den *einen* Gott und Vater aller Menschen. Sein Name soll geheiligt werden. Sein Reich soll kommen. Sein Wille soll geschehen. Er gibt das tägliche Brot. Er vergibt die Schuld. Er wehrt den bösen Mächten. Er erlöst uns Menschen von dem Bösen, in welcher Gestalt es uns auch begegnen mag. Die Begründung lautet: »Denn Dein ist das Reich und die Macht und die Herrlichkeit in Ewigkeit!«
Jesus verkündigte die Freudenbotschaft Gottes: »Die Zeit ist erfüllt, und das Reich Gottes ist herbeigekommen. Tut Buße und glaubet an das Evangelium.«
Das Evangelium ist eine Freudenbotschaft an alle Menschen in allen Völkern. Millionen Afrikanerinnen und Afrikaner sind umgekehrt und bringen in ihren Liedern und Gebeten die Freude, die ihnen Christus gibt, zum Ausdruck. Unter oft großen Schwierigkeiten und Opfern entstanden kleine Gemeinden in der Pionierzeit. Sie wuchsen. Aus Buschkirchlein wurden große Gemeinden. In den vergangenen Jahrzehnten erlebte ich auf meinen Reisen in Nigerien, Kamerun und Burkina Faso an vielen Orten überfüllte Gottesdienste, wie zum Beispiel in Kano und Jos in Nordnigerien oder in der Stadt Bamenda im Nordwesten von Kamerun. In diesen Städten gibt es einige Kirchen mit über tausend Sitzplätzen. In Fumban, der Hauptstadt des Bamunvolkes, in der vom Minarett einer großen Moschee täglich der Gebetsruf erschallt und der Sultan unter großem Geleit freitags am gemeinsamen Gebet teilnimmt, steht jetzt auf dem höchsten Hügel der Stadt eine Hallenkirche mit dreitausend Sitzplätzen, und sie ist sonntags voll besetzt.
In diesen Kirchen singen und musizieren Chöre und Gemeinden dem König und Herrn zu Ehren, und Gottes Wort wird von afrikanischen Pfarrerinnen und Pfarrern verkündet. Die Muslime kennen 99 Namen Allahs, aber lehnen den Namen »Vater« für Allah in seiner Erhabenheit ab. Jesus aber brachte der Menschheit den erhabenen und heiligen Gott nahe als den barmherzigen und gütigen Vater, der uns liebt und sucht.

»Das Reich Gottes ist nahe herbeigekommen«, aber es ist nicht von dieser Welt. Jetzt herrschen fremde Gewalten, die Gottes Herrschaft durchkreuzen. Viele afrikanische Christinnen und Christen leiden um der Gerechtigkeit willen. Gottes Herrschaft steht noch aus; aber sie wird kommen. Infolge von politischen Ereignissen in einer Reihe afrikanischer Staaten haben es die christlichen Gemeinden oft sehr schwer, Licht und Salz zu sein. Viele leiden unter dem Mißbrauch der Macht, weil sie zuerst nach dem Reich Gottes und seiner Gerechtigkeit trachten.
Es bleibt die Bitte: »Dein Reich komme! Dein Wille geschehe!«

STUTTGART – AFRIKA

ein Nachwort von Dr. Gerhard Raff

Johannes Stöckle entstammt dem »Stuttgarter Uradel«. In seiner mit dem Schillerpreis gekrönten »Geschichte der Stadt Stuttgart« rühmt der legendäre Landeshistoriker Professor Dr. Hansmartin Decker-Hauff (1917–1992) die Stöckle an vorderster Stelle unter den »alten, eingesessenen, ehrbaren Weingärtnerfamilien, die den Charakter dieser (von dem badischen Markgrafen Hermann V. gegründeten) württembergischen Haupt- und Residenzstadt bestimmt haben«.
Auch meine Großmutter Luise Raff (1887–1980), vom Vater her dem ältesten Degerlocher Schultheißengeschlecht entstammend, hat ihrer Lebtag in größter Hochachtung von den ihrer Familie von alters her befreundeten Stöckle gesprochen mit dem schönsten Kompliment, das man im Schwabenland machen kann: »Des send reachte Leut.«
Viele Jahrhunderte hindurch haben sie ihre steilen, stäffelesreichen Weinberge an den Hängen des Nesenbachtals bearbeitet, ein mühseliges, hartes Geschäft, das den Menschen prägt, bei dem man wie kaum einem anderen auf Gedeih und Verderb auf die Güte und Gnade des »Herrn der Weinberge« angewiesen ist. Johannes Stöckle aber hat es, wie so viele seiner Landsleute, in die weite Welt gezogen, nicht als Abenteurer oder Ausbeuter, als Goldsucher oder Geschäftemacher, sondern als treuer Arbeiter in Gottes afrikanischem Weinberg.
Die Basler Mission hat ihn am Vorabend des Zweiten Weltkrieges nach Kamerun geschickt. Sein Wirken in Friedenszeiten, in Krieg und Internierung, im Umbruch vom Kolonialstaat zur politischen Unabhängigkeit und Selbstbestimmung mit all den Schwierigkeiten, aber auch Erfolgen bei der Christianisierung und Alphabetisierung des schwarzen Kontinents schildert er trefflich und exemplarisch in seinen eindrucksvollen Lebenserinnerungen.
Johannes Stöckle hat neben seiner selbstausbeuterischen und nicht immer ungefährlichen multifunktionalen Tätigkeit als Missionar (Prediger, Lehrer, Sanitäter, Forstwirt, Gärtner und was sonst noch alles) gearbeitet. Die Basler Mission hat ja von ihrer Gründung anno 1815 an von jedem ihrer Missionare das Erlernen und die Bewahrung der einheimischen Sprachen verlangt. Und wer aus einer so traditionsreichen Familie

der Stuttgarter Ureinwohner kommt, für den ist es auch eine Herzenssache, die afrikanische Kultur, ihre Sprachen und Traditionen zu erforschen und zu überliefern.

Den Dank für seine langjährige, ebenso gesegnete wie aufreibende Missionstätigkeit darf er bis heute von Besuchern aus den jungen, wachsenden Kirchen entgegennehmen. Die von ihm in Afrika gepflanzten und gepflegten Rebstöcke tragen reiche Früchte und sind, anders als in der Heimat, nicht vom Mehltau befallen. Nicht vergessen wollen wir auch den Linguisten und Ethnographen Johannes Stöckle, der sich durch seine wissenschaftlichen Veröffentlichungen um die Überlieferung und Erhaltung afrikanischer Sprachen und Kulturen bemüht hat. Vergelt's ihm Gott!

BIOGRAPHISCHE HINWEISE

1911	Johannes Stöckle am 3. Juli in Stuttgart-Botnang geboren
1916-1925	Schloßrealschule (Bürgerschule) in Stuttgart. Abschluß mit dem »Einjährigen«
1926-1929	Lehre bei Gartenarchitekt Löffler in Korntal. Abschluß mit Diplom in Landschafts- und Blumengärtnerei
1929-1932	in der elterlichen Gemüse- und Blumengärtnerei
1932-1937	theologisches Studium am Seminar der Basler Mission in Basel
1936-1937	gleichzeitiges pädagogisches Studium am Kantonalen Lehrerseminar in Basel und an der Universität in Basel
1938	Frühjahr und Sommer: Sprachstudium in Selly Oak, Birmingham
1938-1940	Schularbeit in Mbengwi, Grasland von Kamerun
1940-1946	zuerst drei Monate interniert in Nigerien, dann bis Herbst 1946 interniert auf der Insel Jamaika in der Karibik
1947	Immatrikuliert an der theologischen Fakultät in Tübingen. Besuch von theologischen Vorlesungen und Seminaren
1947-1957	Ökumenische Jugendarbeit. Freizeiten mit Gästen aus England, Afrika, Asien und der Karibik
1948	10. März: Heirat mit Margret Bender
1952	Unterbrechung: Deutschunterricht für 18 Medizinstudenten der damaligen Goldküste in Bad Sebastiansweiler – 6 Monate
1958	Pionierarbeit im Bezirk von Salaga, Nordghana
1959-1976	Wiesbaden: Reisedienst in den Gemeinden von Süd-Nassau, Süd-Starkenburg und z. T. in Rheinland-Pfalz im Auftrag der Basler Mission. Ab 1968 im Dienst des Amtes für Mission und Ökumene in Frankfurt
1971	drei Monate Bildungsurlaub am Institut für Christentum und Islam in Ibadan, Nigerien. Anschließend auf Einladung Besuch einer Koranschule in Benin und Vorträge über Islam an der Akademie der Eglise

	Protestante et Methodiste
	Ab 1968 jährliche Reisen nach Kamerun und Ghana mit ökumenischen Gruppen
1977	im Ruhestand
1978/1979	vier Monate als Spitalverwalter in Bawku, Nordghana
1980	drei Monate an der Universität von London zum Studium der Hausa-Sprache. Anschließend mehrere Aufenthalte an verschiedenen Orten Nigeriens
1988	Juli 1988 Vortragsreihe über Islam und Christentum in Abetifi, Ghana, auf Bitte des früheren Generalsekretärs der Presbyterianischen Kirche und anschließend Vortragstätigkeit in Kumasi und Tema
1987-1994	Ausarbeitung einer Grammatik und eines Wörterbuches in der Sprache der Bali-Nyonga von Kamerun in Verbindung mit der Goethe-Universität, Frankfurt/M. sowie Buchveröffentlichung über »Traditions, Tales and Proverbs of the Bali-Nyonga«
1978-1997	Mitarbeit in der evangelischen Gemeinde von Gau-Algesheim

BÜCHER VON JOHANNES STÖCKLE

Weltweite Sendung. Missionslesebuch für die Jugend. Stuttgart: Ev. Missionsverlag, 1952, 1955², 1956³

Weltmission im Überblick. Stuttgart: Ev. Missionsverlag, 1953

Archiv Afrikanischer Manuskripte, Universität Bayreuth:
Band I: Mungaka-Dictionary and Grammar, 1992
Band II: Traditions, Tales and Proverbs of the Bali-Nyonga, 1994
Beide Bücher sind zweisprachig (Mungaka/Englisch)
erschienen im Rüdiger Köppe Verlag, Köln.

The Doctrine of Islam and the Christian Faith, Common Ground and Differences. Bonn: Verlag für Kultur und Wissenschaft, 1997

Ruth Tucker
BIS AN DIE ENDEN DER ERDE
Missionsgeschichte in Biographien

herausgegeben von Prof. Dr. Karl Rennstich
480 Seiten, etwa 60 Bilder, broschierte Studienausgabe DM 44,–
gebundene Ausgabe DM 55,–

Die Amerikanerin Ruth Tucker hat nicht nur die oft atemberaubende Geschichte der Mission seit ihren Anfängen neu beschrieben, sondern auch die weithin unbekannten menschlichen Schicksale der Männer und Frauen dargestellt, die das Evangelium hinausgetragen haben. Ihr Buch – ein Standardwerk der englischsprachigen Welt mit 16 Auflagen, das jetzt endlich auf deutsch erscheint – handelt von Pionieren, von Menschen, die unbeirrbar, fast starrköpfig Wege einschlugen, die vor ihnen niemand gegangen war. Es läßt Missionarinnen und Missionare an vielen Stellen selbst zu Wort kommen. Auch ihre Alltagsnöte, ihre Entbehrungen und Enttäuschungen und ihre Schwächen werden uns nicht verschwiegen. So bekommen wir einen tiefen Einblick in ihr Leben und Handeln.
Einzelgestalten von Aylward bis Zinzendorf stehen neben den vielen großen und kleinen Bewegungen. Das ganze Spektrum missionarischen Wirkens wird komprimiert auf einigen hundert Seiten wiedergegeben. Ruth Tucker zeigt auch, daß gerade Frauen im Missionsdienst sich in einer von Männern dominierten Welt durchzusetzen vermochten und oft Übermenschliches leisteten.
Hautnah erlebt der Leser, wie sich der Ruf Gottes im Leben unscheinbarer Menschen Bahn bricht und weltweit gehört wird.
Ein Buch, das zum Nachdenken zwingt, aber nicht zur Resignation führt, sondern zur Hoffnung, daß Gott selbst das Werk der Mission zum Ziel bringt.

Anne Coomes
FESTO KIVENGERE
Gottes Bote für Afrika

192 Seiten, Paperback DM 19,80

Der dynamische ugandische Bischof und ostafrikanische Evangelist Festo Kivengere, gestorben 1988, prägte mit seiner Verkündigung des gekreuzigten Jesus den Lausanner Weltevangelisationskongreß 1974 ebenso wie den Festgottesdienst der Weltkirchenkonferenz 1975 in Nairobi, den Stuttgarter Kirchentag 1975 genauso wie das erste Christival 1976 in Essen. Nun ist die große Biographie von Anne Coomes, aus dem Englischen übersetzt, auch deutschen Lesern zugänglich: ein wesentliches Stück afrikanischer Kirchen- und Erweckungsgeschichte, in der Menschen aus der Vergebung Christi lebten und leben. Die anschauliche Biographie schildert einen Christen mit seinen Eigenheiten, seinem Stolz und seinem Sehnen nach Unabhängigkeit, aber auch mit der Erfahrung, daß Christus in einem Menschenleben immer neue Wendepunkte schafft – bis dahin, daß ein Christ sogar den brutalen Schlächter und Diktator Idi Amin um Christi willen lieben kann.
Die Engländerin Anne Coomes erkundete mehrere Jahre lang den Lebensweg des Afrikaners Festo Kivengere, der diese Biographie autorisierte.

Rolf Scheffbuch

IM VERLAG ERNST FRANZ · METZINGEN/WÜRTT.